U0146365

做一个幸福的中国人

花千芳　著

作家出版社

出 版 说 明

在策划、编辑、出版花千芳系列作品的过程中，我们接到不少反馈，有鼓励支持的，有质疑不解的，也有争执版权的……这是我们不曾意料到的。作为一家具有六十余年历史的文学出版社，我们曾编辑出版了中外大量著名作家的作品，对传统作家及作品比较熟悉，操作和把握起来也比较有信心。而这次花千芳网络作品的出版则让我们感觉经验不足，颇有踌躇，这也是新兴媒体蓬勃发展的当下，传统出版业共同面临的挑战。为求更好地与专家、读者沟通交流，我们特在书前加了出版说明。

花千芳是长期活跃在天涯、铁血等著名论坛的草根网络作家，被誉为"中国网络正能量四大写手之一"。2014年10月15日，他以网络作家身份参加了习近平总书记主持召开的文艺工作座谈会。作为与中国改革开放事业几乎同龄的年轻人，花千芳的人生故事并不精彩，他初中毕业后休学，外出打工十年，之后返回家乡务农，养鸡种地。互联网的兴起，为他提供了一个表达感情和观点的平台，他强烈认同中国特色社会主义道路，热情洋溢地歌颂中国发展取得的一个个伟大成就，作品充满了浓烈的家国情怀和忧患意识。由此他逐渐成长为"农民网络作家"，拥有了一批粉丝。

花千芳的作品善于选取一些有代表性的事例来说服人、

打动人，文字通俗朴实、活泼生动，以其独树一帜的口味赢得了不少网友的喜爱。《我们的征途是星辰大海》即是花千芳的网络走红之作，他用轻松幽默的全新网络语言解读了中国近现代历史的风雨历程及大国博弈；《做一个幸福的中国人》则是以当代年轻人的诚意和警醒对家国兴衰、前路命运的时代思考，尖锐、犀利却又不失温暖。

当然，其作品同其他许多类似在网络上流传的文字一样，也存在着一些明显不足，如有些事实和数据还需要推敲，有些提法不够准确严谨，但这种来自于社会底层，不带修饰、不避问题的普普通通文字，却把个人对国家、对时代的看法坦诚地表达了出来，有着朴素的爱国主义情怀，喊出了"沉默的大多数"的心声。

编辑出版花千芳的文稿，不是意图树立学术研究、文艺写作的专业标杆，而是试图以书籍方式对这些曾经在网络上显示过足够活力的"草根言论"进行再度传播。出于这样的考虑，我们在编辑出版花千芳的作品时，没有对这些曾在网络上流传的文字作更多修改加工，而是将其原生面目呈现给读者，请各方朋友评说。

对出版者来说，出版这类作品，也许能尝试性地提出一些当代必须面对的问题：如何对待像花千芳一样的草根诉说自己家国情怀的意识、权利和能力？更进一步，我们应当如何传播中国、如何沟通世界？历史经验告诉人们，只有那些坚持传播真相、追求真知、坚持真理的人们，换言之，只有坚持实事求是的人们，才能在文明进步的角逐中脱颖而出。

我们祝福花千芳，并期待有一天能迎来万紫千红香满园。

2014年11月

目　录

辑 三　强国之路

辑 一

● 中国自信 ●

做一个幸福的中国人

新年伊始，国家就给我们列出了一个非常振奋人心的目标：2020年之前，全民收入翻番，全面进入小康社会。这样的消息，对普通老百姓来说，肯定是好消息对吧？可是我们听到的最多的声音，却是"工资涨一倍，物价会涨两倍"之类的流言。本来看了新闻之后很高兴，打算继续支持国家建设，可是一想到到时候物价会涨两倍，就一点儿也开心不起来了对不对？

可是，大家想过没有，"收入翻番"和"工资涨一倍"的概念一样吗？工资只不过是收入的一种体现，并不能完全等于收入，所谓收入是跟支出相对应的。国家政策的正常解读，应该是"个人购买力翻番"，具体就体现在你可以过上比现在好一倍的生活，跟物价根本扯不上关系的对不对？

可是，类似的"恶意解读"，层出不穷，很多解读方式还很容易误导人，结果就是，现在很少有人再谈论这个话题了。话说，让13亿中国人，在不到10年的时间里，生活水平翻一番，这是何等惊天动地的大事情！谁有机会见到美国总统奥巴马，你问问他敢不敢说让3亿美国人的生活水平翻番！

美国总统都不敢做出的承诺，我们的国家领导人就说出来了，而且信心满满——不光是信心满满，俺老花也是信心满满，想知道为什么吗？其实很简单，我们现在每年经济增长率是7%到8%之间，大家可以自己试一试，以100为基数，乘以每年1.075

的总量加增量，连续乘以10次，看看10年之后，中国经济总量的最后的结果是不是206还多？

206比起100来，是不是翻一倍，这不用再算了吧！

那么，为什么这么多人不相信，或者说那么容易就被蛊惑了呢？其实答案很简单，就是我们内部依然有很多问题，这个是不需要回避的。翻遍古今中外的历史，你会发现资本的累积过程往往非常血腥。英国有"羊吃人"的圈地运动；美国有"屠杀印第安"的掠夺历史；法国、德国、西班牙、葡萄牙……所有这些所谓的现代化国家，都是在血与泪的基础上慢慢演化过来的。

而我们呢？我们建国只有60多年，现在经济总量早就是世界第二了。我们用五六十年的时间，追赶西方资本主义几百年的建设史，到现在我们的工业能力世界第一。这当然值得骄傲和自豪，可是我们同时也要想到，在这个追赶的过程之中，我们自己本身肯定会积累下很多矛盾。别的国家都是慢悠悠地走路，我们奋起直追，用百米冲刺的速度赶超了他们，现在自己累得喘几口粗气，是正常的，对不对？

明白了这个道理之后，你就会发现，我们的日子确实是逐渐在变好，而且速度很快，很多人（包括俺老花在内）小时候都要穿带补丁的衣服。现在呢？当然现在也有人穿带补丁的衣服，比如电视剧里面的演员。可是细心的人都会发现，那些演戏用的道具衣服上，那补丁都绝对是新布料，至于补丁下面盖着的部分，相信老花的话，肯定是没有窟窿的。

我们的医保，在逐年增加；我们的社保，在逐年完善；我们的平均寿命，甚至比建国之初翻了将近一倍……这些年，党和政府并没有把大家的日子搞砸锅，相反，我们的日子一天一天在变好，这是谁都能切身体会的对不对？一个糟糕的政党能带领出来一个伟大的国家吗？如果说这个国家的成就是不容抹杀的，那么反过去推，就说明这个政党其实还是可以的，对不对？

在这样的情况下，我们应该做什么呢？俺老花的建议是：第一，不能自己破坏自己的好日子。我们国家现在是积累下很多财富，工业能力也确实世界第一，可是再好的家当，那也禁不起瞎折腾，好好过日子才是我们应该做的。

第二，全面支持国家继续建设。任何一个国家的兴盛，都不是一两个人能够支撑起来的，那需要各行各业无数的一线劳动者共同努力。是你，是我，是大家，包括国家领导人在内，我们所有人共同支撑起来这一切。如果想继续过好日子，就需要我们大家继续团结奋进，努力进取。

你是农民，就种好庄稼；你是工人，就多出产品；你是商人，就努力让各种商品快速流通；你是学生，就好好学习，爸爸妈妈总会慢慢衰老，建设祖国的重担早晚有一天会落在你的肩膀上；你是军人或者警察，就挺直你的脊梁，握紧你的武器，为中华民族的伟大复兴保驾护航……

第三，要敢于同一切敌对分子和错误行为做斗争。帝国主义亡我之心不死，他们不敢用核武器跟我们互拼，就只能选择各种"糖衣炮弹"，试图往沟里带我们。再有人歪曲历史，跟你说狼牙山五壮士其实就是土匪的时候，你要坚决反对，没有历史的民族就没有未来，我们不能容忍敌人刨我们的老根子。再有人告诉你"爱国不等于爱党"的时候，你要理直气壮地告诉他，没有共产党就没有新中国。我们本身是不是党员不重要，向往美好幸福的生活，是所有人民和所有共产党人共同奋斗的目标。共产党和我们普通人一样，不是十全十美，也会做错事，所以也需要大家讲真话去批评。你可以指出共产党哪些事情做得不好，应该怎么改正。只要你说得对，共产党不但会虚心听取、迅速改正，还会送你一面大红的锦旗表示感谢。

那些做错了还不肯改正的官员或者党员，我们要勇于举报，督促共产党把他们清除出去，即使是有中国特色的社会主义，那也不需要蛀虫。不知道怎么举报的朋友可以百度"中央纪委监察部网站"，再大的贪官，也有人能管。

　　只有我们所有人都伸出手来，才能支撑起一个伟大的国家。只有我们一起努力，中华民族才能真正地屹立在世界民族之林。这是我们的国，这是我们的家，除了我们自己，没有人会爱护她。

我们可以养活未来世界

1

距离现在最近的一次大饥荒，发生在1994年的卢旺达。

就为了争一口吃的，胡图族屠杀者对图西族人展开了血腥的种族大灭绝，他们不但要砍伐掉"大树"（图西族人），还要彻底地铲除"树芽儿"（图西族儿童），甚至主张民族和解的胡图族同胞同样被滥杀。

卢旺达大屠杀的刽子手们，使用的杀人凶器不是机关枪也不是毒气弹，而是他们在田间劳作时所用的镰刀和锄头，或者是更简单的木棍和石头。根据国际红十字会估算，在短短3个多月的时间里，卢旺达700多万人口中有近80万人被杀，400万人无家可归，其中200万人逃往国外，酿成了世纪罕见的灾难。

由食品危机所引发的大饥荒，是人类历史上最严重的危机，没有之一。中国历史上的每一次大战乱，借口很多，归根结底却是一句话，没饭吃！为了继续活下去，人吃人的事情发生得还少吗？没饭吃，人们被逼迫得易子而食——现在很多人不明白为什么易子而食，其实道理很简单，什么吃的都没有了，最后能选择的只有吃掉自己的孩子。可是谁又忍心吃掉自己的亲生骨肉呢？被逼迫得实在没办法了，大家就交换孩子，吃别人的孩子，心里多少能好过一点儿。

每个人都知道易子而食的事情不能再发生了，可是那种威胁真的离我们远去了吗？小学课本上清清楚楚地写着，仅仅是80年前，长征路上的红军战士，就在啃草根吃野菜。抗日名将杨靖宇死后，日本鬼子挖出他的胃，发现里面只有树皮。

80年并不遥远，我们的爷爷奶奶都是从那艰苦的年代里熬过来的，我相信大家小时候，都听过祖辈人饱含血泪地讲述当年的苦难。可是，那就结束了吗？我们的爸爸妈妈，一样是在吃不饱肚子的情况下长大的，仅仅是30多年以前，土豆、地瓜、山药蛋，甚至是几乎没有淀粉含量的豆角和茄子，都是人们果腹的主食。爷爷奶奶或者已经仙去，可是爸爸妈妈的童年记忆依旧让我们感到深深的震撼。

2

别以为到了21世纪了，人类就告别了饥荒年代，即使是我们中国，真正地开始吃饱饭，到现在也仅仅只有30年的时间。我们大多数人，都会犯一个常识性的错误，那就是以己度人。一旦自己吃饱了，就觉得别人应该也都吃饱了。看看左右邻居，瞧瞧《新闻联播》，似乎大家也都在减肥。

可是，我一定要告诉你，这些都是假象。很多人指出了目前我国粮食问题所面临的困境。他们给出的数据，是目前我们只能保证95%的主粮，而有些学者给出的数据是90%，不管哪一个是准确的，起码有一点没问题了，那就是我们的粮食又不够吃了对不对？我们现在每年有接近1个月的时间，吃的是外国粮食。

我们吃饱了是因为我们农业立国、工业大发展，我们用工业产品的利润弥补了粮食缺口。而一旦你走出国门，你看到的完全就是另外一个景象。你知道不知道，仅仅是我们的邻居，那个世界上最大的民主国家印度，每年因为营养不良，就有200万儿童死亡。什么叫营养不良，就是饿死的对不对？

只有印度的孩子这样悲惨么？非洲那边，只一个东非，就有50万儿童濒临饿死，另外还有接近200万人急需救援。索马里、埃塞俄比亚、肯尼亚，小小的非洲之角，就有超过1000万被大饥荒考验的难民。

我的爸爸妈妈，看到电视里非洲孩子的画面，通常都会埋怨："养不起就别生了，弄个孩子饿得跟个小鸡崽子似的……"好吧，怜悯之心，人皆有之，尤其是我们这些温和的中国人，我们很少提这个是因为我们以前也没办法帮助他们。

这还仅仅是非洲，非洲人科技水平一般，农业靠天吃饭，搞出来的产品又要受到市场经济的各种盘剥，生活不好是难免的……可问题是，文明高度发达的埃及，也面临着严重的粮食危机。

尼罗河流域是地球上少有的极端适合农业生产的地方，每年的尼罗河定期泛滥，都会给两岸河谷地带沉淀出一层富含养料的泥浆，这样的土地连化肥都免了，绝对的高产稳产，所以我们才能看到四大文明古国之中，埃及也是其中一个。

就是这样的天然优越条件，埃及人如今却在经受着持续不断的动乱，什么民主人权自由统统都是扯淡，真正的原因只有一个，那就是没有粮食吃！那么，你知道埃及为什么会守着全世界最好的耕地而没有粮食吃么？

3

埃及会乱，就是因为没有大饼了。

简单点说，尼罗河流域是很富饶，物产丰富，可是尼罗河是有限的，尼罗河流域也是有限的，有限的土地，就会有物产总量的瓶颈，虽然起起伏伏在所难免，可是大体上说，是不可能养活无数人口的对不对？

几十年前，埃及只有5000万人，活得好好的，成为美国人的准盟友之一，又受到了前苏联的保护，这样一个左右逢源、走钢丝到处卖好的国家，因为把持着苏伊士运河，所以几乎所有国家都要给他们面子。

在这样的环境下，埃及人开始过起了"幸福"的生活，因为伊斯兰教的生育鼓励政策，只短短几十年的光景，埃及人就把人口一下子扩充到8000万的骇人听闻的地步……埃及的实用耕地比我们辽宁省大不了多少好不好？我们辽宁省位于全世界仅有的三大块黑土地之上，农业耕地质量一点儿都不比你们的尼罗河差，你们只有年复一年的薄薄的那一层泥浆，我们这边的黑土地可是亿万年的树叶腐烂堆积起来的，有的地方，黑土层甚至到了难以想象的几十米、上百米、数百米深，就这，我们辽宁省也只不过养活了大约5000万人口。

请注意哦，我们辽宁省绝大多数面积都是有效耕地哦，虽然辽西朝阳那边部分年景干旱严重，个别地区也偶然有歉收绝收的情况，可是，还是有超过3/4的土地是极其优秀的全世界最好的土地。

而埃及呢？埃及有超过3/4的土地是沙漠对不对？仅有的所谓的尼罗河流域，其实就是尼罗河两岸的一小条河谷地带，就那么点儿土地，你们敢搞出来8000万人口……你不要看人家印度饿死那么多人都没乱，自己就一定不会乱。你要想想你们为之自豪的教育。

全世界人民都承认埃及是中东地区教育水平文化水平最高的国家……可是，土老帽可以安贫虚度，知识分子就不会那么老实了，实践证明，饿肚子的知识分子是最危险的反政府主义者。

所以，我们看到，埃及乱得厉害，我们看到了穆尔西的穆斯林兄弟会上台……可这是没用的啊，谁上台都一样，没粮食还是没粮食，还是那8000万张嘴，而且还是8000万张受过高等教育的嘴。

穆尔西上台的时候，我就在网上写文章说："目测埃及还要继续乱。"结果就真的乱了，仅仅一年的时间，穆尔西就被埃及军方赶下台了。埃及人民自动分成两派，互相攻击谩骂，每天都有很多人死于各种骚乱，隐隐就有内战的架势了。

4

吃是人类生存的第一先决条件，这个问题解决不了，其他事情都无从谈起。农业是国家战略行业，农民是保障社会稳定发展的必备基石。不老老实实地种田，任何投机取巧的手段都会给国家带来严重的危机，比如说非洲的尼日利亚。

尼日利亚是非洲人口最多的国家，将近2亿人口，更要命的是，这些人口之中，超过1/3的人是小于14岁的青少年。尼日利亚是不禁止生育的，基本上就是想生多少就生多少，绝对不会有计生干部上门去罚款。所以，你一点儿都不要奇怪，这个国家的人口总数，很快就会突破2亿，向3亿人口的目标前进。

可问题是，尼日利亚并不大，实际上尼日利亚和埃及差不多大。也就是说，和我们辽宁省比起来，实用土地面积，大点儿也不多。你想想8000万人的埃及是个什么混乱情况，再想想那些生活在非洲的朋友会有什么结果？

这事俺老花非常地忧心，可是尼日利亚人好像根本不在意，虽然现在尼日利亚人的粮食已经有很大很大的一部分比例需要进口了，可是尼日利亚人却不着急，因为他们有石油。粮食不够吃，出口石油换粮食，小日子过得有滋有味，人口目标直指世界第三的宝座而去，已经是势不可当了。

可是，石油是一次性消费品，按照目前的开采速度，用不上30年，尼日利亚的石油就会被开采光，那个时候，尼日利亚因为可以随便生孩子，人口最少也要达到3亿，一旦没有了石油换回来的钱，尼日利亚的土地产粮，就只能养活1亿人口。

如果30年之内，上帝不显灵的话，我们这些人，在有生之年里，会亲眼见证一次人类历史上最大的悲剧。整整2亿人会一个一个地死在我们的电脑屏幕里，留下一个个扭曲的面孔。

5

人多力量大是真理，人多嘴巴多也是实情。这样显而易见的道理，我们的尼日利亚兄弟们，却显然不愿意去想，不幸的是，印度人，也跟着装糊涂。

尼日利亚只有几千万14岁以下的青少年，我们的伟大的邻居印度，却有整整三四亿14岁以下的青少年！更加主要的，是印度已经不是粮食出口国了，这个全世界最大的稻米出口国，已经停止了粮食出口，进入了自给自足的阶段。

你要注意哦，我们平时讥笑的贫穷国家朝鲜，人均口粮可是每年230公斤，而我们的邻居印度，目前的人均粮食是每年190公斤！中国人现在每年的粮食消费量，是400公斤！印度的人均粮食消费量，还不到我们的一半，你想想那是个什么差距。

不要忘记哦，印度还有大约4亿的14岁以下的青少年。用不上10年，这些人就要结婚生子，就算他们马上就学习我们这边的计划生育政策，一对夫妻只生一个孩子，也意味着未来十几年，印度还要暴涨2亿人口。

又是2亿，又是2亿对不对？

你敢保证他们一对夫妻只生一个孩子吗？我不敢，我认为那个数字的合理量应该是5亿。我们国家作为全世界第一号的人口大国，也不过只有13亿人，这多出来的5亿印度人口，在目前印度已经粮食自给自足的情况下，如何生存？

6

严格地说起来，人多并不可怕，因为，实际上我们的地球还是很有潜力的，还有很多没有利用起来的土地，如果全世界都是一家的话，相互协调起来，度过眼前的人口危机和粮食危机，还是可以做到的。

比如说，俄罗斯，有将近2000万平方公里的土地，是中国的两倍还多，虽然俄罗斯的很多地方都是常年冻土带，不适合农业开发，可是能够进行农业开发的土地还是好多好多好多，多到只要俄罗斯人愿意，他们自己就能解决我们今天提出的问题。

可问题就是，俄罗斯人自己也发愁自己的粮食安全问题！俄罗斯人不担心什么外部压力，他们有导弹核武器，是立于不败之地的国家，他们最担心的，反而是内部分裂。而且他们也不是白担心，毕竟苏联已经垮掉了，再垮一次又有什么稀奇呢？

为了控制国家的局面，俄罗斯人一直在实行一种粮食管控的政策，也就是说，我说哪些土地可以耕种，哪些土地不可以耕种，我说不可以的地方，你就不能种，尤其是西伯利亚方面，对主粮的管控尤其厉害。原则就是：离开了俄罗斯政府的调度，当地人就会饿死。所以我们就会看到，那么强大的苏联垮了之后，一两年之间，俄罗斯人饱受饥饿的威胁，很多人只能私下种土豆维生。

现在情况好一点儿了，可是这个政策俄罗斯人却不敢放弃，一旦没有威胁地方政府的能力，人家说独立就独立。现在的俄罗斯民主了，一旦某个地方全面公投准备独立，俄罗斯联邦是没办法应对的。

热带农作物可以一年三季，亚热带是一年两季，再往北两年三季，我们东北就只能一年一季。俄罗斯虽然更冷，一年一季也困难，可是只要长植物的地方，农业就有潜力。他们可以种植生长期更短的荞麦和黑麦，甚至是更短期的土豆，实在不适合耕作的半冻土地带，还可以发展松塔收获松子，就是你们常吃的松子玉米里面的那种松子。

可是，没用，俄罗斯只能守着大片的土地，过着半饱不暖的日子。

7

美国人不怕饥饿，也不可能会有饥荒。我们每年吵吵嚷嚷18亿亩耕地，都觉得沾沾自喜，以为地大物博。可是你知道么？印度的耕地有24亿亩，而与我们隔了一个太平洋的美国，更是拥有30亿亩耕地！

这样的国家是不会有饥荒的，美国的耕地几乎要比中国多一倍，而你拿过地图来一看就知道，他们无论是纬度还是面积，都与我们国家差不多，也就是说，他们的农业生产条件跟我们没啥两样。

同样的土地，因为地理环境不同，产量那是千差万别。我们这边亩产千斤不是什么大不了的事情，可是相同面积的土地，俄罗斯因为太冷，就只能达到……抱歉啊，具体数字我记不住了，好像还不到100公斤。

而印度那边，温度雨水都不是问题，可是因为没有化肥，亩产也只有大约300斤……具体数字还是没记住，只记得他们的亩产量是我们的1/3，或者还不到。

可是，美国人的土地又好，技术又高，温度雨水都不差，虽然年年都要饱受龙卷风的袭击，可是绝大多数土地还是可以保证收成的。

然而，问题就是，美国人不可能无限制地供应全世界粮食，人家是商人，是逐利的，粮食在什么情况下最赚钱？对了，就是在不够吃的情况下最值钱。

当然，这个度要把握好，不能一下子就搞出来大饥荒，最好保持在一个合理的额度之中，保证世界不能太乱，太乱了容易管不住，最好是各地小乱。只有这样，才能年复一年地在粮食上多赚钱啊对不对？

所以，你能看到的情况是：美国人在轮耕自己的土地，总是种一半，荒一半，搞得全世界的粮食总是略微地有所欠缺。如果大家真平等了，平均分发一下食物，可能也够吃。可是有些人想吃肉，就要用两三斤粮食喂猪马牛羊，换回来一斤肉，变相地多占了一口，结果，年复一年的饥荒，总出现在《新闻联播》里对不对？

8

可是，上面所有与粮食危机有关的事情加起来，也没有中国人所引发的问题大。我们有13亿人口，目前敢说自己小康的，恐怕还不到1/3甚至还不到1/5或者更少的1/10。我们要在2020年之前，进入全面小康社会……好吧，这多出来的本来吃粮食现在改吃肉的10亿中国人，怎么办？

我不是说我们做不到啊，问题的关键就是：我们能做到！

为什么说我们能做到？你要知道目前全世界几乎一半的商品，是我们生产的，我们所谓的出口换外汇，就是拿东西到美国或者欧洲或者日韩，去换回美元。西欧日韩的事情以后再说，先说说美国。

美国没什么东西可往中国卖的了……这不幸的事实，让中美两国的领导人也非常头大。要不然，也不会有年复一年的巨额贸易顺差。不是我们不想买，而是美国确实没有什么东西可往中国卖。

我们能数出来的美国商品，几大块而已，包括军火、民用飞机、好莱坞电影、高精化工、部分医药……剩下的就是农业和大学了吧？这些东西，能买的我们都买了，我们到现在也是美国农业和大学的最大出口国啊对不对？精细化工和医药就更不用说了，连美国电影，我们都津津乐道地称之为好莱坞大片……至于民用飞机，更加地不用说了，国内市场上运营的大多数飞机，都是各种波音的各种7啊对不对？

话说我们已经尽力了，能买的东西我们都买了，我们现在很多人用的筷子，都是美国人民给生产的，我们还是美国煤炭的进口国，我们还是美国金融服务行业的进口国，我们还把可口可乐定为权贵饮料，我们甚至还把肯德基、麦当劳、绿箭、黄箭、汉堡、炸薯条引进到我们生产生活的方方面面……

可还是巨大的顺差啊对不对？

军火方面，美国就是不卖，所以也没办法，就不说了。

可是，这就有一个很严重的问题了。那就是，我们给了你们更多的商品，那么，那部分多出来的商品，你们拿什么跟我们做交换？

很多人都知道他们印白纸，用美元来糊弄我们。好吧，美国海军很强大，暂时我们先信了，那些美元都能买到东西。可是老印白纸不是事儿啊，聪明如中国人，有几个想不明白其中的道理的？我们傻啊？为啥让你们印钱换我们的东西，我们不会自己印人民币么？我们自己消费了我们自己生产的东西，不是更方便么？

所以，2020全面小康的事情，你压根就不用怀疑。我们是社会主义国家，前些年的家电下乡农机补贴，就是变相地实行财富再分配。你买不起没关系，差多少国家给你补……总没问题了吧？

所以我说，2020全面小康，只能说中国目前还有某种苦衷，最大的问题估计就是断了美国人的货之后，怕美国人会跳过来掀桌子。所以所谓的2020小康，不是经济问题，而是安全问题。而那个2020的界线，就可以说明我们的安全问题会在什么时候解决，足以确保安全。

我这样说大家都明白了吧？

回到原来的问题，既然这样的话，那么全面小康之后，大家都吃肉了，按照3∶1的粮食肉转换比，这多出来的10亿人，就要多消费掉20亿人的口粮……想想埃及的8000万，想想尼日利亚的2亿，想想印度的5亿……最后，你想想20亿人是个什么概念吧。

我们现在的世界，是全球化之下的商品社会、市场经济，一切东西用钱来衡量。体现在粮食的支配地位上的时候，就表现在不管哪个国家有余粮，都会让出价最高的人先买，在这个问题上，请问有哪个国家敢说比中国更有钱？这样说有点装，换个说法就是，绝大多数国家都不行吧？

9

就是这样的一个世界，一方面，很多贫穷的国家玩命地生孩子，不考虑自己以后是不是能养得起。另外一方面，有能力解决这个问题的国家，要么有心无力，要么有能力却不敢帮，更有混蛋的还打算借着这个事情大发其财……尤其不幸的，是有一伙人凭借着吃苦耐劳，凭借着聪明勇敢，完全有权利可以从吃粮升级到吃肉了。

我们不能去责怪埃及人、尼日利亚人或者是印度人，或者眼看着要1亿人口的菲律宾，或者逼近1亿人口的越南，或者早就上亿人口的巴基斯坦以及孟加拉国，还有印度尼西亚、埃塞俄比亚、厄立特里亚、卢旺达、乌干达……生孩子是人权，每个人都有的权利。

我们也不能责怪俄罗斯，人家有实际困难，动一动就有可能解体，别说帮着他们开发西伯利亚了，没事儿的时候，我们往那边看一眼，俄罗斯人都会觉得要丢，就觉得浑身不自在、背后冒冷汗。

我们当然可以骂骂美国，问题是人家的土地人家爱怎么种就怎么种，人家是商人，商人以追逐利润为唯一目的。至于饿死多少人什么什么的小意思了，俺是国际警察没错，可那也不是说俺就要供养全世界啊对不对？你是饿死还是累死俺管不了，只要你遵守俺制定的秩序就行啦。

卢旺达大屠杀的时候，维护世界和平的美国人干什么去了？1991年胖揍了伊拉克之后，F-22都装备部队了，还阻止不了手拿锄头和菜刀杀人的胡图族农民么？我想，这都怪非洲人不与时俱进，他们要是在家里挖出石油来，然后用石油互相烧着玩儿，老美早跳出来维护世界和平了。

最后，我们更加地不会责怪自己了对不对？我们拼命干活，流血流汗费尽心力地工作，自己做出来的东西大部分供养了世界之后，留下少部分自己享受享受也犯法啊？也用得着全世界人民一致谴责吗？

还是那句话啊，有问题不怕，最怕的是这个问题无解。可中国想主导世界，就必须解决这个问题。能给全世界人民带来福祉的国家，才配做全世界的领导者……可是，怎么解决呢？

10

秦以后，我们国家就进入了一个历史的怪圈。一个国家刚刚建立的时候，往往久历战火，人口减少，人们生产繁衍，日子不错。然后人口越来越多，粮食产量却有限，人均口粮不断下降，稍遇天灾人祸，就有人食不果腹，只能揭竿而起。天下动乱，大量人口被消灭，重新回到土地可承载的人口数量。

有粮，生小孩，粮食不够，杀人，粮食够了，继续生……

这个困扰了我们数千年的问题，到如今依然在困扰着全世界。土地是有限的，人类的生育能力却是无限的，改变不了的是土地还是这块土地，而人类却要为自己的不负责而买单。

可是，计划生育就对吗？我时常问自己这个问题。结论是，对的。可问题是，这个事情我们还是有点吃亏啊。我们计划生育了，为全人类的安全做出了巨大的牺牲，可是还是有人玩命地生啊对不对？

俺老花是工业党没错，时常宣扬唯物主义的武器制胜论，那是因为我把人的因素量化了。我宣扬工业化是因为这个事情并不影响唯心主义的人定胜天，手里的工具质量越高端，成功的几率就越大啊对不对？

可是战争的基础还是人啊，人和武器是战争之中不可或缺的两个方面，再好的武器，没有人去使用，还是一堆破铜烂铁。

因此，俺特别特别地厌恶一夫一妻一个孩子的计划生育，这种几何倍数的人口削减行为，会在相当程度上影响国家的发展。人多了要吃饭，是个大问题，可是没人了谁去干活啊？

苏联为什么倒台？原因当然是多方面的，可是人口基数不够也是个大问题。现代化工业需要各行各业无数的产业工人支撑，技术越高端，下游需要的工人就越多。前苏联能够支撑机械化时代，那是因为拖拉机、坦克、飞机用不了多少元器件，分出这些工人之后，还有大批的人可以维持生产生活的轻工业和农业，尤其是可以保证食品安全底线。

一旦技术革命到来，进入导弹核武器时代，人口劣势的苏联立刻就被美国挤垮，没有3亿以上的工业人口（高等教育人才），根本就支撑不住导弹核武器时代。搞到后来，就算你技术足够，可是就一定要被迫放弃一些低端行业。

打败苏联的不是导弹核武器，是面包和裤子。

11

很多人以为粮食问题随着新中国的建立，危机就已经解除了。而实际上我们看到的情况，是上世纪60年代的三年饥荒。有人说饿死了3000，有人说饿死了3万，后来又加到30万，去年开始加到了300万，前两天看了看公知们的发言，已经把60年代饿死人的数据提高到3000万了……好吧，你们继续努力啊，争取明年的今天就宣扬饿死了3亿……或者直接说全饿死了，我们这些人都是天上掉下来的。

那么，我们的粮食问题，到底是怎么解决的呢？这个说起来，是要感谢美国人的。60年代之后，因为某些原因，中苏交恶，甚至还真刀真枪地在珍宝岛打了起来，两个昔日的盟友开始分道扬镳。

因为中苏交恶，就导致了中美靠近。没办法，那个时候的苏联太威风霸道了，大有一口气解放全世界之势。剩下的苦逼国家，再不抱团取暖，就会一个一个地被苏联干掉。

中美走近之后，美国人十分慷慨地给了中国人化肥技术。当然了，大家都知道的，不管什么东西，你都不能让中国人学会了技术，一旦学会了，他们能把火箭、航母给你做成大白菜价。

所以，一点都不意外，学会了化肥技术之后（在这之前也会点儿，但是不先进），化肥厂在中国好像雨后春笋一般，稀里哗啦地就建起来一大片，也就是从那一年开始，我们的粮食产量年年增加，大大地超越了人口对于粮食的消费量。

所以，30年之后，我们几乎忘记了什么叫粮食危机。

可是，技术是有瓶颈的，即便是有了化肥，粮食产量也不可能永远增加。

12

因为以上的原因，我们国家逼不得已地，实施了计划生育政策。而这个政策，即使到了今天，到了我们把这个文章写到这个地步的时候，还是有很多人包括俺老花自己在内的各种不理解。

各种道理大家都懂，还不满意是因为我们眼看着别的国家人口一涨再涨，小小的尼日利亚眼看着就要成为人口第三大国了。

万一有一天，他们的饭不够吃了，你敢保证他们不会冲出国界，向邻国要干粮么？我不敢，我一向认为人的原始道德底线就是一个虚伪的命题，因为人类根本没有这条底线，起码有些人就没有。

一旦人口危机引发粮食危机，粮食危机引发世界大乱，局面将是不可控的。绝大多数国家都没有大面积杀伤性武器，21世纪之后，精确打击武器成了历史潮流。这虽然说明了人类文明的进步，可也同时提醒了我们，一旦进入人民战争的阶段，精确打击武器是对付不了人民群众的汪洋大海的。即使狂傲如曾经的美国人，也不能总用价值100万美元的巡航导弹去炸人家20美元的露天帐篷。

所以，人口优势，依然是制胜的法宝，站出来两亿人，别说挨个杀了，你挨个看一眼，都能把你累成800度的近视。

我坚决不同意什么什么中国适合6亿人口或者8亿人口生活之类之类的屁话，这是亡国灭种的想法，凡是拥有这种思想的人，都愧对天地祖先，愧对你脚下这960万平方公里的土地。

人口数量，只能增加，不能减少，只要别人还没饿死，我们优秀的中华儿女就不可能饿死。比拼勤劳，谁有我们勤劳？即使俺老花自己，就在3个月前，还爬冰卧雪地在帮父母抢收庄稼。比拼聪明，谁有我们聪明？从各种大智大勇到各种阴人损人的手段，哪个国家民族比我们更花样翻新？

现在我们能养得起13亿人，以后随着技术进步，我们的粮食产量只能越来越多，不会越来越少，虽然在那之前我们不应该盲目地发展人口，可是起码也不用自废武功地削弱我们自己的实力吧？

我们生产了全世界几乎一半的商品，为什么我们还要削减自己的人口啊？我们现在人均消费粮食，每年400公斤，400公斤啊！即使减去100公斤，我们也还剩下300公斤呢，还是比世界上绝大多数国家的人吃得好。

实际上我们现在也的确是每年吃300公斤粮食，剩下的100公斤粮食被我们换成了50公斤肉，远超所谓的发达国家日韩，实际上在整个亚洲，也只有蒙古和哈萨克斯坦那种只有肉没有粮食和蔬菜的国家，才会人均肉消费量比我们高。

13

这些年，我们的粮食产量年年增加，很多朋友不屑一顾，认为是作假。其实，这个还真的不是作假，至于为什么，说出来之后，大家可能一点儿都高兴不起来。

中国政府宣称粮食丰收9年连增，是真实的。可问题是粮食并不能代表整个农业，粮食只不过是农业之中比重最大的一块，也就是我们常说的主粮，具体表现在3种作物上：小麦、水稻、玉米。

好吧，大豆哪儿去了？很不好意思地说一句，我们的大豆市场完全被外国企业占领了。包括衍生的食用油行业的所有国内品牌公司，悉数落马。要么被国外公司收购，要么被国外公司控股，要么直接死鱼。

知道为什么吗？那是因为外国人是不吃豆腐的！

不吃豆腐，就意味着人家的豆子不需要考虑出浆率，只考虑出油率。穷年累月地定向培育品种，导致国外的大豆出油率明显地高出国内一大块！尤其要命的，是人家还便宜。出油率不好的国产大豆，去年的今天，是1.8元/斤。进口到港的南美大豆，在大连卸船之后，才1.58元/斤。

别忘记人家的出油率大大地高于你哦。

这样的情况下，国产大豆的种植面积大面积萎缩，种出来的大豆没人收，偶尔当地豆制品作坊下来收购，还挑三拣四，使劲儿地压价。好吧，既然不赚钱，很快就没人种大豆了，国内市场的食用油直接就被人给占领了。

等国内豆腐贩子们反应过来，再想买出浆率高的国产大豆，已经是抬高到什么价格也收不到了。收不到国产大豆，就只能将就用外国的，而外国大豆出浆率低，就导致了这些年豆制品翻倍地涨价，对不对？

原来种大豆的土地，被陆陆续续地转变为种植主粮，导致主粮种植面积陆陆续续地增加……这就是我们这些年粮食9年连增的秘密之一。

你还会为粮食9年连增开心吗？

14

新中国成立之后，我们的粮食就一直不够吃，粗粮杂粮一度成为主流。三年自然灾害期间，毛主席都要吃红薯。大庆油田打出来石油之后，只有一部分被用在了国家工业建设上面，剩下的部分，全部出口换外汇，买成粮食供大家吃了。能熬过那一段艰苦的岁月，大庆油田为我们这个国家做出了极其重要的贡献。

不得不说，大庆油田就是中华民族的命根子，这还不仅仅体现在后期的石油换粮食上，更体现在小日本居然没有发现它。如果日本人能够发现大庆油田，别说中国历史了，世界历史都要改写，日本天皇弄不好会成为全世界的天皇。

当然了，我们现在不去讨论二战，我们要说的是大庆油田真实地出现以后，给中国带来的实际好处。这个在1960年开发建设的油田，出油之后，一直到1972年，十余年的时间里，人们把能找到的每一滴石油，都拿去换成外汇，购买了粮食。如果没有大庆油田，所谓的三年饥荒还不知道要严重到什么程度。

大庆油田的生产建设，是非常辛苦的工作，"铁人"王进喜大家都知道，要跳进冰冷的泥浆之中，用身体来搅拌水泥。我告诉大家一个常识，人是恒温动物，体热是不能大面积流失的，身体处于冷水之中，是非常危险的，因为水的流动性会带走很多热量，一般来说，人在低于5摄氏度的冷水之中，只半个小时，就会全身痉挛，再不出来的话，就随时有死亡的可能。

而就算你及时地出来了，那么这种全身的冰冷，也会大大地伤害人的身体。冬泳虽然很多人参加，也对人体有益，可是人在冰水之中的时间不能长，时间一长就要出事。现在，你明白堂堂的"铁人"，为什么47岁就牺牲了吧？

"铁人"王进喜只不过是一个代表性的缩影，他是第一个跳进泥浆里的人，跟着他跳下去的还有很多人对不对？死掉了一个"铁人"王进喜，我们大家都惋惜，都痛心，那么，你知道一共有多少个"铁人"吗？你想知道那些人的平均寿命是多少吗？就为了换回一点点口粮，你知道我们牺牲了多少优秀的中华儿女吗？

你想哭对吧？我告诉你，这还不是最让人难过的。因为大庆油田的重要性，国家领导人都时常去视察，要去关心爱护的。我们敬爱的周总理，一次去视察的时候，在肯定了大家的努力之后，问王进喜有什么需要，你知道王进喜是怎么说的吗？

"要是每天能吃上一碗高粱米干饭，就好了。"

为了换取更多的粮食，"铁人"们需要饿着肚子，跳进冰冷的泥浆之中，用自己的身体去搅拌它们……这就是前辈们走过的路，这事儿就发生在仅仅三四十年前！

15

说了以上种种的情况，简单概括一下，就是说，我们想领导世界，想星辰大海，就要解决这个问题。不单单是解决中国人的粮食与人口的矛盾问题，还要解决全世界人民的粮食安全与人口安全之间的矛盾，只有这样，才会被全世界真正地认可，并衷心地拥戴，成为替代美国的实际领导者。

让我们来彻底地认识一下全球各个国家的余粮情况。按照产粮大国的排序，第一名是中国，然后依次是美国、印度、巴西、俄罗斯、乌克兰、澳大利亚、哈萨克斯坦，再往后是法国和加拿大还有阿根廷。

请注意排名只是排名，排名相近的国家并不意味着粮食总量就接近。排名第三的印度，粮食年产量比排名第二的美国少了一半还多。而第四名的巴西又比印度少了一半，俄罗斯虽然和巴西差不多，但是却只达到巴西的三分之二。紧跟其后的乌克兰又比俄罗斯少了一半还多。再之后的澳大利亚又比乌克兰少了一半……也就是说，上面各个产粮大国，中、美是大头就不说了，剩下的七八个产粮大国，加起来，也还没有中国或者美国之中的一家粮食多。

你明白我想说啥了吧？

16

我们已经摘除了印度，当然也要摘除中国，实际上俄罗斯对全球粮食安全问题的贡献也基本为零，也不用考虑。巴西、阿根廷是农业大国，不过他们现在全心全意地给中国人种大豆呢，我们除了感谢这些国际主义的雷锋战士们之外，似乎也不该责怪他们不生产更多的主粮。

与之相对应的，还有法国人，他们守护着西欧最好的土地，却不怎么种植主粮，漫山遍野的薰衣草和葡萄架啊，那么好的土地，都搞成附加值更高的农产品了。

上面我们只列举了11个产粮大国，眼睛都没眨一下，就可以剔除中国、印度、俄罗斯、巴西、阿根廷、法国。剩下的澳大利亚、乌克兰、加拿大、哈萨克斯坦四国，粮食出口量有限，英国、日本、韩国以及西欧的各个发达国家、不干活光卖石油的各个中东国家，都要进口粮食。澳乌加哈四国，能不能满足他们的要求，都难说得很。指望他们去供养全世界，是根本不可能的。

这样分析下来，你就会发现，唯一能出口粮食的大国，而且是具有左右食品安全局势的大国，那就是美国了。别忘记了，美国现在还采取轮耕制，只有一半的土地被有效利用哦。换句话说，只要他愿意，粮食直接超过中国成为世界第一根本就不是问题，说甩中国好几条大街都毫不过分。

是的，我们的粮食自给自足略有欠缺，但是美国人可是手里有大把粮食的，说到左右未来世界的局势，这可是一张很厉害的王牌。

那么，我们怎么解决这个问题，或者说，如何化解全世界的粮食与人口安全？我们有办法解决美国人的粮食霸权吗？

17

说起粮食问题的时候，大家基本上就是几方面的主意：一是尽可能地开发国内土地；二是尽可能地提高农业技术；三是严格地控制粮食浪费……然后我们就可以多产粮食养活更多的人口了。

好吧，我不能说各位说错了。这些都是好主意，而且也都能起到相当大的作用，可是这样的办法，别说解决全世界人民的粮食危机了，就是解决全中国未来这10亿从吃粮食到吃肉的人的问题，都根本不可能。

中国总共划过两条红线，一条给台湾，一条给耕地。红线就是底线，意思是我们已经退无可退，没有了回旋的余地。在这样的情况下，开发国内的新耕地等于是一句笑话，没有多少实际意义。

按照前面的推理，我们实际上已经没有办法撼动美国超级霸主的地位了，我们甚至自己都要依靠美国人的粮食糊口度日。没有苹果可以吃鸭梨，没有三星可以用华为，没有处女找个二婚的也一样过日子……没有了粮食，谁还听你的？

想解决全世界的粮食危机问题，只有一条出路，那就是在控制人口的基础上增加粮食产量。这个是不需要说的，任何削减人口的说辞都是招人骂的馊主意。可是，如何增加几十亿人口的口粮呢？

18

能够化解这场危机的东西，是化肥。

是的，化肥！就是我们现在十分厌恶的绿色食品的杀手……我想，这事儿大家是被误导了，有关绿色食品的描绘："干净，没污染……"当然这话并没有错，不过下面的解读，却把这个事情跟化肥联系了起来。

我想问大家的是：化肥真的不好吗？

学过化学的朋友都知道，组成客观世界的基本单位就是原子分子，对农作物有益的成分也不过就是氮磷钾等等等等，这些养分是天然的还是人工合成的有区别吗？如果有，你告诉我到底有多大的区别？

很多人的立场就是：古时候的人怎么没听说这病那病的？什么脑血栓、这癌症那癌症的也是近些年才流行起来的吧？好吧，如果你一定要问的话，老花就能给你信服的答案："你知道古代人的平均寿命是多少么？"听说过人生七十古来稀吧？

新中国建立之前，中国人的平均寿命是37岁。你现在去问问你身边37岁以下的人，有几个得了绝症的？我不能说完全没有，可是显然那个比例十分的微小啊对不对？古时候各种癌症的问题不突出，那是因为还不等他得上癌症，就已经年纪轻轻地死掉了。换句话说，古时候的人，连得癌症的权利都没有。

化肥的生产能力大大提高之后，我们国家的粮食产量一下子就上了一个大台阶。我本身就是农民，你知道我们现在每亩田用多少化肥吗？种田分底肥和追肥两种，底肥是种田的时候用，追肥是在玉米（不好意思俺是北方人，我们这里全是旱田玉米）开花季节，也就是行话的喇叭口期追施肥料，主要是补充氮肥。

追肥就不说了，光是底肥，1亩玉米地就要用近百斤复合化肥。所以我们的粮食亩产量可以达到将近2000斤（各地玉米产量不同啊，我们这里是低产区，达不到2000斤，俺不是专门研究农业的，所以别的地方也不知道）。

这些说完之后，你可能没啥直观印象。那么，老花给你举个对比的例子，在印度，每亩田用化肥30斤，他们的化肥用量还不到我们的1/3，所以，他们的亩产粮食量，也正好就不到我们的1/3。

这就是化肥的力量。

19

可以肯定的是，光有了化肥，还是不够的。除了化肥之外，我们能够在数十年的时间里，粮食产量不断地增加，种子培育工作者的努力也是不可或缺的。同样的土地，同样的化肥，同样的人工，选用不同的种子，产量有时候会差好几倍之多。

土地是不变的存量，种子却是人类智慧的伟大结晶。在我们东北，最早的时候只有老式玉米，一般是白颜色的，玉米棒子很小，还没下霜呢，叶子根茎就早早地枯萎了，生产队的时候，早期基本上都是种的这种品种，亩产一两百斤都算高产了，这样的产量跟现在动辄上千斤的亩产量，是没办法相比的对不对？

前面列举了印度和中国的粮食产量问题，细心的朋友，有没有发现问题？那就是，同样的土地，印度的年积温明显要好于我们，可是他们的产量只有我们的1/3。为什么啊？不就是缺化肥，缺农耕技术么！换句话说，只要把印度的亩产量提高到中国的水平，那么光印度的土地，就可以多养活20亿人口啊！

而且你要注意哦，因为雨热条件好，印度的粮食产量提高到中国的级别，是根本没有理论问题的。前提就是，你需要我们帮你提高农业产量。如果你硬顶着跟中国唱反调，那么你饿死多少人是你自己的问题，别说中国不会管，就是美国人看到了，还是一样不会搭理的。

这是一个双赢的模式，一方面，我们可以帮助印度解决粮食危机，一方面，我们同时又可以向印度出口大量的农机、种子、化肥、农药，以及灌溉、运输、收割等等方面的机械产品。反过来，多生产出来的粮食，除了解决印度的内部问题之外，还可以把剩余的部分出口给中国。不管中国人用那部分粮食养猪还是做烧酒还是制造酒精代替汽油，都是对中国十分有益的事情。

当然了，印度现在横竖看不上我们，不过像印度那么奇葩的国家可也不多。印度人如果不愿意跟我们合作，尽管去喝西北风，愿意跟我们合作的国家大把大把。我们的国内土地已经趋向饱和了没关系，非洲、澳洲、南美……全世界的土地还远没有达到利益最大化的阶段呢！

谁都别想用粮食控制全世界，我们当年种粮食大发特发的时候，你们连粮食是什么还不知道呢。

　　农林牧副渔，其实都是一体的，一个意思，体现在粮食安全的问题之中，是一个问题。良好的草场当然也是我们可以帮忙开发的东西，牧业虽然不是我们强项，可是内蒙古老乡的养殖技术还是不错的，尤其我们可以提供给肉制品国仓储、冷冻、运输、市场等等方面的扶持，还是可以一样互利共赢的。

　　不管是农业还是牧业，我们输出资本、技术、人才，对应国得到安全的粮食供应，以及一部分的出口换外汇（这个是必须的，不然拿什么来抵消我们在基础投资领域的利润要求），绝对是一个双赢的局面。

　　当然，这个事情还要仔细计划，设置各种保障，必要的情况下，由我们的国家安全部门做担保人（就是解放军叔叔啦），保证我们在实际投资之后，能得到回报。我这么说，不是说真的学美国人扛大旗去明抢。我的意思是说，这样我们就可以避免对应国要无赖。

　　这样做还有几个更大的好处，比如说可以拉动国内农机、化肥、农药、种子等部门的就业情况。还可以外派目标国很多技术人员，相应地就极大地解决了目前国内的劳动人口就业问题。很多人头疼如何给6亿农民找工作，其实，这些人没什么技术，如果说这个世界上还有一个工作适合这些人干，那就是继续种田了。

　　这些人被闷在国内农村，一辈子也别想发财。可是一旦把这些人弄到目标国，立刻就是实实在在的技术人员了！我们自己是传统农业强国，自己家里遍地都是农民所以不当回事，可是外国人尤其是第三世界国家的人们，却根本不具备这些人的专业本领。

　　此外，这对年轻人也是个机会对不对？

主粮够吃了的话，还可以发展别的品种，比如大豆花生高粱米、咖啡可可红山茶、玫瑰百合小叶菊、葡萄椰子薰衣草，以至于猪马牛羊肉蛋奶、鸡鸭鱼肉火腿肠、山珍海味鲨鱼翅、橡胶剑麻无花果……我不反对发展什么第三产业，但那终究是虚的，只有第一、第二产业，才是实实在在地创造财富对不对？

21

天地是那样广阔，人生是那样漫长，毕竟我们不能光吃肉就满足了对吧？我们是聪颖智慧的中国人，岂能满足于肉乎?!

理论上来说，人均400公斤粮食，是不可能吃完的。400公斤粮食就是800公斤干饭，除以365天的话，每天要分接近5斤大米饭，等于我们每人每餐要吃1.5斤大米饭。

这显然是个荒唐的数字，我记得我上中学的时候，每天的伙食总量，只是1.2斤大米饭。那么，平分到我们头上，而我们又没吃到的那些粮食，去了哪里呢？我不是全然知道啊，我知道的是，有一部分被做成了味精，有一部分被做成了白酒，更多更多的一部分，被制造成了汽油（酒精）。

是的，酒精汽油，每升汽油里，加入15%的高浓度酒精，并不影响汽车的正常运行，为了节省一次性能源的消费，我们用口粮做了弥补。

中国是汽车大国，小汽车去年一年的生产消费量，就接近2000万辆。突突突突地开着小车东奔西跑之时，你没有想到你消耗的是粮食吧？是不是想告诉我，你烧的是柴油车，不是汽油车，所以不用消耗粮食？

我告诉你，柴油里面混合40%的豆油，是可以正常使用的。即使是人们最讨厌的地沟油，处理之后，也能够充当航空燃油。

　　前段时间，印度一本关于卫生和健康的中学教科书，称肉食者"容易作弊、说谎、盗窃和强奸"，结果在国内引起轩然大波。这本教科书中提到，因纽特人"懒散、反应迟钝和短命"，因为他们"大量吃肉"，相反，"建造苏伊士运河的时候，吃小麦和椰枣的阿拉伯人，在做同一项工作的情况下，就比吃牛肉的英国人强"。

　　印度一直都是很多人的嘲笑对象，其实这有点冤枉印度。古印度文化对中华文明的影响非常大，这一点上，我们还是非常感谢印度的。但是现在时代不同了，在讨论肉食好还是素食好的时候，我想从另外一个角度来解说这个问题。

　　很多人看不起朝鲜，因为他们穷，时常挨饿闹饥荒……可是最大的民主国家印度，人均粮食消费量还不如朝鲜呢！这当然是一个十分可笑的现实，可它偏偏就是现实。开始的时候，我认为是南亚次大陆的高温，导致印度人不喜欢肉食，而且为了解决厌食的毛病，他们还不得不尽可能多地食用辣椒和咖喱，来刺激食欲。这样的认知本来是没有问题的，可是，现在我知道了，这样的认知还不够全面。

　　现实就是，印度人根本吃不起肉。肉和粮食的转化比，按照最好的比例，也是1：2，同样的粮食转化成肉之后，能养活的人口少了一半还多。印度的农田非常多，比中国的农田还多1/3，而且人家的田地雨热同期，一年三季农作物……可是，印度因为种子化肥农药技术不行，所以粮食产量就非常少，根本不是中国的对手。

　　吃不起肉，所以使劲儿地宣传素食好，这点和韩国倒很像——在这里，我们不讨论肉食好还是素食好的问题，那是营养学家的课题。我们要讨论的是有没有肉吃的问题，你喜不喜欢是一回事，有没有则是另外一回事了。

23

总有人貌似很忧国忧民忧农业的样子，问我，农民都进城了谁还种地？总有人比我还豪迈，嚷嚷农业是根基，不能放松，不仅仅要自己吃饱，还要大量出口国外，还要质优，还要把国外的农业都打趴下。

前面一个问题我不想回答却总在回答："以机械化和电脑化为代表的现代化农业，是不需要很多工人的。美国的耕地面积比我们大了几乎一倍，可从事农业的人口方面，我们是6亿农民，美国只有300万农民。我们这样一个有着优良农业传统的国家，农业人口再怎么流失，三五百万还是能保住的吧？"

现在，至少在平原地带，单纯的字面意义上的农民可以说已经不存在了。一年到头，中原地区的农民，花在地里的时间和精力很少。少到什么地步？一年下来"普通农民"花在土地上的完整工作日不会超过一个月，其他时间打工、做生意挣钱。"专业农民"是那些承包大棚种蔬菜的，他们当然是一年四季都在地里忙了。

至于某些人的慷慨豪迈，我只能说，何必呢？走自己的路，让别人无路可走是不对的。虽然我一样认为，世界上只有两个国家，一个是中国，一个是外国，可中国的目标是超越外国，却绝不是欺负外国。

有霸权不是必然就要行霸道，用霸权行王道，才会给全世界的人民带来幸福。人口与粮食危机就是那么个样子，它实实在在地存在。这样一个天大的问题，指望资本主义国家去解决是不现实的，只有共产党领导的我们，才能用国家意志克服这个困难。13亿中国人要吃饱穿暖，是我们的责任。70亿地球人的温饱问题，我们一样可以解决。就凭这一点，我们就能理所当然地受到全世界的尊敬与爱戴。

这个国家到底有多伟大

各位领导，各位同志，大家好：

改革开放30多年以来，尤其是最近10年，"中国速度"这个词，在国内外的影响非常大。不要说那些经常在各地出行的人会感到惊奇，就连我这种网络作家，面对着各种统计上来的数字，也越来越不敢相信自己的眼睛。

说个最简单的例子：我们都知道钢铁是工业的基础，我们国家，现在每年的钢铁产量，是7亿多吨！7亿多吨钢铁，是个什么概念？如果把这些钢铁平分到每一个中国人的头上，每个人都能分半吨钢铁，足够给大家每人制造一辆小汽车。而这，仅仅是中国一年的钢铁产量。

这是一个让人感到眩晕的数字，全世界200多个国家和地区，中国自己每年生产的钢铁，就比其他所有国家和地区的钢铁产量总和还多。日本当年发动二战，侵略中国、偷袭美国、蹂躏东南亚，搅和得半个世界都鸡飞狗跳。而这一切，日本所依仗的国家基础，是当时日本可以年产450万吨钢铁。而我们现在，钢铁产量是当时日本的100多倍！我们现在每年有7亿吨钢铁产量。

当然了，钢铁的作用并不仅仅限于制作武器。钢铁是工业原料，你用它制作刺刀，它就是刺刀。你用它制作锄头，那它就是锄头。刺刀是用来杀人的。而锄头，却是养人的。锄头可以收获很多粮食、棉花，可以让更多的人吃饱穿暖。幸运的是，我们国家所生产的绝大部分钢铁，都被拿去制造锄头之类有关民生的物品。迄今为止，我们生产了全世界几乎一半的商品，我们的工业生产能力全世界第一，远远超过美国等所谓的西方发达国家。

大到高铁、火箭，小到玻璃杯子、打火机，除了很冷门的个别商品之外，我们都是世界第一。而且我们要注意一点，这里的数据，只是产量，不是产能，如果商品销路没有问题的话，到底我们能生产出来多少商品，恐怕真就没人能计算出来了。

正是有了这样的工业能力，所以如今的中国正在创造一个个以前想都不敢想的"奇迹"，而这所有的"奇迹"之中，最让人牵挂的，就是四川地震灾区的重建工作。因为这件事情，关系到千千万万同胞的实际生活。

汶川地震、雅安地震，每一次地震都让我们损失惨重。我们沉痛地缅怀那些遇难的同胞，为中华民族每一个生命的损失感到痛惜。他们本应该跟我们一起，互相学习，努力工作，见证这个伟大的国家的复兴之路。

可是天灾无情，大灾过后，我们除了要缅怀逝者，更要照顾好幸存者。我这是第一次到四川来，所有与汶川、与雅安有关的灾情报道、灾情图片，以及影音资料，都是在网络上、电视里看到的。

说实话啊，很多画面现在还铭刻在我的心里。如果用一个词来总结，那就是：废墟！是真正的废墟。当时我就想，幸存下来的那些老百姓，以后可怎么办啊？那么多的灾区群众，这以后的日子可怎么过?! 我记得一则新闻报道，说灾区群众不要说房子屋子，绝大多数人连换洗的衣服都没有。

这是典型的"一穷二白"啊！一穷二白的事情我们不陌生，新中国刚刚建立的时候，也是一穷二白。建国六十年之后，我们中国现在是世界第二！如果说这个世界上只有一个国家不害怕一穷二白的话，那么这个国家肯定就是我们中国！

让我感到十分敬佩的，是我们的灾区人民并没有被灾难击垮。他们不但积极地自救，还努力地救助别人，体现了高尚的人文情怀。这一点非常难得，我们都知道，人性复杂，只有到了最关键的时候，才能体现出来一个人、一个群体的道德素质。前几天菲律宾遭受风灾，我们看到了什么？国外救援的直升机还没有落稳呢，当地灾民就蜂拥而上，全然不顾危险，哄抢救灾物资。

与菲律宾形成鲜明对比的，是福岛地震之后，劫后余生的日本灾民，没有去哄抢救灾物资。他们是怎么做的呢？他们排起了长队，国家送来了什么，就吃什么，就用什么。不抱怨，也不抗议，更不会救灾自救。有时候我都怀疑他们是不是当地的居民，大灾面前，能够不给国家的救援工作添麻烦，当然是好的，可是国家的救援工作是为了救谁啊？怎么那些日本灾民表现得好像他们都是外国游客呢？

与这两个国家相比，美国的救灾情况就更可笑了。我们的人民子弟兵，在雅安地震的时候，仅仅十几分钟，一个团就到了灾区，三四个小时之后，一个步兵师就全部就位，开始积极地救灾了。汶川地震的时候，我们的伞兵部队，在浓雾弥漫的情况下，都毫不犹豫地跳了下去，关键时刻，很多人都将个人的生死置之度外，一心一意地争取救助更多的人民。

美国呢？美国大兵，救灾的速度有多慢就不说了，关键是他们不带武器都不敢进入灾区。开始的时候我还有点儿想不明白，为什么进入灾区要携带武器？后来我想通了，武器是用来干什么的啊？是为了对付敌人用的对不对？而灾区除了灾民，还有别人吗？这意味着如果美国大兵不携带武器的话，自己的人身安全都得不到保证，有些人会袭击这些前来救助自己的军人。

我们大家想想，这算什么事儿啊？以前我也对中国人乱穿马路、买票不排队，兼且随地吐痰的行为感到不满。听到外国人议论中国人素质低下，也觉得脸红。可是见识了美国灾民和美国军人在大灾面前的表现之后，我忍不住就想说一句："就你们这样的，也好意思说自己素质高？会排队买票了，素质就一定很高吗？"我们很多同胞，平时的确不爱排队，可是到了关键时刻，他们不但能够自我救助，还能够竭尽所能地去帮助别人，这样的人，才是最高尚的人！

　　当然了，我这么说，不是说乱穿马路不排队就是对的，一些不好的生活习惯，我们还是应该改掉。品德高尚的中国人，再改掉生活之中的那些不良的小习惯，是不是就说明我们的精神文明建设，已经初步成功了？

　　更何况，救灾并不是仅仅依靠灾区群众的生产自救。国家和全国各地的援建工作也很重要。我是辽宁人，据我所知辽宁省就承担了援助安县灾后重建的工作。几年以来，辽宁省以"要把安县作为辽宁省的第四十五个县"的决心，举全省之力，确保援建任务高标准、高质量地完成。其他省市，也都有对口援建项目。

　　所以啊，我对灾区重建的事情，就不是很担心。我不担心我们建设不了，前面我说过了，我们国家每年钢铁产量是7亿多吨，有了这个做基础，别说重建一个灾区了，就算是重建一个国家，那也不是做不到。

　　可问题是，需要多长时间呢？10年？20年？30年？时间拖得太久，灾区群众就享受不到重建的实惠，等你建设好了，人家也老得差不多了。

　　然而，让我万万没有想到的是，三五年，仅仅三五年的时间，据说，灾区就重建得差不多了！我不信，就在网络上找到了一些灾区重建之后的照片，觉得都不可思议。我这个人，平时喜欢看大国战略方面的文章。据我所知，人类历史上还没有出现过这种匪夷所思的现象。

同样是救灾，日本福岛地震已过去了3年了。然而，日本受灾地区仍有近29万民众过着避难生活。很多地方的垃圾清理工作，都没做完。

去年10月底，美国东部地区遭飓风"桑迪"侵袭，重灾区向美国政府索要数额庞大的救助款。可是美国国会对重灾区的援助金额不但很少，最近国会共和党人还要求削减对灾区的援助资金，认为"大部分都是没有需要的，只是为了收买人心"。

与这些美国官员的态度形成鲜明对比的，是由于救援资金缺口巨大，纽约州的重建工作进展缓慢，许多受灾地区至今电力和暖气等仍未恢复，一些受灾人员只能暂居在临时安置场所。

救灾，救灾，大灾面前，我们才能看出来一个国家是否靠得住。你美国行么？你不行！你日本行么？你也不行！一方有难八方支援，这是我们中国人经过两千多年的民族大融合，才形成的优良传统，只有中国人才能享受这种全方位的灾难救助。

不过话说回来，中国人一直在享受这种待遇吗？1942年，河南大旱，饿死民众300万人，蒋介石政府救助了吗？没有！而造成这场大旱的，是1938年国民党政府为阻止日军西进，扒开郑州花园口大堤，当时导致3个省44个县被淹。受灾人口1250万，死亡89万人。

只有一个伟大的党，才能支撑起一个心系人民的政府，只有一个全心全意为人民服务的政府，才能唤醒中华民族一方有难八方支援的高尚情怀。在这一点上，我想我应该表扬我们党几句。不过，我现在不表扬，因为我还没有亲眼看见灾区的重建情况。

我现在唯一期盼的事情，就是尽快启程，去看看灾后重建的城镇农村，去感受一下当地人的实际生活，亲自问一句：老乡，你们还好吗？

最后，我要说的是："我想知道中国到底有多伟大！"谢谢大家。

中国红，热血红

马年的春晚，有一个节目很特别。当《英雄赞歌》的旋律唱响的那一刻，一种久违的踏实、温暖、豪迈……成功地打动了我们很多人。是啊，为什么江山美如画？因为英雄的鲜血染红了她！不管是枪林弹雨，还是豺狼虎豹，都不能阻挡英雄的中国人民，在通往幸福的大路上，一切困难最终都会被我们踩在脚下。

当然啦，我们都知道现在的网络舆论环境是多么的糟糕。意料之中的，这个节目会被疯狂地攻击。不管是论坛还是微博，几乎就在节目刚播完，就轰轰烈烈地骂开了，各种口水喷啊喷。不但歌手王芳被谩骂为"婊子"，连这首歌的前任演唱者，也被一些人扣上了"军妓"的帽子。

可是，怎么会这样呢？我们如今的生活日渐好转，当然得益于前辈们的浴血奋战。中国人民为了站起来，不但要跟八国联军打，还要跟日本鬼子打，还要跟国民党反动派打……一直打到1949年，毛爷爷才有资格站在天安门城楼上，向全世界庄严宣告：中国人民站起来了。

你以为这就够了吗？别天真了好不好！一个新政权，想获得国内老百姓的支持，就必须改变旧政权的各种不合理政策。新中国想要站起来，就必须否定外国侵略者强加给我们的各种不平等条约。可问题是，人家之所以给中国制定了那么多不平等条约，目的都是给自己占便宜，一旦这些条约被推翻，就意味着自己的利益受了损失。老话说得好：熙熙攘攘皆为利来，熙熙攘攘皆为利往。你以为国际老表们看重你的民主人权吗？人家只不过是看上了你口袋里的银子好不好！

稳住国内局势，只不过是万里长征的第一步。后面持续面对的，是帝国主义各个方面的联合"围剿"。从历史的必然性来说，朝鲜战争，不管我们愿意不愿意，都必须打！那是我们的立国之战，十六国联军又怎么样？老子让你滚回"三八线"，你就老老实实地给老子滚回去，再废话老子还要揍你。

这个世界就是这样现实，只有你的拳头足够硬，才没有人敢来欺负你。朝鲜战争很艰苦，比较有名的上甘岭战役，不是只有一个黄继光，抱着炸药包炸碉堡、拿着爆破筒与敌人同归于尽、用身体去堵敌人的机枪口，这样的，光是有名有姓能够记载下来的人，就有38个！你能理解那种奋不顾身、忘我牺牲的英雄情怀么？

只有这一战打赢了，我们才有资格进行后来的基础建设，才有资格进行现在的改革开放，"公知"、"导师"们才有机会蹲在电脑屏幕后面对《英雄赞歌》大肆攻击与侮辱。妈妈给我们做了可口的饭菜，我们不用天天去感激，可是说什么也不能像"公知"一样，吃完了饭之后甩手给他妈一个大嘴巴吧？

事实胜于雄辩，实践检验真理！截至目前为止，春晚节目调查榜上，《英雄赞歌》在腾讯网稳居第一，在凤凰网上第二，在央视节目评选上稳居第一！老百姓用自己手里的鼠标，狠狠地扇了"公知"耳光！

民意正告伪"公知"们：我们的热血是红色，是因为这个国家拥有数千年的古老文明，近代的衰落使我们付出了无数仁人志士的鲜血，今天的成就是几十年来全国人民辛勤建设的结果。我们付出了无数的鲜血与汗水，才有了今天红色的江山与火红的日子，你们想让中国人民忘本吗？那不可能！

中国红，热血红，红色的信仰红色的梦，红色的江山代代红！

中国世纪欢迎你

据说中国是一头沉睡的雄狮，一旦被惊醒，整个世界都要哆嗦。拿破仑老兄的这句名言，把当年的欧洲土老帽们吓得够呛。从那之后的很多年，忽悠中国人继续睡觉，成了西方学者最主要的工作之一。

自由、民主、人权、普世价值、神爱我们……名词越换越新鲜、越换越美丽，忽悠得好多黄脸干儿们义愤填膺，天天幻想自己生活在地狱十九层，为了看一眼外国月亮的洁白，不惜用最恶毒的语言来描绘中国的月亮。言必提美国、西方，实在长不出一身金毛、生不出一双碧眼，那也要张嘴闭嘴ABC，才觉得有面子。

可是，国际形势的现实是啥样子呢？俺老花在上海参加"中国梦"国际研讨会的时候，通过与国外顶级学者的直接交流，发现他们更加羡慕中国。墨西哥的教授肯定了"中国梦"之后，反问自己什么时候有"墨西哥梦"，埃及学者表扬了"中国梦"的同时，希望有一天能有自己的"埃及梦"或者"阿拉伯梦"。47名国外顶级学者之中，大部分人都能用或者流利或者蹩脚的汉语直接做大会发言。实在不会说汉语的，也要在发言之初，用汉语说一句"大家好"，或者在演讲结束之时说一句"谢谢"。

在那种场合之下，俺老花才突然明白了一个并不高深的道理：国家的富强，会给老百姓带来很多意想不到的实惠。俺以前一直以自己不懂英语而感到羞愧，我一直以为自己这个国际战略观察者，会因为不懂英语的原因变成纸上谈兵。可是面对老外们一个比一个流利的汉语口才，我才忽然想到，想与世界交流，为什么一定要我们学英语？只要我们的国家足够富强，羡慕嫉妒恨的国外老乡肯定比比皆是，他们学会了汉语，不是一样能与我们做直接交流吗？反过来，我们要问一句：这么些年搞下来，我们仅仅在学习英语这一件事情上，就投入了多大的国家精力？浪费了多少孩子的宝贵童年？当然，俺没有说英语就一点儿用也没有，可是显然英语对我们来说已经不是很重要了。国家马上要出台相关的教育政策，是人所共知的秘密。

我们经常可以在电视上，看到几乎包括所有发达国家在内的各个国家的领导人，到北京访问的共同话题之一，就是拉投资、拉贷款、拉赞助……美国到现在为止，欠了中国一屁股债。很多人都开始担心美国根本还不起，某些美国议员也信口开河，暗示可以无限期地赖账——开什么玩笑？那是中国人民的血汗钱，你想不还就不还啊？黄世仁有别的缺点先不提，起码那种要账的精神，我们自古以来就有的吧？

没钱？好办，我们的教科书上写得很清楚：可以用喜儿抵债！

你一个穷得要"用喜儿抵债"的国家，有什么资本到处吹嘘炫耀？又是民主的标杆，又是自由的天堂，又是人权世界的……不装能死吗？靠着十几艘航母到处收保护费抢夺资源，不够花还拼命发债，甚至开始提高税收压榨国内老百姓过日子的国家，根本就不配当全世界的领袖！

毛主席带领革命先烈们流血牺牲地占住了这块红色的国土，马列主义中国化的毛泽东思想指导中国人民胜利前进。前30年的基础建设让这个国家站在了工业化的起跑线上，这是我们一代又一代后辈子孙都享用不尽的精神和物质财富。

上世纪80年代，国际风云变幻。邓小平同志及时地将马列主义做了市场化的引导，成功地让中国避免了前苏联解体的悲剧。江泽民时代，面对美国一边倒的优势，中国人民韬光养晦，勤修内功，不卑不亢谋发展。历尽劫波的中国人民，终于在胡总书记执政的黄金十年里，迎来了国家高速发展的机遇期。勤劳智慧的全体国人，毫不犹豫地把我们的国家变成了全世界最大的工业国。

大炮和黄油是工业化的一体两面，工业化的国家不但能生产保家卫国的各种尖端武器，也同时能够生产满足农业需求的化肥和农机设备。中国人再也不会挨饿，再也不会挨打，这就是爷爷奶奶爸爸妈妈们留给我们的伟大的国家！

如今，我们迎来了习大大时代，我们这样一个生产了全世界几乎一半商品的国家，不用东征西讨，就能赢得全世界人民羡慕嫉妒恨的目光。不管你愿意还是不愿意，你已经来到了属于中国的世纪，这就是事实。

在这样的时代大背景下，我们要做的第一件事情，就是维护好祖国和人民的利益，向一切反动势力说不。就像去年8月19日习大大的讲话所说的那样："今后，谁再敢围攻我们的同志，我们宣传思想部门要发声，党委要发声，各个方面都要发声！要发出统一的明确信号，形成一呼百应的态势，不要怕被污名化。干部要敢于担当，这就是一个重要检验。"

国家已然在行动，我们老百姓难道会坐视有人抹黑我们的国家和体制吗？我们现行的体制肯定不是最好的，可是毫无疑问，现在的体制是我们能够找到的最好的体制。这个体制当然还要完善和发展，可善意的批评和恶意的抹黑是完全不同的。

三十六计第一计里说："阴在阳之内，不在阳之对。"蓄意抹黑国家、妄图搞垮这个国家的人，不会在自己脑门上贴"我是汉奸"的小纸条。可是任何光鲜的外衣，也掩盖不了腐尸的臭气。

只要我们明白我们的命运与这个国家是叠加在一起的，知道维护祖国的利益就是维护我们自己的利益，那么，当你再次看到有人心怀鬼胎地传播黑段子、黑文章、黑色冷笑话的时候，你能不能勇敢地站出来，维护我们国家和人民的利益？你会继续看着那些维护国家和人民利益的同志，被宵小之辈一而再、再而三地围攻谩骂吗？

属于中国的世纪，属于全体中国人民。我们每一个普通国人都将迎来属于中国的大国民时代。这个时代的每一天都是新的，这个时代的发展趋势难以遏制，这个时代的前程绝对不可限量。前辈们把该做的准备都做得差不多了，轮到我们这一代人，到了摘果子的时候，我们能允许自己的果子被别人摘走吗？

属于中国的世纪，也是全世界受压迫人民翻身的世纪。在中国世纪里，全世界人民都将受益。我们会与最不发达的国家做公平的贸易，绝对不会在人家的海岸线上架起几门大炮就敲诈勒索；我们会跟全世界的人民互相帮助、一视同仁，绝对不会做出灭绝北美印第安人那样的兽行；我们将延续5000年的古老文明，推动人类社会的不断进步，绝对不会印白纸变美元到全世界去变相地敲诈勒索；属于中国的世纪，属于全世界人民，只有在中国的世纪里，大家才会享受真正的共赢与发展，让所有人都过上富足、有尊严的生活，永远告别野蛮的杀戮与无耻的欺骗掠夺。

欢迎你来到中国世纪，中国世纪欢迎你！

大国民时代的中国自信

刚刚在网络上看到一篇博文，差点笑掉大牙……颜昌海先生的大作《被官方歪曲的八国联军真相》，刚一看文章的名字，俺老花还以为可以跟着学点东西，没想到颜老先生一把年纪，居然厚颜觍脸给侵略者洗地，让俺大大地惊讶了一次。我一直以为复旦大学的历史教授能公然否认南京大屠杀，就够不要脸的了，现在才知道，如今的中国文艺界，是没有最不要脸，只有更不要脸啊。

八国联军的侵华罪行，是整个人类历史上，最为野蛮与无耻的事件之一。西方列强，仰仗着武器代差方面的优势，对古老的东方文明进行了一次公开的劫掠。且不说中国在金银珠宝、文物字画等等方面的损失无法计算，仅仅是奸淫烧杀这一项，就罄竹难书。西方殖民者强奸完受害者之后，还要把她们缠足的小脚砍下来，带回欧洲做纪念。

科技先进，不代表人性就先进，欧洲殖民者的所作所为尤其令人发指。他们砍下中国女人的小脚，仅仅是因为缠足的脚跟正常的脚不一样。相似的事情还有很多，有记载说，当西方列强侵入非洲的时候，曾经对非洲一个部落土著人的头盖骨感兴趣，他们的上流社会流行以收藏土著人的头盖骨为荣耀，结果导致那个部落的人几乎被灭绝，老人、小孩都不能幸免……不知道这样的行为，颜昌海老先生如何洗地。如果颜先生认为非洲太远，非洲人不算人可以任意宰杀的话，那么颜老先生能不能解释一下八国联军为啥要"砍脚"呢？这事都能干出来的一群狗强盗，到了老先生的嘴里就变成了"威武正义"之师，何止厚颜无耻，简直是无耻之极。

我一直就不明白，历史怎么就得罪了这么多人。好多"学者"、"教授"都跟历史过不去，打着还原真相、解密历史等等招牌，胡说八道、颠倒黑白，这到底是为什么呢？我搞不懂，俺这农民作家也没有地方去查资料，就只能到百度去问度娘。输入"颜昌海"三个字一查，哦，《欧洲之声》报社主编啊！

一切的不合理，这一刻突然就都合理了，情况一如复旦大学历史教授的"东京庆应大学客座教授"，无非就是吃了人家的嘴软呗。一两个酸腐文人，左右不了国家大事，甚至都左右不了住地街道委员会的邻里小事，就只能摇动笔杆子跟历史过不去对不对？你看，俺家的老祖宗都那熊德性的，说明中国人都是王八蛋的子孙。你们当初杀了俺爷爷、强奸了俺奶奶，都做得好，要是杀之前能多打几个耳光，砍脚之前多强奸几次就更好了，只有这样中国人才能被改造得文明起来。

王八蛋的逻辑，只有王八蛋懂，我们这些正常人只能目瞪口呆地看这帮孙子表演。你跟他们讲道理是没有出路的，他能一口气给你列举100条他是洋人灰孙子的证据，他反问我们为什么爱祖国的时候，我们往往连一条理由都说不出来……可问题是，爱国需要理由吗？

一个强大的国家，不仅仅意味着财富的累积，同样重要的还有人民的心态。一群对自己的文化都没有自信心的人，是不可能撑起一个伟大的国家的。为了一点点吃食儿，就连祖宗都出卖的人，不配拥有话语权。王八蛋愿意丢人是他们自己的事，但是他们没有理由强迫我们看着他们丢人。

为了保护我们健康的眼睛和耳朵，我建议国家对文化行业进行一次适当的整顿。不配为人师表的东西就不要再让他在讲台上胡说八道；不配传播文明的主编、主播，就早点儿让他们下课、下岗。中国有13亿人口，各种各样的人才多的是，何必养着这群小人恶心自己的人民呢，对不对？

　　中国人不该自高自大，谦虚与礼让，是中华民族的传统美德，这些都没问题。但是，逆向种族主义的看啥都不顺眼，为了当孙子，不惜造谣污蔑，就真的必须严管严控了。为了讨洋人欢心而自我矮化的行为，实际上对文明与文明之间的和谐发展并没有帮助，只会把局面越搞越糟。

　　中国的经济总量，根据世界银行的报告表述，今年就会超越美国，成为世界第一。虽然中国政府非常谦虚，极力否认这回事，可是事实明摆着的，即便今年超不过，明年超不过，那么后年也一定会超越。这里面当然还有个人均的问题，不过中国经济每年增长率都在百分之七八左右，这样的条件下，每10年中国的经济总量都会翻倍。

　　而这个世界的财富是"定量"的，假如说全世界的财富是100的话，那么十几二十多年前，我们只有10甚至更少，面对手里拿着90的美国，自然觉得高不可攀。可问题是当我们努力了10年之后，我们的财富变成了20，这个时候留给美国的财富就只有80了。尽管20和80之间还是有很大的差距，可是此时此刻中美之间的差距就只有4倍了，而不再是10年前的9倍。那么，又10年之后呢，我们的国家实力又翻了一倍，我们已经能拿到40了，美国就只剩下60了对不对？这个时候，你会发现两个国家之间的差距其实已经微乎其微了……不幸的是，历史不会终结，七八年后的今天，我们依然经济高速增长，美国经济依然低迷不动，此时此刻，到底谁是世界第一，其实是个说不清楚的问题了。更加不幸的是，历史依然不会终结，10年以后是个什么情况呢？奥巴马年纪轻轻，头发都白了，是高兴的结果吗？

都说21世纪是属于中国的世纪，那么在属于中国的世纪里，中国人应该努力把自己打扮成灰孙子吗？别开玩笑了好不好！属于中国的世纪，国人需要具备属于自己的大国民心态。谁最强？中国！谁最美？中国！谁最好？中国！

如果我们认为中国还不够强、不够好、不够美，那么，我们应该做的是尽自己的努力，让这个国家更强、更好、更美，而不是拱手把我们的财富和尊严送给西洋人或者东洋人。有些人还是愿意当孙子，我们也劝说不了，可以让他们继续去当孙子，我们自己要保持好健康的心态。不是说我们强大了之后，就一定要把东洋人或者西洋人当孙子虐待，起码，都是两个肩膀扛一个脑袋，大家都平等，这个要求不过分吧？

同一个世界不一样的梦想

这个话题，是台湾著名作家孙晓先生向俺老花提起的，觉得有点儿意思……得到了灵感之后，俺老花先呵斥他："赶紧把你的《英雄志》写完！"打发走了老孙之后，越发觉得刚刚的话题很有意思，于是，就有了下面的文字。

一、日本

日本工业的精细加工能力很强，我们一般人想当然地就会认为，日本的年轻人肯定个个都是"蓝翔技校"的优秀毕业生。如果召开全世界产业工人的车铣铆电焊技术赛，金牌肯定全都会跑到日本人兜里……实话实说，有多少人是这样认为的？

相信很多人都有上面的印象，这么多年来逆向种族主义的灌输还是威力巨大的。

某些学者曾经指出，日本这个只有1.2亿人口的国家，20岁以上年龄的专职"宅男"人数，就超过1000万。你不要以为日本的"宅男"和中国的宅男是一个意思，我们这边的所谓宅男，顶多就是下班之后不爱出门，可日本的"宅男"，普遍地没有固定工作，相对地就没有固定收入。这样的情况下，他们也不可能拥有固定住房，所以更不可能有自己的家庭。

"撸管"在中国仅仅是一种调侃，可是对于日本"宅男"来说，那就是生活。

那么，日本为什么会出现这种匪夷所思的情况呢？那么多鲜活的青春生命，就那样整日地被动漫、电玩、萌产品浪费掉，不可惜吗？可惜的是，不这样还能怎么样呢，日本土地有限，没多少地方修建工厂，工厂数量有限，想多赚钱就只能走精密加工的路线。可问题是利润高的后果肯定是出货量有限，出货量有限就用不了那么多的工人，这样的大背景之下还能指望日本"宅男"们做什么？

请注意日本"宅男"的数量啊，超过1000万，占日本人口总数的将近1/10！

二、西欧和美国

西欧和美国是标准的发达地区，是最让国内的"西崽们"羡慕嫉妒恨的所谓天堂。当然，俺老花必须承认，在先发这条道路上，西方文明确实走得很不错。尽管英国人发达了之后马上强占半个世界当殖民地，尽管美国的发达是因为血腥地屠杀了印第安人做基础，尽管大多数的西方发达国家的发达都与去非洲抓奴隶白给自己干活有关……可是不管怎么说，人家发达了，至于怎么发达的，是可以不讨论的嘛。

可问题是，现在这些国家的失业率可真高啊！相对来说，情况最好的美国，官方公布的2013年失业率数据是7.7%。但是，还有0.6%的年轻人、少数族裔以及那些没有高中文凭的人已经放弃了找工作。还有0.9%的人打短工，因为经济恶化，这些人多数入不敷出。最糟糕的是，2008年经济衰退波及的那5.1%的美国劳动人口，目前也只能做一点点兼职的工作，根本找不到全职工作。

不管兼职还是打短工，在美国都是不可能养活自己和家人的，这些人实际上也还是处于失业状态。实际上，美国2013年真正的失业率应该为14.3%（数据来自"福布斯中文网"）。这等于说在美国的就业环境之中，每7个就业者就有1个人的生活水平在逐渐下降，或者完全失业。很多年以来，美国经济增长率慢得像乌龟，就不难理解了吧？

你以为美国的情况就够糟了吗？西欧那边更是惨不忍睹！2013年，西班牙的失业率高达27.7%！每4个人就有1个人失业！更加严重的问题是，年轻人的失业率更高，几乎一半的年轻人没有工作。

没有足够的收入，那么这些人怎么生活呢？其实很简单，他们基本上就是靠吃低保维持生活的。是不是有人想说："他们即使失业，也有吃有喝，也过得很有尊严！"好吧，俺老花是农民，据俺所知，起码中国农民阶层里，还很少有混吃等死就觉得自己很有尊严的人。

所以，请不要用"尊严"两个字来羞辱人家。

三、中国台湾

台湾地区那边的年轻人，情况要比美日西欧好很多。受益于这些年祖国大陆的经济腾飞，台湾经济好歹不歹地没有崩盘。可问题是，据孙晓先生介绍，台湾年轻人的薪资，已经连续倒退了16年。看清楚了，是倒退！祖国大陆这边，工资涨得慢一点儿，老百姓都怨声载道，想想你的工资连续倒退16年是个什么鬼样子吧！

难怪孙先生慨叹：现在台湾很难见到有梦想的年轻人了！

那么，为什么台湾的年轻人没有梦想了呢？台湾的经济已经发展到全世界第一了吗？既然没有，为什么不努力呢？我想，每个人都希望自己和家人的生活能够更好一点儿，可问题是，台湾的年轻人有机会努力吗？

区区小岛，几千万人口，搞不起重工业，玩不转航空航天，搞石化自己没资源，搞汽车自己没有技术，搞农业自己没多少土地，搞……啥子都没有搞个啥！巧媳妇难为无米之炊，不仅仅是大实话，更是一种悲哀！

四、其他国家和地区

上面这些例子就够苦逼的了吧？不幸的是，他们是发达国家和地区啊，他们都那德性了，那些不发达的国家又怎么样呢？泰国的年轻人在忙着上街游行，印度尼西亚的年轻人在忙着睡懒觉，埃及的年轻人在忙着换总统，印度的年轻人在忙着唱歌跳舞，巴勒斯坦的年轻人在忙着往以色列的装甲车上扔石头，以色列的年轻人忙着坐在装甲车里躲石头……混乱的世界，真是何其精彩啊！

泰国的年轻人为什么上街？很简单啊，没有工作做！没有工作就意味着没有收入，没有收入就意味着要挨饿，这是很现实的问题。

印度尼西亚的年轻人为什么睡懒觉？很简单啊，没有工作做！热带地区没有冬季取暖的压力，四季常青的植被提供了起码的生活保障，有吃有喝又不会被冻死，啥工作机会都没有的情况下，不睡懒觉干什么啊？

很多人都羡慕印度人能歌善舞，这其实不用怎么羡慕的。在印度政府的提倡之下，印度人民还是把"穷开心"的场面搞得很隆重的。问题是，印度政府干吗要号召大家唱歌跳舞呢？说穿了一钱不值：因为政府提供不了足够多的工作机会啊！

政府无法提供或者创造更多的就业机会，为了避免精力充沛的老百姓闹事，最好的办法就是给老百姓找到发泄情绪的门路。别以为印度人民光能歌善舞就完了，他们更厉害的一招是宗教。在印度，你能找到全世界几乎所有的宗教，印度甚至一度被人们称之为"宗教博物馆"。

埃及为什么会乱？很简单，就是因为埃及的青年人没有工作！他们选择了"造反"，各派持续冲突，局势持续动荡，总统都换了一拨又一拨……结果又怎么样呢？"阿拉伯之春"之后，利比亚的日子好过了吗？埃及的日子好过了吗？抱歉，都没有，我们能看到的，是这些国家还要持续动荡下去，对与不对不用我们去评说，动荡之中的埃及人民自己有体会。

那么，是不是有人想问："他们为什么不去工作啊？"这个问题，我代以上的所有国家的失业者共同回答一句："因为没有工作！"

五、中国大陆

说完了别人，最后说说我们中国大陆的青年人。

在这里，有人忙着升官，有人忙着发财；有人忙着做实验，有人忙着搞基建；有人忙着作讲座，有人忙着听讲座；有人忙着进山搞养殖，有人忙着下海做生意；有人忙着拍电影，有人忙着看电影；有人忙着国内旅游，有人忙着国外旅游；有人忙着上网造谣，有人忙着上网辟谣；有人忙着找自己的老婆，有人忙着找别人的老婆……总之吧，中国大陆的年轻人都很忙。

是的，中国大陆的年轻人都很忙，别管忙的是什么，大家都有很多的事情去做。而且不管你愿意做还是不愿意做，这个国家这个时代就是推着你必须去做。在中国共产党的领导下，在全国人民几十年的努力下，中国的腾飞已经全面加速，每一个人都有意或者无意地成为助推器，我们都是这个时代的螺丝钉！

六、小结

大家有一个很不好的习惯，就是喜欢推己及人。自己认为是对的，那么就会自以为是地认为别人肯定也是这样想的。这事曾经被相声大师们拿去好一顿调侃，他们把这个习惯形象地总结为：饱汉子不知饿汉子饥！

他山之石，可以攻玉。西欧、日本等的情况都一样，年轻人早已不再幻想能当什么总经理了，大家所想的只是找一份像样的工作，然后尽量不要被裁员。至于巴勒斯坦的年轻人或是美国底特律黑人区的年轻人，那更是惨不忍睹。

看看别人，想想自己，巴勒斯坦人绝不比谁懒，但他们何以至此？中国台湾与日本的年轻人更不比谁差，那他们为何会遭遇这种境遇？如果我们中国大陆的年轻人愿意多了解世界一点儿，我们完全可以明白自己身处在一个什么样的时代。和上一代比，和隔壁邻居比，我们是何其幸运！爷爷奶奶们创建了这个伟大的国家，爸爸妈妈们建设了富强的中国，我们这代人实际上是摘果子的一代人，如果连这个也做不好，那才是辜负了前辈们的热血与汗水，辜负了我们自己的青春。

这是一个急速上升的社会，百年一遇，遍地都是工作机会，人人都在埋怨自己发财不够快。大街上、报纸上、电视机之中的招聘广告，多得让人厌烦。可你知道吗？这些工作机会，对全世界绝大多数青年人来说，是多么的遥不可及！不要忘记，中国人只占全世界人口的1/5。

你自豪吗？你不必自豪，机会就在你我面前，因为我们是中国人！

　　你自豪吗？你可以自豪，机会就在你我面前，因为我们是中
国人！

　　我们一路荆棘，一路锋芒，一路逆风，一路飞扬！

　　走你！

写给小伙伴们的一封公开信

勤奋刻苦的同学们、调皮捣蛋的小伙伴们，大家好！

很高兴有这个机会，能够与祖国的花骨朵儿做亲切的交流。我是花千芳，这个名字漂亮不？呵呵，可是，很遗憾，俺是男的。所以想称呼俺作花姐的同学，一定要痛心疾首地默念三声："我错啦，我错啦，我错啦！"别难过，俺原谅你啦！

你看，简简单单的一个名字，就可能引起很多不必要的误解。而这个五彩斑斓的世界，到底有多少似懂非懂的误会，就只能等待大家慢慢地用你们的小手去触摸了。记住不要乱摸啊，玫瑰花虽美，却是有刺儿的。

我相信很多同学都上过网，我更相信很多同学都被网络搞蒙了。你们的课本里明明写着狼牙山五壮士是抗击日本鬼子的民族英雄，而你们却经常在网上看到有人说他们是土匪流氓；你们的老师有理有据地给大家讲述汪精卫如何卖国求荣，而你们在网上经常看到有人说汪精卫是"曲线救国"；我小时候要穿带补丁的衣服，你们现在去翻垃圾筒都找不到一件带补丁的衣服，前后二三十年的光景，这个国家日新月异，人民生活水平不断提高，可我相信你们在网络上肯定总看到有人说：这个国家烂透了！

你的愕然与愤怒，我感同身受。

中国共产党领导全国人民，从一穷二白开始，仅仅用了60多年的时间，就把新中国建成全世界最大的工业国，大大提升了中国人的安全环境与生活水平，是不争的事实啊！可为什么有那么多的人，端起碗来吃饺子，放下碗就大骂共产党呢？为什么很多你们都能辨别的是非，到了成年人那里就有很多人犯糊涂呢？注意啊，很多胡说八道的家伙，还是所谓的名人嘞！

这个谜底其实非常简单：很多人把自己变成了老鼠。

简单点儿说，古代的木匠，想要制作一把漂亮的椅子，斧子、锯子、刨子、凿子、尺子等等工具，就必须样样拿得起来，每一道工艺都要亲力亲为，从原木开始，慢慢地制作成一把椅子。可是到了近现代社会，工业化大发展，工厂化运作，导致即使是制作一把椅子，也要十几个人通力合作。有人专门伐木，有人专门负责把原木加工成木板，有人专门把木板裁剪成所需要的各种尺寸。剩下的组装、刷漆、转运、销售、售后服务等等等等方面的工序，都要有不同的人去做。大家通力合作，能把生产效率提高很多很多，在同样的时间内制造出更多的椅子，这是人类生产力发展的必然阶段，也是工业化文明的显著标志。

可问题是，这样做的结果，就把人的眼界给固化了。伐木工砍了一辈子的树木，可能都想不到销售员是怎么向顾客推销椅子的。更加不幸的是，汽车需要上千个组装部件，宇宙飞船或者核工业的工序，更是数以万计。

跨行业、跨门类、跨学科，而我们所谓的名人，往往是在一个很窄的领域里有所建树，一旦这个人自我膨胀起来，他跟你说太阳是三角形的，你都别奇怪。你只要明白他根本不是什么天体物理学家，就足够啦。

除了恶意传播的谣言之外，剩下基本上都是因为无知引起的。绝大多数谣言在青少年朋友们之中无法流行，是因为大家或者正在学校或者刚刚离开校门，尽管在德智体美劳的全面发展上，你们未必各方面都优秀，可是因为同时拥有历史、地理、生物、化学等等方面的理论知识，就比很多所谓的大人更能辨别是非曲直。那些知识很多大人本来也学过，可惜很多人把它们丢掉了。

我想，没人希望自己长大之后，变成一个鼠目寸光又自以为是的混蛋。我想，唯一的办法，就是增加科普类文章、节目的浏览量，尽早建立自己正确的人生观、世界观、价值观，打破人类自我保护的那种宁可信其有、不可信其无的先天潜意识。只有这样，你才能在谣言横飞的年代里，站稳脚跟。

《人民日报》刚刚公布了社会主义的核心价值观，我觉得很不错。国家需要：富强、民主、文明、和谐。社会需要：自由、平等、公正、法治。人民需要：爱国、敬业、诚信、友善。都说真经一句话，假经万卷书。我们的美好生活，用这24个字来描绘，最是恰当不过。

我们代表现在，你们代表未来，我更看好未来。谢谢！

为什么说中国模式比美国模式好

为什么说中国模式比美国模式好？30年前，要是提出这样的问题，十之八九会让人笑掉大牙。可30年后的今天，包括美国总统奥巴马先生在内的很多人，恐怕就真的笑不出来了。尽管奥巴马信誓旦旦地告诉全世界，说美国还打算当一百年的世界霸主，可是这种自欺欺人的傻话，恐怕没几个人会相信了。

新中国建国60多年，经济规模一路上扬，从一穷二白到如今的世界制造中心，是在中国共产党的领导下，几代人流血流汗建设出来的成果。我们有过波折，我们有过失落，我们甚至被全世界抛弃过。可是我们挺过来了，按照购买力平价计算法，世界银行的报告都说今年中国经济规模将超越美国。面对着坚称自己还是世界第一、未来还要当一百年世界第一的美国，中国方面反应平淡。从国家领导人到普通人民群众，大家都淡然得很。世界第一有什么了不起？你喜欢你可以继续当，俺们不在乎什么世界第一，俺们会坚定地继续走我们的中国道路，直到甩你们十八条大街那么远。中国人很谦虚的，到时候你们要是还认为自己是世界第一，你们还可以继续当，无所谓。

美国的年经济增长率只有百分之一二，欧洲经济几乎陷入停滞，日本的年经济增长率甚至是负数。我就不明白了，像这样的国家和地区，有什么资格嘲笑我们每年百分之七八的年经济增长率？我并不指望你们个个都是高等数学的博士硕士，可是最起码的1234567，总要应该搞明白哪个大哪个小吧？你们哪儿来的自信，嘲笑我们的制度不好？

当年福山嚷嚷"历史终结论"的时候，很多人都以为历史真的终结了；随后陈志武先生嚷嚷"中国崩溃论"的时候，全世界都以为中国真的要崩溃了；再后来还有人发明了"七块论"，还有人坚称互联网会让中国人整垮中国人……不得不说，全世界包括中国国内的某些不学无术的学者，在制造国际大笑话上的能力，真的让我们这些龙的传人目瞪口呆。先把自己忽悠傻，再把别人忽悠傻，这种逆天的行为到底是什么动力啊？

有人会说中国的GDP掺水，有人会说中国的经济是以环境为代价，有人会说现在中国经济好是因为全体中国人在给整个世界打苦工，有人会说中国经济高涨是美国人故意让着中国的结果，有人会说……因为篇幅所限，其他稀奇古怪的理由俺就不一一列举了，先说前面三点。第一，哪个国家的GDP是不掺水的？相比较美国那种买了房子还要把房子租借给自己，租金也算作国家GDP的计算方法，中国的GDP的含金量肯定比美国高。13亿中国人，按照美国那种计算方法，光是房屋租金这一项，就起码是每年数万亿的数目。

说我们以环境牺牲为代价发展经济，说得当然没有错。可问题是，又有哪个国家的经济发展，不是以牺牲环境为代价起家的呢？哪一个经济发达的先进国家没有走过先污染再治理的打补丁路线？天上不会掉馅饼啊，不挖煤掘铁，怎么炼钢炼铁，怎么制造机器机床，怎么生产各种商品产品？不搞工业，光种田，全国只有18亿亩耕地，13亿中国人平均1人1亩多一点儿，指望土里刨食实现现代化，全民进小康，那可能吗？好在现在我们的经济已经发展到一定程度了，有能力回头给我们的环境打补丁了，这方面的工作已经在全国层面启动，也是大家都知道的事情。当然，我们要有耐心，我们向大自然索取了数千年，不是一朝一夕就能补回来的。中国只有960万平方公里的国土，从现在开始一寸一寸地去改善，虽我之死，有子存焉，只要我们认识到了，一代一代不停地搞下去，中国最终是可以恢复山清水秀的。

中国是世界工厂，是全世界的制造业中心，在这样的环境里，我们的的确确是在给全世界打工。可是这又有什么丢人的呢？我们家里没有抽不完的石油，没有挖不完的铁矿石，没有我们所需要的各种农产品、矿产品以及其他化石能源。我们通过我们灵巧的双手，勤劳致富，为国家换回急缺的技术、能源、各种资源，这不是很好吗？难道一定要像八旗兵一样游手好闲才是人生目标？难道只有啃老吃老才是最高品格？难道只有等着天上掉馅饼我们才能活下去？劳动最光荣，劳动最高尚，不管是脑力劳动者还是体力劳动者，只要是为这个世界认认真真创造财富和价值的人们，都是值得尊敬的最可爱的人。

当然了，劳动没有白劳动的。给全世界打工就意味着能赚全世界的钱。在这个丛林世界里，能赚全世界的钱的国家，只有两个，一个是中国，一个是美国，其他国家想赚全世界的钱，那也是不可能的。我们用辛勤的劳作，换取全世界的各种资源和技术，苦点儿累点儿是真的，可是谁要是说这样的模式不高尚，那就简直是胡说八道了。难道一定要像美国一样，搞十几艘航空母舰，到全世界去巧取豪夺才算高尚？

中国有贪官，美国也有贪官，我这样说不是为了跟谁比烂，而是告诉大家人类本身就不是多么的高尚。在美国，不管是州长还是总统，都很少侵吞公款，这当然很好。可问题是，他们就真的不敛财了吗？别开玩笑了好不好，在任期间通过自己手中的权力，给大公司谋取不应该有的利益，然后彼此心领神会。等到领导人任期一满，马上就有大公司高薪聘请当高级顾问，年薪之高完全超乎正常人的想象之外。没能聘请离任领导人当顾问的公司，也会想方设法地提供各种名目的演讲机会，出场费会让所有当红明星汗颜。当然也有猴急的离任领导，突然发现自己用了半辈子的破饭碗是N年前的老古董，送到拍卖会上去，鉴定师们会异口同声地认为是真品，马上就会有匿名买家出手拍下这只破碗……有心的同学，可以把最近30年，美国各个州的退休州长的财产明细表翻出来，包括数位美国总统在内，那收入都会在退休之后，呈爆发性增长状。至于说写个文理不通、胡说八道、假仁假义的回忆录什么的，都是毛毛雨啦——试问，如果中共领导人退休之后，也都出回忆录赚版税的话，你能想象那种疯狂之后的利润所得是多少吗？

还想号叫美式民主不？还想获得美式自由不？还跟着傻乎乎地胡扯普世价值不？别犯傻了好不好，人家的资本主义制度已经玩了很多年了，潜规则多得够写几万本一尺厚的书。你有什么可不满的吗？人家的确没有贪污腐败啊，在任期间的确两袖清风啊，有的还欠了一屁股债对不对？可为什么眨眼之间又都亿万身家了呢？

我不是在为贪官开脱，实际上我十分支持习大大的反腐决策。可问题就是，为什么全世界范围内，只有习大大领导的中国共产党在认认真真地搞反腐呢？说白了，那仅仅是因为我们知错能改，肯改，会改！你让美国、日本改一个给大家看看，他们敢吗？他们不敢！在美式民主选举的规矩之中，领导人的前提条件只有两个：一个是你本身就是大资本家，还有一个就是你给某一个或者某一批大资本家代言。游离在这两个前提条件之外的所有人，都没有资格当领导人，哪怕是一个州的领导人。在这样的前提之下，权力受资本拱卫，权力就必须为资本服务，至于其他的那些美国99%的苦逼民众，就只有到华尔街去跪着被喷辣椒水的份儿，永远也没有机会去搞什么反腐。即使明明知道这个国家已经烂透了，也只能认命听命，因为规矩是有钱人定出来的，跟你们这帮穷鬼没关系，你们只要老老实实地扫大街、冲马桶、拧螺丝帽或者跳脱衣舞就行了。

在中国，你想不去上学？当地领导、教育办官员，会找到你家里去苦口婆心地劝；到了学校你想不好好上课瞎胡闹？校长、老师会跟屁股后面把你训得泪流满面；你想抱怨没有高中、大学？这个国家早就给你修建起来无数所高等学府；你以为不好好学习就不用再深造了？各种技术学校以及民间培训中心，会手把手地教你各种求职技能；你以为毕业之后会找不到工作？大到"神舟"飞船的工程师，小到车铣铆电焊的技术工种，七七八八有的是招聘广告天天在你脸前晃悠；不管任何工作，不管任何职位，只要你有突出的表现，你就很快会被上级赏识，得到升迁的机会……总之，你生在中国，就注定是一个有用的人，这个国家会因材施教，把你培养成一个对社会有用的人。

在美国，你想好好上学？还不等你明白怎么回事儿呢，教育官员和学校早就把学生分为了优等生和劣等生。举国上下的教育资源，全部向优等生倾斜，各种名牌大学早就给这些优等生留下了位置。毕业之后，这些优等生，要么进入政界做大官，要么进入企业当高管，最次也能办个私人诊所当牙医。至于剩下99%的劣等生，在一生之中最为关键的黄金学习期，被学校和老师引导着去唱歌跳舞扯王八蛋，美其名曰快乐教育。学习不好也没关系，分数再差也有大学录取，考零蛋都没关系，只要你篮球打得好，足球踢得棒，甚至只要口琴吹得响，都可以通过特招直接进入大学。等你嘻嘻哈哈地从大学毕业，100以内的两位数加减法，你都必须去找计算器才能算出来。庸才教育的结果，是这些占人口总数99%的人，没有任何能力与优等生竞争，即使是竞争机制再怎么公平，劣等生也绝对没有可能获胜。所以，下一步，这些劣等生就只能去服役当兵，到伊拉克阿富汗去给优等生当炮灰；就只能进入工厂，成为众多永远也别想翻身的蓝领一族中的新成员。遇到那种在快乐教育之中玩嗨了的傻帽，毕业之后也不找工作，美国也允许这些人沿街乞讨，以显示人性化管理。

看完了这些介绍，你是愿意生在中国，还是愿意生在美国？如果说这个问题已经不用我们来选择了，那么，我们换一种说法，你是愿意你的孩子出生在美国，还是愿意你的孩子出生在中国？

请相信俺老花，请相信这个一直养育你的国家。我不否认中国有无数个问题，有很多问题还很严重。可那不是我们嫌弃这个国家的理由，恰恰相反，那是我们为这个国家而奋斗的目标。你认为这个国家是王八蛋，我认为这个国家是王八蛋，大家都认为这个国家是王八蛋，那么这个国家就真的会变成王八蛋。你认为这个国家是人类的骄傲，我认为这个国家是人类的骄傲，大家都认为这个国家是人类的骄傲，那么这个国家早晚会变成整个人类的骄傲。

几千万工业化人口，就让大英帝国成为了辉煌耀眼的日不落；3亿工业化人口，就让美国在世界霸主的位置上足足坐了100年；而有史以来，我们这个蓝色的星球上，从未出现过一个拥有13亿工业化人口的国家。这样的国家到底能有多大的作为，会怎样深远地影响整个世界？这样的问题上帝也回答不出来。

所幸，所不幸，我们正好都是这个伟大国家的一分子。中国的前途到底有多光明，答案其实就在我们自己的手中，整个世界的命运，也同样在我们手中。小时候，大人们说，红领巾是五星红旗的一角，五星红旗是烈士的鲜血染成的。现在我们长大了，我们为振兴中华民族而努力工作。将来我们老了，你愿意不愿意告诉后辈子孙,说五星红旗上也有我们的热血和青春?

　　我很想说中国模式不先进,哄信西方为真理的人们乐一乐,可惜事实摆在面前很多年,中国的变化简直让人目不暇接,这个时候还跟我扯美国的模式更先进,恐怕只能自欺欺人!我们生在其中,当有这方面的自信,我们相信这个国家在习大大的领导下,会越来越好。我们生逢其时,赶上了!

　　嘿!世界第一,说你呢,玩得开心点儿哈!

中国人，你想永远当老二吗？

这个世界并不是一个平等的世界，即便是号称"公开、公平、公正"的奥运会，也能为我这个论点提供最直接的注解：第一名可以拿金牌，第二名就只能拿银牌，第三名以下，连上台领奖的机会都没有。

没有奖牌的就不说了，可是金奖和银奖的价值就差了何止十万八千里。拿了金牌就意味着天下第一，到处受人尊敬，被人追着采访，数不清的产品广告等着去代言……拿了银牌，那当然也很了不起，可银牌之所以是银牌，就是因为银牌意味着你是"手下败将"的级别，你依然会得到打了折的尊敬，但是别的就都没有了。

我们在这里不评论体育精神，也不研究强身健体的基本目的，我们只是在这里说明一下这个世界是否平等。就算是金和银的本身，那也完全不是一个级别的。刚刚看了行情，每克黄金接近250元人民币，而白银呢？还不到4元钱1克。

我们明白了第一和第二的差距之后，还要明白做老二的代价。国际社会不是奥运会，奥运会闭幕了之后，大家就要准备下一届奥运会，以前的成绩就已经定型了。可是国际社会却不是这么个玩法，各个国家的比拼永远没有终止的一天，即使你是世界老大，也有可能被后来的强者挤下台。

古代中国，大航海时代的西班牙，工业革命的英国，捡了一战、二战红利的美国，以军重工为主要发展目标的苏联，都先后当过世界老大，又先后地被人从国际老大的地位上挤了下去。

所以，当国际老大要做的事情，除了用一半的精力去"管理世界"之外，还要用至少一半的精力去扼杀老二。当老大就意味着可以用老大的光辉掩盖所有缺点，就连俺家的狗屎都必须是香的。因为某些意外死个把人，万里之外的他国子民，都要披麻戴孝、手捧蜡烛，宣称"今夜我们都是美国人"。

因此，老大排挤老二的时候，那是不遗余力的，各种"哄、骗、绞杀、颠覆"手段，花样之变化多端，连最好的调酒师都没资格做比较。文的不行来武的，硬的不行来软的，糖衣炮弹、棒杀捧杀，何止一个精彩可以形容。

从以上的分析之中，我们就可以清晰地看到老二的艰难处境。如果还有人看不明白，那么我们不妨再举一个很直观的例子。在地球还没有变成村落的年代，战争行为一般都发生在区域之内。欧洲战区之中，就有一个著名的"千年老二"沙俄。

沙皇俄国，被人戏称为"老毛子"，这当然不仅仅是玩笑，老毛子之所以被称为老毛子，那是因为老毛子真的非常强悍。有报道说，老毛子的战士，能端着重机枪，一边徒步冲锋一边疯狂扫射……请问那是什么概念？如果有心的话，请注意我们这边的抗战影视剧，你会发现，同样的重机枪，我们这边要三个人抬着走。

沙俄拥有这样强悍的人民，应该可以当欧洲老大了吧？可问题是沙俄的国土虽然大，气候却过分的严寒，畜牧业和农耕业都不发达。没有足够多的食物，就没有足够多的人口。没有足够多的人口优势，在原子弹没有发明之前，就意味着没有争老大的资格，哪怕是小小的欧洲老大。

老毛子是天生的欧洲老二，这个没办法。可是因为有了这么个老二，就意味着不管谁想当欧洲老大，都要把老毛子打趴下。所以，我们就会在西方世界的历史之中，看到一个非常古怪的事情，那就是几乎所有强国，都跟老毛子死磕过。

法国的拿破仑攻打过俄国，德国希特勒攻打过俄国，连远在海外的英国都不能免俗，其他波兰、土耳其等等等等，所有想当欧洲老大的国家，都先后去攻打了俄国。虽然老毛子比较"猪坚强"，每一次都把敌人打得丢盔弃甲，可是莫名其妙地总被人攻打，老毛子就总也集聚不够当老大的实力。

所以我们就会看到，到了今天，欧洲还是一盘子散沙。中国人说救助汶川，大家都没意见，眼睛都不眨一下，三五年时间，稀里哗啦地就把汶川翻建一新。而欧盟说要救助希腊，却各种条件地讨价还价，各种扯皮捣蛋地能拖就拖，如今也是三五年过去了，希腊的经济毫无起色。

别以为只有不同阵营的人才会互相使绊子，日本经济腾飞之后，很快就冲到了世界经济老二的位置。到了这一步，美国人就必须收拾日本人。左一个《广场协议》，右一个《美日安保条约》，今天弄掉你一个首相，明天对你的大公司反倾销……于是，我们看到日本失掉了一个10年，又失掉了一个10年，眼看着第三个10年也要失去了。

醒醒吧，不管你愿意不愿意，中国都已经是世界老二了。老大老二的问题，早就摆在了我们的面前。老三可以帮老二对抗老大，也可以帮老大一起觎老二。可是老二就根本没有那么多选择，不管你高兴还是不高兴，老二其实只有千古华山一条路，要么我们大家一起努力，爬到大山之巅，去领略"会当凌绝顶，一览众山小"的豪迈；要么我们就被老大一脚踢下山崖，坠入无底深渊。1840年的教训依旧血红刺眼，从爷爷直接变成孙子，原本就很简单。

而一旦你的国家变成了孙子级别，侵略者会排着队闯进来。他们可以把圆明园再倒上汽油烧一遍；可以满大街地追大姑娘、小媳妇，强奸之后还要挖出她们的子宫，套到她们的头上，美其名曰"从哪里来到哪里去"；他们还会把人当成做实验的小白鼠，注射各种病毒病菌，拿着电脑记录你活活发霉腐烂的过程……这些让文明人感到匪夷所思甚至令人作呕的事情，根本不是什么童话故事，都曾经真实地发生过！

客观世界是现实的世界，文艺腔的小清新是不解决任何问题的。这个时代的中国人，尤其是青少年一代，要绝对避免矫情。我们可以追求个性张扬，可到了国破家亡的时候，所谓个性在屠刀面前，啥用都没有。

俺老花要清清楚楚明明白白地告诉大家，革命尚未成功，还差最后一步。这一步我们迈过去了，就会万邦来朝，重现中华盛世；这一步我们迈不过去，就肯定会一败涂地，这就是老二的宿命。

而我们，根本别无选择，中国的体重，决定了只要我们解决了温饱问题，我们就必然要坐到老二的位置上。换句话说，生为中国人，我们既是幸运的，又是不幸的，因为中华民族根本就没的选择。要么就当老大，受世人敬仰，拥有尊严与荣耀；要么就会被人肢解，成为炮灰和牺牲品。

毛主席带领大家建立了新中国，小平同志带领大家改革开放，江时代我们韬光养晦谋发展，胡时代我们抓住了历史机遇一跃而成为世界老二。不管细枝末节多么的不靠谱，不管"公知"们怎么批评、抹黑和歪曲，中国的主流发展趋势就是这么清晰。

如今，请看看中国共产党，她诚然不够完美，但是各种国策颁布得有条有理，在大局上做到了带领国家腾飞；如今，请大家看看，她精力充沛、经验丰富，勤勤恳恳地做着各种工作；如今，请看看我们的国家，工业能力世界第一，大到卫星火箭小到打火机，我们生产了全世界几乎一半的商品；如今，请看看我们自己，各种学校各种学历，我们不说自己多么优秀，起码我们是中国甚至是整个人类历史上，最有实力的一代人民，我们可以胜任各行各业的几乎所有工作。

那么，在以上各项基础条件都具备的情况下，面对着国力不断衰退、空心化的美国，我们有什么理由、有什么脸面被人踢下悬崖？爷爷奶奶用鲜血和生命换来的国家，爸爸妈妈用青春和汗水建设起来的家园，绝对不能毁在我们的手里！我们不是败家子，更不是中华民族的不肖子孙，我们有能力、有基础、有时间……我们拥有几乎所有的有利条件，一个超级强国，必然在我们的手中实现。

你想当老大吗？你准备好了吗？那就一起努力，让我们见证历史吧！

是谁扭曲了你的信仰

不知道从几时起，也不知道什么原因，谩骂政府成了一种时尚。"毒奶粉"事件很多国家都发生过，到了我们这里就成了体制问题，是"独裁"的结果。

微博上的"导师"、"公知"，不遗余力地抹黑政府；论坛里的大V、JY，提美国日本就奴颜婢膝，说中国就咬牙切齿；各大新闻门户网站的新闻评论栏里，意见排名前几位的，也总是那些"外国月亮圆中国月亮扁"的疯话。

你每次登录微博账号，系统总是提醒你可以关注哪些名人。于是，你的关注名单里，不知不觉地就加上了一大堆"青年导师"，而千千万万的你，轻而易举地就让"青年导师"的粉丝数目冲破了千万。

大嘴"公知"的粉丝上千万，连《人民日报》都倍感压力。可如果你仔细总结一下，就会发现所谓"青年导师"，不过是曾经在美国给资本家跑过腿；所谓"演艺名人"，也不过就是在肥皂剧里演过小配角；更可悲的"社会公知"，仅仅是足球小报的黑心记者而已。关注这样的人，我们能学习到什么？

我看破了微博的本质，所以我只玩论坛，可残酷的现实还是教育了我，论坛这边"公知"们的小花招，也颇有几分时代特色。

想当"论坛公知"，第一要务就是会骂人。实在不会骂的话，记住三点：第一是骂足球，第二是骂政府，第三就是谁不让你骂政府你就骂谁。不用讲道理，直接骂就行，保证一堆人认为你水平高。

事情不管大小，标题一定要好！比如说晚上你被蚊子叮了一口，发帖时一定要写《猛兽横行中国，百人死伤，谁之过》，然后自己注册几百个账号，轮流顶帖，造成人气很旺的假象，自然就有JY过来助阵，看看火候差不多了，联系下个别无良版主，首页置顶，一套组合拳打下来，几万十几万点击小意思了，运气好的话，混几百万点击也正常。

比如城管跟女小贩起了争执，作为"公知"，绝对不能深究谁对谁错，你要牢牢抓住城管的恶霸行径，尽量少提小贩。不得不提的情况下，也只描绘小贩多么的弱势可怜，拉拢观众的同情心。

然后，你就要表示对政府（这个时候一定要用政府来替代城管，不然一个城管能对一个国家的大环境有什么影响）大大的失望，同时一定要记得问一句："这个社会到底怎么了？中国到底怎么了？"

你看，一个简单的事件，就转移到大环境上了。最后得出结论，这全都是制度问题，因为："美国那边怎么没有这种事？"在美国，三五个警察都能追打得上千抗议者满街跑，那种事"公知"是绝对不会告诉你的。

在把罪名给中国政府扣完之后，"公知"们还会给你出主意，用一两个马甲账号出面，建议大家带了汽油桶去烧掉城管大队的办公楼，给他们点儿颜色看看。

最后，"公知"会给大家做总结：移民去美国吧，别在地狱里受苦了。

城管是个好话题，可是总炒城管问题，时间长了会引起大家的警觉。毕竟很多人都生活在城市里，如果说城管就等于流氓的话，为什么平时看到的城管还算说得过去呢？所以，拆迁就被拿出来大做文章了。

在我们普通人看来，拆迁就意味着要告别棚户区，住进新房子，是一件利国利民的大好事，我们总不能住在棚户区里体验社会主义的伟大优越性吧？

可是，这些年，经过媒体的不断渲染，拆迁俨然就成了迫害人民的代名词，经常可以看到强拆所引发的血腥事件。我们当然不能说打得人家头破血流就值得表扬，但是什么问题都离不开它的本质，本质上说不过去，再可怜可叹，那也是不能盲目同情的。

理论上来说，绝大多数人同意搬迁，支持拆迁，就说明这个事情是没问题的。那些说什么也不配合拆迁的"钉子户"，说白了就是想多占便宜。只要钱给到位了，他们会搬得飞快。

问题是，你凭什么就多吃多占？大多数人能接受的条件，一两家人怎么就接受不了呢？仅仅是一两家人不肯搬走，整个小区的人就只能等着，无法住进早就应该住进的新家。我们该怎么办？奔走相告、义愤填膺地给"钉子户"争取人权？

本质，本质的问题就是这么简单，由这个本质问题所引发的一切后果，都改变不了问题的本质属性。

说完了"公知"的大杀器"城管"和"拆迁"，当然还要提一下最近很火的"校长"。自从"校长"出名了之后，JY们如获至宝，连公开承认出来卖的论坛妓女，都敢举个"校长，放过孩子，请来找我"的牌子到处炫耀。

可问题是，为什么要说"校长"呢？那个涉嫌触犯法律的校长没有名字吗？名字肯定是有的，不过"公知"是肯定不会提的。原因很简单，提张三李四有什么用？只有提"校长"，才能跟体制挂上钩。那些帖子里，少不了的一句话就是："连个校长都……"

是啊，连个校长都如何如何，教育局的局长们想必也好不到哪里去了，推而广之地说，整个中国的官僚系统都烂透了对不对？

校长出名了，炒到现在，提校长，我们就能想到嫖宿幼女。不管你印象里小学的老校长多么的慈眉善目，怎样的一身粉笔末儿，如何的庄重严肃，都改变不了你对"校长"这两个字的深深厌恶了。"公知"，就是这么胜利的。

负面新闻是"公知"、JY的最爱，不管什么事情，都能最后让你气愤难耐，以为这个社会简直是没办法再过了，恨不得扛着炸药包去拼命，哪怕是与这个生你养你教育你的"万恶的"新中国一起灰飞烟灭。

可是，新闻并非全是负面的，举国欢庆的事情总会出现。国庆阅兵的时候，望着精神抖擞的解放军指战员、精良崭新的现代化武器装备，任何一个普通的中国人都会感到来自心底的自豪，那是无论如何也抑制不住的。

这样的事情，是"导师"、"公知"、JY们最愤恨的，因为好容易培养起来的仇恨情绪，会在顷刻间灰飞烟灭。无知少年再轻狂，也知道这个时候作为中国人是何等的自豪。

于是，当举国欢庆，大家热烈讨论阅兵装备的先进能力的时候，你总能看见有"公知"蹦出来说一句："弄这些东西有什么用？先把地沟油的问题解决再说吧！"

本来情绪好端端的，每个人都像过节一样开心，看了这么一句恶心人的话，实在是太扫兴了对不对？你去反驳吧，不值当的，不去反驳吧，他就那么一会儿一句地沟油、一会儿一句三聚氰胺地恶心你。

为了更大地挑拨你的不满，他会忽然成了"民族英雄"，哀号："花这么多钱养这么多废物有什么用！钓鱼岛怎么不抢回来？黄岩岛怎么不抢回来？小日本和菲律宾把中国的脸打得啪啪直响，屁都不敢放一个，这些东西也就能欺负欺负老百姓！"

我想，这个时候，你多半就火了，想骂"公知"几句，可是你转念一想，人家说得又"很有道理"，想反驳都不知道怎么反驳。那时候的你，可能从来都没有想过黄岩岛早就实际控制在我们手中，钓鱼岛也早已改变了受日本绝对控制的局面。

然而，让"公知"、"导师"们捶胸顿足的是：国庆阅兵、航母海试、"神舟"飞天、四代机首航、奥运会获金牌……这些年，在中国共产党的领导下，大喜事一件接一件地出现，每一件事情都让中国人骄傲、自豪、幸福。

负面新闻不多的时候，"公知"们就干脆自己造了。前几天，一张照片被上传微博，图片里一辆公交车翻进壕沟，三五个人躺在地上，一看就是一场交通意外。就是这么一张照片，马上就有JY发微博："遵义特大车祸！死20多人，贵州新闻没播！中央新闻更没播！当地政府隐瞒事情说：1人当场死亡，2人抢救无效！看这车的状态，死3人你信吗？请问我们的党在哪里？国家在哪里？CCTV在哪里？"

这条微博，可以说是言辞犀利，不明真相的群众开始纷纷传播，很快就产生了轰动。如果不是后来发酵得太厉害，可能很多人都会永远地被忽悠。

没想到天不遂人愿，博主王开新千呼万唤的CCTV，居然就出现了，而且很快就查明真相，车祸前后死4人，基本符合当地官员最初的说法。这件事的后续发展就不用说了，博主王开新，因为恶意造谣，被"御赐黄马褂"，到看守所蹲班房去了。

可是，王开新事件还是很特例，在谣言满天飞的微博里，张开新、李开新们，仍旧没日没夜地奋战在抹黑中国的战线里。

微博那边还只是造谣，论坛这边，不管你说什么，JY们都会突然跳出来，不管三七二十一就扣你一顶"爱国奴"的帽子，然后劈头盖脸地一顿谩骂，没有提及你的祖宗十八代，都算人家积了口德。

可为什么会这样呢？"请停下你带血的速度，等一等你的人民"，这样的文艺腔再也听不到了。不是JY们不想说，是"自干五"们完全地成长起来了，再有人请政府"等一等人民"的时候，不用政府发话，"自干五"们就会蜂拥而上，七嘴八舌地喊："还是让你美国爸爸等一等他的黑鬼吧！"

最近国家互联网信息办和大V座谈，提出共识共守"七条底线"，聪明人都能看出，这是在晒他们，逼大V、"公知"们就范，使他们不得不约束自己，守住七条底线。

互联网刚刚开通的年代，"公知"是从来不骂人的，那个时候中国的GDP差不多是美国的1/10，在"公知"们看来，美国人用眼皮就能夹死我们。

可是今天不同了，很多人亲眼见证了祖国的强大，很多人都可以预见中国会更加强大。我们是有很多缺点，可是我们只要改正那些缺点就足够了，把已经到手的一切重新打烂再建设……话说我们没病吧？

国家依然默默前进，党和政府依然服务人民，他们没有时间和精力与"导师"、"公知"、JY们打嘴仗，他们还要带领中国人民全面建成小康社会，把中国建设成中等发达国家。只要有良心，还在上网，还在看媒体，每个人都能看到正在发力。新一届中央领导推出一个又一个好政策，跨过了一个又一个旧障碍。习、李新时代正在到来，我们更应该充满自信。

就是在这种情况下，伟大的"自干五"一族悄然涌现。我们不拿祖国一分钱，我们自愿维护祖国和人民的利益，我们勇敢，甚至是鲁莽地就站在了"导师"们的对立面，一巴掌接一巴掌地打"公知"们的脸，看你们还敢造谣！

当年也曾"愤青"过，后来也有过民主自由的觉悟，也左过，也右过，再左再右地反复折腾过。信仰之路，如同十八街的大麻花一样扭过来扭过去，磕磕绊绊地伴随着我们的祖国一路成长到今天。终于有一天，我在大街上看到了一名外国人，望着迎面而来的金发碧眼，我才知道就算我染黄了头发、改信了基督，自己也一样还是中国人。

我是光荣的中国"自干五"——没有任何形式的补贴，甚至还要自己搭钱，也自愿维护祖国和人民的利益。当五星红旗迎风飘扬的时候，如果祖国需要我，哥虽年近不惑，当义无反顾，虽马革裹尸，也无怨无悔。

始皇帝南巡，仪仗万千，威风凛凛。刘邦说："大丈夫生当如此。"项羽道："彼可取而代之。"如今，我们的面前只有一个国力逐渐虚弱的美国，而现在的中国正全面腾飞。大丈夫是否当如是，请君等与我共勉。

人是要有信仰的。我也有信仰。我的信仰就是我们的祖国，就是有一个率领13亿中国人坚定向前的执政党。

我庆幸，我生在这伟大的时代，可以亲眼目睹祖国登上巅峰的每一个脚印！我祝愿中国，愿我有生之年，得见您君临天下！

如果可以，我愿下辈子还做一个中国人！

【备注】

本文在天涯社区首发后，引起很大的反响，效果一点儿也不比去年俺老花所写的《我们的征途是星辰大海》差，很多有良知的朋友纷纷帮忙转载，但原文有1万多字，一些朋友反映太长了，没耐心读下去，也不方便转发，因此俺老花从善如流，修改成这个精简版，也增加了一些新的感想和对宏观世界的描绘（那啥，俺是国际战略观察者嘛），使文章更加严谨。

整个国家的正能量不是一两个人就能传播出来的，欢迎所有有良知的中国人一起传播正能量。

让国民待遇惠及每一个中国人

　　很长一段时间以来，提到外国人，不管是美国的还是莫桑比克的，我们习惯称之为外宾。我们是泱泱大国、礼仪之邦，待人如宾客，本来是应该做的。可问题是，谦虚并没有使人进步，"外宾"了这许多年下来，弊端逐渐地显现出来。一方面，某些"外宾"被尊敬了之后，把福气当运气，施施然摆出洋大人的架子，在中华大地上趾高气扬，以高人一等为荣；另外一方面，好多中国人也本末倒置，自我矮化，以为外国人就是比中国人高贵，想当然地认为外国的月亮都比中国的圆。以上这两种情况叠加起来，进一步促进了逆向种族主义的发展，成为中华民族伟大复兴进程之中不可忽视的阻力。

　　一个国家的复兴是建立在本国文化复兴的基础之上的，国与国的终极较量也会最后落点在文化冲撞上。历史上打败中国中央王朝的外族与外国有很多，可是因为文化与科技方面的优势，导致最后产生了一个很不可思议的结果：那些强盛一时的外部势力，要么被中原文化整体同化，要么被复兴的中央帝国打得一蹶不振，甚至是烟消云散，成为历史的尘埃，再也不见了踪影。

　　由此可见，对本国文化的自信，对本国制度的自信，对本国所代表的文明自信，才是一个国家长盛不衰的根本。我这样说，并不是要大家从此就欺负外国人，而是说尊敬是对等的，老话说对待朋友最好的形容，莫过于宾至如归，也就是说，让客人获得到家的待遇，就行了。至于说反客为主、鸠占鹊巢，那不叫尊敬，也不叫礼仪之邦，那叫引狼入室，结局一般都是刘备借荆州，一借不还的。

前几天，受邀参加北京边检总站举办的警民开放日活动，让我对中国人的"国民待遇"问题重视起来。虽然主办方让我们这些网友代表们感受到了边检同志的工作辛苦，也体会到了作为服务性政府单位的尽职尽责（这倒不是夸奖，实话实说而已，侧面打听过，一哥们儿说他今年这8个半月，就休息过两个周末，加班到晚上9点多是经常的事儿，而且还没有加班费），可是整个活动从头至尾观察的结果，网友代表们只送出了两次自发的掌声。

第一次是解说员介绍一个圆形台子的时候，说那个地方是外国游客填写"外国人出境卡"的地方。解说员是个很文静可爱的小姑娘，大略地说了说什么是"外国人出境卡"之后，忽然露出一丝调皮与戏谑的笑容，洋洋得意地跟我们介绍说，这个东西是老式的出入境手续，我们国内的科技能力与软硬件设施，已经超越了这个阶段，实际上已经不用这些外国游客再填写什么"外国人出境卡"了，不过因为国外的边检部门还在使用这种老旧的程序，让出入境的中国人填写"外国人出境卡"，所以为了体现对等原则，尽管是画蛇添足，我们国家的边检部门也强制要求外国人必须填写"外国人出境卡"！

她的话音还没落，网友们就不约而同地鼓起掌来……这次掌声多少有点儿戏谑的成分在，所以俺也就没多想什么。后来到了活动临近结束的时候，解说员指着几条进关通道，介绍说那就是中国人专用进关绿色通道。到了这里，只要是持有合法的新版中国电子版护照，就可以自助通关，情形大约就像在公交车上刷卡，划一下就直接过关走人。这种待遇，外国人是不能享受的，不管他们的证件多么的合法，也要接受例行的通关证件检查，别管排多长的队，你都要按规矩来，当面接受边检工作人员的询问与检查。至于中国人，入境的时候不但能走绿色通关通道，边检的同志还会微笑着对你说一句："欢迎您回家!"

虽然不可能每一位自助通关的中国人都能被问候到（这个真心做不到，每一个北京边检总站的一线工作人员，每个月都要检查1万人上下的通关旅客，平均四十几秒钟就要检查一个，而游客从待检处走到边检工作人员面前就要消耗掉其中的将近20秒钟），可是只要能有那么一两秒钟的富余时间，北京边检的工作人员都会尽可能地"欢迎您回家"，这样一句普通得不能再普通的问候，让数不清的同胞感受到强烈的国家荣誉感，很多老华侨当场就热泪盈眶，不能自己。

我们这些网友代表听了介绍之后，先是愣愣地呆了有5秒钟，忽然不约而同地鼓起掌来，我旁边站着的美女网友一直在拍手，拍得小手通红，一脸的神采飞扬。那一刻，我忽然意识到，作为中国人应有的自豪感，我们已经很久没有体会到了。尽管北京边检总站只是一个拥有1300名工作人员的普通单位，他们的主要工作是检查出入境旅客的证件是否合法，可是通过他们自己的努力，身体力行地推动中华民族伟大复兴的历史车轮，从一点一滴做起，从全心全意为人民服务做起，让俺这个爱国主义网络作家都汗颜无地。他们在实实在在地做事，这就比俺强。

写了这么多，不是为了让大家轻视外国友人，进门就是客，有礼以待之，这种高尚的人文情怀，值得继续推崇。但是，客人就是客人，照顾好客人的同时，我们不能忽略了主人的感受。作为中华人民共和国的一分子，如果大家认为中国人天生就是三孙子，就比外国人低一等，那么中华民族的伟大复兴也就不用提了，反正复兴了也是去孝敬别人，自己只不过是个体面的仆人角色，又有什么意思呢，对不对？

提高普通中国人的国民待遇，已经到了不得不全面重视的地步。让每一个中国人都挺直了脊梁，享受到国家复兴的点滴红利，以身为中国人而自豪骄傲，是我们所有人必须面对的问题。尊敬外宾如同尊敬我们自己，就已经做到了"宾至如归"，再多一点儿就过头了。我们尊敬外宾，是为了换回来外宾对我们的尊敬，这个没问题。但是，如何让外宾尊敬我们，却绝不是高规格礼遇就能换回来的。说白了，中华民族的伟大复兴，核心思想还是要造福中国人民，在这个基础之上，才能谈到造福全世界人民，若不然，凭什么要求中国人比外国人更加热爱中国呢，对不对？

中国人的国民待遇问题，必须逐步提高，这不是人民的呼声，这是作为普通中国人最起码的要求！

从群众中来到群众中去

曾几何时，共产党把宣传工作做到了极致，十来个人七八条枪都是奢望，两把菜刀闹革命才是现实。尔后的许多年，这个一穷二白的国家，在这个一穷二白的政党的领导下，带领着一群一穷二白的中国人，硬是建设起来如今这么一个辉煌兴盛的国家。岂止是不可思议，简直是难以置评。

一个群众一个群众地争取，一个事情一个事情地去解决，那个时候的共产党员，是党员的同时也是群众。想人民之所想、急人民之所急不是空洞的口号，是脚踏实地做事。遗憾的是，这么好的看家本领，却不是所有人都愿意弘扬。后来我们看到了之乎者也的党八股、自以为是的我代表人民怎么样怎么样……群众很失望，经常被代表，面对着一个个出则豪车、入则豪宅的"父母官"，你想让俺们体会主人翁的荣誉感？话说没有这么讽刺人的好不好！

所幸，我们的党及时地认清了这个问题，反腐工作全国抓，老虎苍蝇一起打，贪官纷纷落马，腐败分子挨个拿下。新闻里面的贪官，从刚开始的隔一天曝光1个，到现在的平均每天曝光3个，曝光一个收拾一个……老百姓看到了希望，我听到老百姓对国家反腐工作评价最多的一句话就是："再不这么整，国家就完了！"

国家加大力度反腐，看来这个国家暂时是不会"完了"的。

可问题是，下一步，我们怎么办？我们总不能满足于不"完了"吧？一个国家想继续兴盛富强，最主要的条件无非就两个：一是有一个正确的强有力的政党，二是有一群从心底里拥护这个政党的人民群众，两个条件齐备的话，"神舟"飞天、"蛟龙"深潜，都不是神话。

我们的党，从大局上来说，无疑是正确的，也是强有力的。建国60多年以来，一路风尘的我们，亲眼见证了这个国家在党的领导下怎样重新崛起。那么，下一个问题就至关重要：我们的党，如何继续得到全国人民的广泛支持？

这是一个天大的问题，可也是个非常简单的问题。从根本上来说，只要确立全心全意为人民服务的宗旨，就必然会得到人民群众的广泛支持。这一点，我们的国家领导人十分清楚，习大大上任以来，除了反腐，顶层设计所着力推动的另外一件事，就是党的群众路线工作对不对？什么叫党的群众路线？说白了就是你从群众中来，再回群众中去，别老以为自己是多大的官，你本身就是人民群众的一员。

问题是，怎么到群众中去呢？挨家挨户地走，肯定是不现实的。在这一点上来说，我觉得俺老家抚顺那边，就做得很不错。抚顺因为是雷锋的第二故乡，所以人文环境相对较好，东北人不见得个个都是活雷锋，可抚顺的活雷锋绝对是全国城市中最多的。有了这个做基础，抚顺这边居然就推广了一项让其他省市错愕的活动：正能量广场行。抚顺市委召集了全市各个阶层、各个部门的精英，组成讲师团，就在广场之中与群众面对面，从一点一滴的生活细节开始，全面传递正能量。这些讲师都是利用业余时间，无偿服务。开始讲的时候，也难免观众稀少，可时间长了之后，观众还是越来越多，大家给这些用业余时间给大家讲课的业余讲师们送去了热烈的掌声。

从每场只有几十个人围观，慢慢发展到几百人、几千人……话说你能想象近万人汇集在广场上，听一个老警察讲怎么爱岗敬业的盛况么？你能想象四五千人或坐或站，听当地医院的医生讲怎么预防疾病么？理论水平高的在职老师，可以讲社会主义核心价值观；专业水平好的工商税务人员，可以告诉大家怎么避免消费陷阱……还是那句老话，老百姓从来就不拒绝共产党，只要想人民之所想、急人民之所急，老百姓就会发自真心地喜欢你。一些公司慷慨解囊，赞助各种小奖品，社会效益、经济效益啥都有了。时间久了之后，有群众自发上台表演文艺节目，更是让活动锦上添花，真正地让党和群众密切了联系。

不要以为大家都在作秀啊，不要以为大家表演一下就交差了。在过去的不到一年时间里，"正能量广场行"的活动，已经举办了近百场。人过一万，无边无沿，人过十万，天昏地暗……近万人，乌压压一大片，听当地的行业精英讲正能量科普知识，那场面真的不是一般的震撼。每年近百场广场宣讲活动啊，绝对不可能是作秀的。尤为难得的，是到场的群众没有一个是强拉来的，就是一传十，十传百，陆陆续续地自愿到广场上听讲的。不爱听可以转身就走，业余讲师们只能更加努力……不要以为讲师们没有热情，普通人可能面对近万人的听讲很打怵，可是对于那些真正的精英来说，这样的机会是多么的难得啊，这么多年默默地努力，终于有了舞台供自己发挥，多好的事情啊！所以很多人都把这当成一种荣誉，心甘情愿地牺牲自己的休息时间，来支持这种全民正能量的活动。

当然，我们必须要说明的是，这样的活动有风险，如果突然遭遇暴恐袭击，情况会不可控。所以俺提醒相关部门领导，安保工作不可忽略。更当然的是，我们也不能因噎废食，我们绝对不能被恐怖主义吓倒，我们就是要做给全天下的人看看，这里是中国，在这里我们生活得很好。

广场行，只不过是正能量传递的一种方式，党的群众路线的一种解读。尽管这方面抚顺市取得了很大的成绩，可实事求是地说起来，这也只是党的群众路线的一个起步。能做的、可做的、应该做的事情还有很多。你把老百姓当傻子，老百姓就会把你当傻子；你把老百姓当亲人，老百姓就会把你当亲人。

是当亲人还是当傻子，其实是不用选择的，对不对？

辑 二

● 国际观象 ●

听说美国还要称霸100年

听奥巴马说，美国还想称霸100年！既然提起了这个话茬，俺老花忍不住就想翻一翻美国人的老账，粗略地给大家盘点一下美国在过去的100年里，都干了啥惊天动地的大事件，然后我们再决定还用不用美国再称霸100年。

1914年，在美国殖民者的持续不断的娱乐性宰杀之下，最后一只北美旅鸽"玛莎"断气。这个历经亿万年演化、拥有数十亿种群数量的庞大物种，在仅仅100年左右的时间里，被美国殖民者猎杀得干干净净，彻底绝种。

就在旅鸽被搞绝种的同一年，1914年8月，第一次世界大战爆发。作为公理与正义的化身，美利坚合众国坚持中立，同时向战争双方供应粮草弹药，坐山观虎斗，独倚望江流，大发特发战争财。一直等到1917年4月，眼看着欧洲战场上的敌对双方都消耗得差不多了，再也没钱买自己的东西了，美国人立刻翻脸，用自由的名义直接参战，用民主的大炮把德国人掀翻在地。

德国被打败了，英国和美国马上就对自己的法国战友下毒手。为了遏制将要冒头的法国，美国故意纵容法国占领区的人民搞公投，从而让一战战胜国的法国，在损失了无数士兵的鲜血之后，不但没有得到任何好处，还损失了一大块工业国土。相比较之下，德国不但没得到什么像样的惩罚，战后反而还得到了大笔的美国援助，很快就恢复了实力。事情发展到这个份儿上，二战想不发生都不可能了。

二战打起来之后，美国人非常高兴，又可以大大地发一笔战争财了对不对？遗憾的是，法国人这次再也不上当了，高卢公鸡连抵抗都没抵抗，德国大军开到之后，双方讲好条件，法国人直接就投降了……投降当然很丢脸，可问题是，总比白死很多人，打赢了也要吃大亏强吧？

法国人投降了，英国人就被逼到了战争的第一线。尽管美国人是英国人的后裔，尽管当年的美国人也曾经宣誓要保卫英国女王。可是当二战在1939年正式爆发之后，美国人又玩起了坐山观虎斗的老把戏……现代化的战争，拼的是消耗，拖的时间越久，双方的损失也就越大，旁观者的优势也就越明显。

不幸的是，法国人不战而降，英国人根本抵挡不住德军的进攻，连带刚刚起步的苏联也被德国人打得很惨……不过这些事情，美国人才不关心，他们最关心的，是在这场战争之中，自己卖出去了多少货物，赚了多少小钱钱。

后来的事情大家都知道了，因为日本偷袭了珍珠港，美国被迫在时隔两年之后的1941年12月份，正式参战。本来正面战场上，德国只占有很少的优势，突然之间半路杀出个程咬金，希特勒想不自杀也不可能的了。

代表公理、正义、民主、自由的美利坚合众国，在大发特发了两场世界大战的战争财之后，面对连续打烂了两次的老欧洲，不可避免地取得了经济、军事、政治上的多重优势。二战结束之时，美国已经以全球霸主的身份自居了。

当了世界霸主之后，就必须四处欺负小国家。从最开始的朝鲜，到后来的越南、中美洲、南美洲，再后来的非洲、中亚……总之，1945年之后，几乎所有区域战争都是美国人搞起来的。理由嘛，千奇百怪，啥样的都有。有时候宣称人家不民主，有时候宣称人家不自由，有时候宣称人家有"大规模杀伤性武器"……每一次把小国家打得头破血流之前，都给自己安排一堆高大上的理由。至于借题发挥、小题大做什么什么的就根本不算事儿了对不对？

我们先不提美国人几乎将北美印第安人灭种，仅仅是最近百十年，死在美国"民主、自由、人权、普世价值"之下的冤魂，就何止几百数千万！幸亏美国人的旗号不是"天堂"，不然整个人类恐怕还要付出更昂贵的代价。

不管美国还想称霸多少年，我们中国是坚决不称霸的。我们不会为了几桶石油的便宜，就搞得伊拉克多了上百万寡妇；也不会因为美军大兵喜欢强奸韩国、日本女人，而几十年如一日地搞占领性驻军；更不会搞一个没有审判程序的关塔那摩监狱，然后还选用变态女兵去扒光男囚犯的衣服取乐。

霸权之下，人命如草芥。如今，中国的整体实力不断上升，已经是名副其实的强国大国。可是我们不称霸，我们有霸权可以行王道，我们会拉扯亚非拉的第三世界人民共同富裕，用我们的经济、技术、爱心，帮助全世界人民共同发展。

听说美国还要称霸100年……嘿，这问题应该同中国人商量商量。

美国你还行不行？

奥巴马对于钓鱼岛的最新表态，一点儿都不出乎俺老花的预料。现在的美国不但不需要皇帝的新衣，甚至开始以光屁股露点为荣了。这对我们中国人来说，其实是一件大大的好事。

以美、苏两个超级大国为主导的二战战后秩序，决定了今天大部分的世界环境。日本占有多少领土，早在《波茨坦公告》里面就明确表述为只有4个本岛，其他离岛的归属都要由盟军认定。中国作为盟军战胜国，付出了3000万人流血牺牲的代价，是公认的联合国安理会5个常任理事国之一。自古以来的证据比比皆是，我们不但认为钓鱼岛是我们的，实际上我们还认为琉球也不是日本的！

苏联垮掉之后，美国人开始膨胀，开始找不到北，开始不知道自己姓什么了！二战美国军人付出了百余万人的伤亡，才换来了今天美国人的国际地位，如今美国人自己就不想要了，珍珠港的美军士兵冤魂会原谅你奥巴马吗？

中国人民爱好和平，但是我们不接受恐吓。大原则不变的情况下，只要不耽误老子赚钱，你想当国际警察你继续当，无所谓。可是动了中国人的蛋糕，就是你自己找不痛快，俺们没工夫看你们的虚伪表演。这个战后秩序是盟军共同建立的，你能管好你就管，你管不好就趁早滚回北美种大豆去，别以为这个地球离了你们就不转！

地位是建立在实力之上的，俺老花最讨厌那些借钱的，更恨那些借了钱不还的！比如，美国！靠着十几艘航母到处收保护费抢夺资源，不够花还拼命发债，甚至开始提高税收压榨国内老百姓过日子，这样的国家，根本就不配当全世界的领袖！

　　就像网友朱德泉所说的那样："奥黑的恐吓很好，好就好在他打出了最后一张底牌，让中国人民彻底看清了帝国主义丑陋嘴脸；好就好在这名最高级别反面教员让我们统一了思想、凝聚了共识，放弃了最后一丝其不选边站队的幻想。政治是不流血的战争，战争是流血的政治，狮子爱好和平，但会坚决捍卫领地！"

　　我们爱好和平，愿意跟包括美国人民在内的全世界人民和平共处，可是中国人民不会惧怕任何势力的威胁。不要以为中国人还是一盘散沙，全国各族人民，不管何种意识形态，维护祖国统一的大原则是没有问题的。中国的统一当然就包括香港、澳门，也包括台湾和钓鱼岛。任何人以任何手段来动我们的老根子，都不会有好下场。

　　现在是导弹核武器时代，你有的老子都有！作为全世界最大的工业国，中国生产了全世界几乎一半的工业品，在这样一个庞大的国家机器面前，任何宵小之辈的妄想都将成为泡影。安倍晋三满世界转圈子，联合遏制中国，我们搭理他吗？

　　现在美国人从钓鱼岛的幕后站到了前台，就以为会改变中国的立场和信念吗？你在台前还是在幕后，你都是站在日本人一边的，对中国人来说那都一样。你奥巴马能走到台前来丢脸，我们要感谢你给中国人民上了完美的爱国一课。

　　21世纪是亚洲的世纪，是中国的世纪，没有你美国什么事儿。哪儿凉快哪儿待着不是揶揄你们，那是为了你们好，是替你们保持仅有的尊严。还当自己是超级大国，可以任意左右世界形势呢？乌克兰的例子早把美帝国主义的花裤衩扒得干干净净，你身上长多少根毛，全世界人民都看得清清楚楚！

你一个靠杀光北美印第安人来站稳脚跟，倒卖非洲黑奴做血腥的原始积累，沾了两次世界大战的渔翁之利，才当上国际老大的国家，有什么好沾沾自喜、自以为是的？我们的老祖宗纵横捭阖、指点江山的时候，你们还在野地里挖土豆充饥呢。

给你脸，你不要脸，就没人再给你脸！不想好好过日子，那就别过了！你们不在乎美国的急速衰落，我们更加乐于作壁上观看笑话。俺老花只是可怜那些二战之中死于法西斯之手的美军战士，最终成了历史的炮灰。现在的美国人在他们总统的带领下，一边吃着先烈们留下的战果，一边往先烈的身上涂抹狗屎，大家还嘻嘻哈哈地恬不知耻，反以为荣，简直就是人类历史上最大的笑话！

习大大说，狮子睡醒了，所以奥巴马就扛不住了。以前打发小跟班闹中国，现在必须自己上台唱戏了。俺老花是大国战略观察者，这点儿猫腻看不明白吗？以前我还吃不准，现在我知道，美国真的没戏了，现在的美国已经堕落成小丑的级别！

还是那句老话：欢迎你来到中国世纪，中国世纪欢迎你！

美国究竟担忧中国什么？

最近，美国总统奥巴马公开表示："我认为美国和欧洲继续欢迎中国成为国际准则的全面合作伙伴是重要的。对于我们来说，重要的是我们要认识到将会发生紧张和冲突的时候，但我认为那些都是可控的。我认为，当中国经济从全球低成本制造国向生产价值更高产品调整时，保护知识产权等议题突然会变得对中国公司更具相关性，而不只是限于美国公司。"

关于怎么具体地面对中国，奥巴马还表示："关于中国，有一点我要说，要强硬对待他们，因为他们做事的习惯是强力推进，直到遇到阻力为止。中国既不感情用事，也对抽象概念毫无兴趣，所以对国际规则的简单呼吁是不够的。必须有一套机制，当我们认为他们在违反国际准则时，要严厉对待，同时也要告诉他们，（遵守准则）会让他们获得长久利益。对于中国适用的情况可以类推到其他新兴市场中的许多国家。"

这是奥巴马最近接受《经济学人》采访时对于中国的评价，不得不说，这番话里面所蕴含的无奈与心虚，已经十分的活灵活现了。真正有实力、有能力的国家领导人，应该懂得什么叫闷声发大财。像这样的色厉内荏，不过是画蛇添足多此一举，反而验证了自己的不自信。这一点已经可以确认，没什么可说的了，不过我们却有必要明白奥巴马为什么这样说，从这番话里面，我们要注意的问题，就是美国到底在担心什么？

要想说明白这个问题，还要从最基本的工业化开始说。自从英国人搞出来工业化之后，整个世界都变了样儿。而所谓的工业化，简单点儿说就是社会分工的细化，再也不是一个木匠做柜子要独立完成所有工序的匠人时代。在工业化社会里，每个人都被细化到社会分工的节点上，长期简单重复的工作，会使职业技能人才最大地发挥自己的效率。而相对应地，每个人在选择自己的职业的时候，也可以从自己的兴趣爱好出发，寻找到适合自己的岗位。这样的一个体系成型之后，工作效率好得不像话，小到手表手机，大到汽车轮船，都可以批量成规模地生产，所区别的，无非就是零部件的多少而决定工序的岗位而已。

可问题是，科技在发展，时代在进步。制造火柴只需要火柴头和火柴棒两个零部件，而制造一辆汽车却需要上千个零部件。上千个零部件就需要上千个职业岗位，所有的东西都放到流水线上稀里哗啦地生产，才能不断地创出财富。与之对应地，社会服务性行业也进一步细化，老板娘开始专职去数钱，开门迎客的活有了专门的迎宾小姐，端盘子的活有了专门的传菜员，招呼客人有专门的点菜员……为了配合这些，后厨里面还会有专门炒菜的厨师、专门切菜的二厨、专门洗碗的勤杂工，甚至某些大酒店还有专门剥葱姜蒜的小学徒工。至于说门外停车场的门童、大酒店四周的保安、采购原料的店主人小舅子，就都是一应俱全的不用说了。

当整个社会的所有行业都出现了细化分工，那就意味着经济运行结合得更加紧密。这样做的结果，直接导致劳动效率的空前提高，随之而来的现代化，也就有模有样了。所以说凡是工业化成功的国家，无一不是发达国家，这个就很好理解了。至于说很多国家的生产生活只有部分工业化，那么这个国家就被称为发展中国家。中国至今也没有完成全部工业化细致分工，我们坚持自己是发展中国家，不是谦虚，是实情，虽然中国的领导人想的是怎么用这个实情去占发达国家的便宜。

当然了，并不是所有发展中国家都可以最后成为发达国家，毕竟全世界的需求是有限的，而工业化生产的流水作业，能力又是强悍的，势必导致某些国家畸形发展，进一步地贫富距离拉大，造成所谓"中等收入陷阱"。如果一个国家没有庞大的工业化人口基数来平衡所有产业，那么"中等收入陷阱"就很难避免。别看现在日本的小日子过得不错，只要像美国封锁朝鲜一样封锁日本，用不上多久，日本就会一直衰败到农业社会去。日本抓住了制造业的尾巴，韩国抓住了信息化的先机，所以这两个国家才能成功越过"中等收入陷阱"，而拉美那边的巴西和阿根廷，就完全没有这么幸运了。

明白了以上的这些，我们再来用这些道理来推演整个世界的局势，就再清晰不过了。二战结束的时候，美国人口1.3亿多，苏联人口1.2亿左右，英国本土人口4700万，法国本土人口4100万，德国本土人口6900万。尽管欧洲国家当时还拥有大量的殖民地与殖民地人口，但殖民地人口的教育水平远不及本土，只是原材料的提供地与商品销售地罢了。在社会生产力与科学技术差不多的情况下，工业化的人口数量就决定了一切，丘吉尔比任何人都清楚一点，4000多万工业化人口的英国根本无力抗衡以亿人口为基数的美国与苏联，世界的主导权已经不在欧洲的手里。两害相权取其轻的情况下，只能选择乖乖地把执掌世界的宝座送给了美国人。所谓实力就是你服气就服气，不服气也要服气，反正你要服气。

眼下的中国，工业化进程才走完一半，真正意义上的工业化人口，也就六七亿、七八亿的样子。就这，就已经超了美国总人口的一倍还多了。尽管我们的经济还是以低劳动力成本的竞争优势为主，可实际上粗加工环节发展到一定程度之后，产业升级是必然的结果。在美国无力以武力威胁中国经济产业的前提下，就必然出现中国在某些领域突破技术瓶颈，跟欧美发达国家争肉吃的局面。尽管整个中国的工业化进程，起码还需要二三十年的时间才能完成，但市场化的特点避免了前苏联那种以计划方式强制结合的工业化，势必走向一个全面现代化的国家。最要命的是，已经完成的这部分工业化实力，就已经完全不是美国人可以控制的了。

丘吉尔很清楚除非欧洲走向统一，否则单凭一个国家的千万级的人口，在同等科技条件下根本无力抗衡以亿人口为基数的美国与苏联。同样美国的战略层也非常清楚一点，一旦中国完成整个工业化进程，那是一个以10亿为人口基数的现代化强国，在整个世界上都无人可挡。哪怕美国联手日本、欧洲也做不到。美国把自己和盟国的人口都加起来也不过七八亿人的样子，这与13亿的中国比起来也根本不是一个数量级的问题。工业化人口基数总量的对比，注定了将是碾压式地一推而过，根本不需要废话。而实际上美国的那些所谓盟友，大多又是"去工业化"的国家，大家都把精英堆叠在金融领域，都指望让别人干苦活，自己扒拉扒拉电脑键盘就可以赚大钱。其他老百姓，要么当管家，要么拍电影，要么搞旅游，总之就是没人愿意踏踏实实干活。

本来工业化人口就不占优势，再七七八八地夹杂了很多水分，双方的实力对比就真的不言而喻了。当然，说了这么多，我们不是说就一定要灭了美国，真的没那必要，只要不耽误我们全面奔小康，我们还是愿意跟美国人民和平共处的。可问题是，这样的情况，对奥巴马同志来说，就太难受了。面对着国内的国家自豪感，真是说实话也不行，说假话也不行，唯一能做的，就是冒充奥特曼上电视摆拍了，大家理解下就好嘛。

奥巴马政府已经明确地意识到，中国经济已经从全球低成本制造国开始向生产价值更高产品调整。而奥巴马在谈话中同时说到，如果印度、巴西、印度尼西亚，这些新兴国家想获得成功，应该吸纳那些看到互联网力量的年轻人。奥巴马却没有告诉他们，信息化必须是以整个社会分工细化的工业化为基础，才能真正发挥出其效率的，说到底没有工业化也就是社会分工细化的基础，空有信息化提升不了多少生产效率。

　　中国已经在事实上跨过了所谓的"中等收入陷阱"，这一点美国的领导层是心知肚明的，他们已经明确地意识到中国正在向真正的现代化进军了！而人类历史上，从来就没有出现过一个13亿人口的工业化国家，这样一个国家一旦出现在历史的舞台上，在产业技术没有发展到第四代工业革命（蒸汽机是第一代工业技术革命，电器化是第二代工业技术革命，信息化是第三代工业技术革命，第四代工业技术革命目前还没有成形，连个概念都没有）之前，13亿工业化人口的中国可以傲视全世界，到时候别说美国还想当什么世界第一了，联合国总部搬到北京去，都一点儿也不稀奇。

　　不幸的是，这样的中国，还致力于全面帮助发展中国家。中国帮助非洲盖房子、修马路、搞基础建设，不用对方操一点儿心，所有东西都是从国内一次性送过去，高质量地完成工作，还一点儿都不向当地人提附加条件。比较起来，以美国为首的所谓发达国家，这这那那的一堆条件，连人家上厕所用什么牌子的草纸都过问，发展到后来，不但不给钱了，还公开嘲笑人家是"失败国家"，简直是令人发指。看到中国人民跟非洲人民不断友好，又装绅士、扮圣母，指责中国在非洲掠夺资源……话说我们好歹还给钱了好吧，总比你们抬着重机枪去硬抢要文明多了吧？

　　全世界人民的眼睛都是雪亮雪亮的，天长日久，大家都看好中国，也愿意跟中国交朋友……到了这个时候，奥巴马能不闹心吗？可问题是闹心还能怎么样呢？缺德事都是自己干的，证据一大把，现在想抵赖也没人相信了。文章最后，想起了中国老祖宗的一句名言：得道者多助，失道者寡助。寡助之至，亲戚畔之。多助之至，天下顺之。以天下之所顺，攻亲戚之所畔，故君子有不战，战必胜矣。忽然发现，古人诚不欺我，哈哈！

　　我们这一代人，将亲眼目睹人类历史上第一个以10亿人口为基数的现代化强国，任何人都无法阻止中国前进的脚步！

挑扁担战略可以压垮美国

我自己不是美国人，也不想当美国人，不过这不妨碍我喜欢美国人，同样也不妨碍我用学术讨论的方法论证一下怎么搞垮美国……明白我的意思了吧？本文仅仅限于学术分析，完全是纸上谈兵，敬请读者不要上纲上线，谢谢。

上世纪90年代，随着苏联的垮塌，美国一下子变成了世界老大，从此开始了福山所谓的"历史终结"时期……当然，结果大家都知道了，随着美国国家战略部署的一次又一次失误，导致如今的世界第一大国，明显露出日薄西山的样子，实在是让人感到惋惜。现在我们就开始嘲笑美国人自不量力，未免不厚道。笑话美国人自己玩砸了自己的锅的事情，我们是不干的，我们要做的，是想想以后会发生什么。

细心一点儿的话，我们会发现目前的国际局势非常微妙。简单点儿说，就是美国的优势并不十分的明显。在西线，美国对俄罗斯采取高压态势，左支右绌地稳住了乌克兰的局势。在东线，美国人高调重返亚洲，搞战略再平衡，挑唆日韩菲越挑头闹事，进而遏制中国的崛起速度。以上这些，是人所共知的秘密。然而很多人不知道的是，美国人已经没有实力同时在东西两线挤压中国与俄罗斯了。

这就好比美国正在挑扁担，为了维持平衡，前面的筐子重了，就要往前面使劲儿，后面的筐子重了，就要往后面使劲儿。

虽然搞得很狼狈，不过很明显美国还能支撑得住。这样的局面之下，中俄的心里都很明白，谁先出头，都会被美国狠拍。任何一方被拍了之后，都会在反抗的过程之中与美国两败俱伤，那么看热闹的那一个，就会不战而胜。三分魏蜀吴的故事，大家听了上千年了，就不用再解释了对不对？

可问题就是，如果中俄都盼着对方出头的话，会导致没人出头，时间拖得久了，如果美国人实力增加到一定程度，有能力东西两线同时平衡的话，那么眼前的这个"战略机遇期"就有被白白错过的可能。战略机遇期啊，可遇不可求，那是国家大事，普通人一辈子都未必能赶上一次的。

那么，到底要怎么样面对这样一个苦逼的局势呢？

我想，挑过扁担的同志都知道，挑扁担这个事情，最关键的问题不在担子的轻重，而在于担子的平衡。担子太重，了不起不挑也就是了，不会伤筋动骨。可是担子不平衡的话，问题就大了，因为只有挑上担子之后，才会发现不平衡，等于说已经上了贼船，再想下来可就难了。

换句话说，美国如果撒手不管了，这事还真就没得玩了。要想从根本上伤到美国的利益，就要拉住美国继续"挑担子"，斗而不破，引诱美国人在东亚和乌克兰不断地投入精力与资源，只有这样，才能真正地拖垮美国。

道理讲明白之后，具体怎么办就简单了。是俄罗斯在乌克兰搞事，还是中国在东海南海搞事，都不要紧，都可以，最怕的就是一家看另外一家的笑话，最后被美国人一个接一个地干掉。所以，在目前这样的情况下，我觉得不管是俄罗斯还是中国，都可以采取蚕食性的进取政策，不怕有矛盾，就怕没有争端，迫使美国不断地在东西两线投入资源，继续挤压美国财政。反正核武战争又打不起来，大家就拼国家实力慢慢消耗呗。俄罗斯有取之不尽的资源，中国有13亿工业化人口，互为依仗，简直就是铁桶一只，早晚会把美国那汪子浑水淘干净。

更当然的是，要温柔，拉拉打打，打打拉拉，才叫艺术，铁锤子敲鸡蛋，即便赢了也啥都剩不下，何了个必呢，对不对？

关于美国崩溃或者分裂的猜想

首先我必须要说明的是，这仅仅是一种猜想。尽管在我认为这种猜想具有某些"合理性"，但是任何搞前瞻性研究的人，都不会把话说得太满。所以，例行的要说在前面的话就是：信不信由你啦！

虽然只是一种猜想，但是这个问题太过于巨大，在这个地球上生活的每一个人，都有可能受到连带影响。因为兹事体大，所以俺老花在想到了这个问题之后，颇为犹豫了些日子。在反反复复、再三再四的思考之后，我还是决定把这个猜想讲出来，如果我说错了，那么无非是给大家添一道笑料而已，而万一不幸被我猜中了，那么我们就真的要为我们的后半生考虑考虑了。

当然，最关键的是，起码我给大家提供了一种新的思维路线。

众所周知的，是美国十分强大，它有十几个航母战斗群、200多架四代战斗机、数不清的海外军事基地，不客气地说，美国人的军事实力，有单挑全世界的潜力。因为这个原因，目前的世界还是以美国为主导的世界。在这样的特定条件下，如果美国真的崩溃或者分裂了，那么由此引发的蝴蝶效应，可就只能用恐怖来形容。

没有谁会永远强大，要么失误，要么衰老，要么出现更强大的替代者，"天下第一"的宝座从来就不是给某个人或者某个国家定制的，这是常识。明白了这个前提条件之后，让我们把目光投向美国的国内。

这些年，随着历次的美国大选，我们听到了一个很有意思的词儿，叫"婴儿潮"，指的是1946年二战结束之后，到1964年口服避孕药发明之前，这短短的18年时间里，美国总共有7800万人出生，婴儿好像潮水一样，涌现在美洲大地，这些人口红利，成功地推动着美国绞杀了苏联，打赢了冷战。

可问题是，人是会衰老的。18年的婴儿潮期间，第一年出生的人，到2013年的今年，已经68岁了。这意味着从现在开始，此后的18年里，美国每年都要新增400万老人。

这部分人需要养老，这个是没有商量余地的。可问题就是，这些人的储蓄率并不高。这些年受西方主流社会的理财思维引导，他们的财产，大多数是以股票、地产、期货甚至黄金、艺术品、邮票等等投资方式存在。

那么，现在问题就出来了，这些人老了，需要养老，就必须面临着一个"变现"的问题。简单点儿说，就是必须把手上的投资产品变换成钞票，这样才能支持以后养老期间的费用支出，舒舒服服地过完这辈子。

可问题是，这个市场，由谁来接盘呢？请注意婴儿潮的人口基数，那可是整整7800万生活在美国黄金十年里的人口，这些人的资产总额，将高达40万亿美元……请问，这笔钱，谁来出？40万亿美元，平均到每一年里，将有高达2万亿的市场份额，请问，这笔天文数字一样的现款，谁能拿得出来？

还想指望中国吗？虽然实际上不可能，可是起码理论上，中国的3万亿美元的外汇储备可以帮助美国熬1年，那么，剩下的17年，怎么办？2万亿美元可不是小数目，40个比尔·盖茨那样的世界首富加起来，才有可能拿得出那么大一笔钱。不幸的是，这么多年下来，美国只培养出来一个比尔·盖茨，还有一个拿来凑数的巴菲特。

最近两年，美国一直在搞QE，很多人以为QE就是简单的印钱……虽然和印钱差不多，但QE绝对不是单纯的印钱。QE的意思是美国政府用未来的财政收入做担保，接下了美国金融机构的坏账。摆脱了坏账的银行、基金等组织，就有钱放贷给实业主，推动经济继续发展。而一旦经济发展了，政府接下的那部分坏账，就可以陆续地投回市场，因为收购的时候价格很低，所以玩了这么个花招之后，保不齐还能赚一笔的……现在，大家明白什么是QE了吧？

钱是不能随便乱印的，任何国家任何政府，一旦乱印货币，市场马上就会察觉，资本肯定要用脚投票，大家稀里哗啦地一跑，经济马上就完蛋。希腊政府都没有印钱，大家只是发现他们的政府信用有变数，就一下子掏空了希腊，对吧？

所以，我们看到美国人的QE搞得小心翼翼，说得再好听，玩得再高明，说白了你还是在印钱。之所以现在没出事，大家的资本还没跑路，是因为还愿意相信美国未来的财政收入。讲明白了这一节之后，我们就会明白，现在的美国政府，能把现在的美国日子过下去，就已经是寅吃卯粮了，如果再出现每年"2万亿养老金变现"的刚性需求，那么，我想知道美国人最终想如何解决这个问题。

谁能在18年里，连续拿出来40万亿美元的现金，这个问题我根本就不必问的是不是？可是，如果到时候没有这40万亿美元的现金，在养老的刚性需求之下，势必会造成资本贬值……人家老了要养老，贬值一点儿，人家也可以接受，或者说不接受也要接受。

大规模资产抛售，导致的资产贬值是必定的，养老不同于其他，可以熬个10年20年，都是立马的需求。所以当后续几年大规模资产变现出现后，就会出现美元资产的大幅贬值。而恐慌又会导致更多的资产变现，包括那些并不急于养老，但投资美国各类资产的资金变现。

这样的大规模资产变现结果就是，美元贬值，然后美国的实际生活水平开始下滑。因为变现的规模太大，美国政府本身所拥有的资金接盘是不可能的，而资本则是以获利为目的的，指望资本去接盘托市，也是不可能的。

当美国实际生活水平开始大幅下降后，人才会为了寻求生活水平不下降太多，而流动去其他国家。这会严重削弱美国人的科技实力。而其他国家则从中受益，大量吸引美国科技人才，此消彼长之下，美国的整体实力会下降，而其他国家的实力则上涨，持续十几年后，全球格局都会发生彻底改变。

当然，我们必须说明的是，40万亿美元的养老金，并不是全部变现的，可是其中的大部分需要变现，这个是不用置疑的。由此引发的国际资本外逃，所牵动的总资本恐怕不止40万亿。还没有看明白的话，看看中国股市非流通股流通后的结果就知道了，一旦非流通股可以流通，非流通股马上就要规模很大地开始变现，那就意味着股票下跌，诱发其他投资者逃离。

如此这般地恶性循环下去，鬼才知道18年后的美国是个什么样子。

一个雷曼兄弟垮台，就引发了危及世界的美国次贷危机。那么，当40万亿美元的养老金变现危机爆发的时候，这个世界会混乱成什么样子？俺老花不是救世主，目前我能做的，也仅仅是把这个危机端到台面上，供大家思考、嘲笑、鄙夷或者谩骂。

问题是，这真的是个问题。这个问题还不仅限于美国本身，毕竟这个问题直接关系到我们现在是否应该去美国买房或者投资。养老是刚性需求，是必须面对的现实，即便是高贵如美国人，也一样需要养老。

有问题不怕，最可怕的是这个问题的无解。

这个问题就是：向日葵——花千芳猜想。

强国战略说普京

乌克兰动乱之后，尤其是克里米亚公投之后，全世界的老百姓都看见了，普京大爷一巴掌接一巴掌地打奥巴马的脸，一下比一下狠，一下比一下响，仿佛打的根本不是美国总统，而是自己家的仆人，这，直接震惊了整个世界。

西方媒体一股脑地骂普京是法西斯，都是情有可原的了，大家都理解嘛。虽然抹黑的意味更明显，可是起码强调了一个事实：普大爷比奥黑哥强多了！虽然这一点比较让国内的"公知"们不爽，可惜天在下雨，娘在嫁人，木已成狗（备注：这话是韦小宝的名言，原意好像是木已成舟），在既定事实面前，再怎么舌绽莲花，那也都是屁话，鬼才愿意去听的。

那么，普京大爷就真的那么了不起吗？这个问题其实俺老花根本不会想的，但是最近确实非说道说道这个问题不可了。毕竟国内这么多的普京粉儿们在等俺老花表态呢对不对？呵呵，好吧，既然是这样，那俺老花就秉承一贯的宗旨，继续实话实说了。

这一次，俺要明明白白地告诉大家：普京不是神，实际上他连伟人都算不上，他顶多算个强人。强人政治家肯定是威风八面，招人羡慕的了。可问题是，政治就是政治，政治不是高杆，跟是否强人完全没有关系。

简单说，普京之所以不是伟人，差就差在他是老哥一个。

是的，这个问题很关键，普京是个没有组织支撑的人。尽管统一俄罗斯党是俄罗斯第一大党，可是，明白内情的人都知道统俄党到底是怎么回事。统俄党不是苏共，它没有那么强的组织纪律性，没有高度的共同信仰，甚至连个领导人都选不出来。不要忘记了，普京参选这届的俄罗斯总统，是以独立候选人的身份参与的。看明白没有？他不是统俄党的领袖。

一个没有组织的人，是什么？那就是一个人而已。这个人可以很强硬，可以很威风，可以对美国说不……可是这究竟只是一个人。强人政治最怕的，不是对手，而是接班人。这个接班人的问题非常头大，继续强硬会导致刚极易折，一旦绷紧的弦放松了，再想拉满弓又势不可行，所以弄个老好人接班，崩盘的概率更大。

常常有同志跟俺辩论到底是毛泽东伟大还是共产党伟大，他们的理论就是没有毛泽东的时候中国革命屡战屡败，而有了毛泽东领导之后，新中国都建立起来了对不对？我知道这样的说法很有道理，可是我还是要说，没有毛泽东，共产党可能还要走很多弯路，可是要是没有共产党，毛泽东很可能就还在湖南农村种田呢。一个组织的强大，远不是一两个人可以比拟的。这个道理我说了这么多可能有的同志还是不明白，还好我们的老祖宗给这些内容做了精彩的总结：三个臭皮匠顶个诸葛亮。

一个组织的强大，在于有人计划，有人计算，有人统筹，有人协调，有人落实，有人监督，有人检查，有人总结经验教训，各个环节都有专人把守，那么只要这个组织运转开来，它所释放的能量，就远不是一个独行侠能够比拟的。扯得远一点儿，有组织犯罪，都会被公安司法部门格外重视的对不对？

从这个意义上来说，普京尽管很强势，很值得人赞叹，可是他的作用是有限的。苏共再不好，但是苏共可以制定一项政策，然后几十年如一日地持续努力。这一点，普京做得到吗？我敢保证，普大爷前脚下台，后脚就会有人推翻他的政策。那么，一个没有长期规划并执行的政策，能有多大效用呢？

比起普京这种强人政治，俺更看好中国模式的这种一以贯之的路线。我想搞火箭或者飞机或者高铁或者激光或者计算机，我可以倾举国之力，年复一年地搞下去，一口气搞几十年。我有组织，我退休了还是去世了不要紧，我的理念会得到同志们的持续支持。这当然不能保证一定会完成目标，可实事求是地说，这总比一届总统之后就项目下马要好得多吧？最简单的例子，中国航天事业，从建国之初就开始搞，一口气搞到现在，还在搞，谁敢说这个决策会突然消失？谁都不会这样说的，对吧？那么，在保证新技术新材料不断被攻关突破的前提下，年复一年日复一日，子子孙孙地搞下去，现在的中国已经是航天科技的强国了对不对？

很多朋友喜欢普京，为什么大家喜欢普京呢？仔细想想，人们对普京的好感，多半来自于开飞机、耍跆拳道、钓鱼、滑雪……俺老花当然要承认这些事情都很酷，可问题是，这些花活儿，跟治理国家之间，有个毛线的关系呢？

普京稍稍值得称道的地方，是他把私有化的化石能源收归了国有，保住了俄罗斯的国家收入命脉，然后巧妙地引进中国等第三世界国家的廉价物品，满足了俄罗斯老百姓的需求，所以才稳住了俄罗斯的局势。那么，我们现在可以问问了：这算什么政绩？依靠出卖国家能源，维持国家运行，仅此而已了吧？

虽然俺老花也很喜欢普大爷，巴不得他也送俺一张签名照，可是实事求是地说，普大爷绝对不是什么伟大的政治家。虽然他能以一己之力，稳定了俄罗斯行将崩溃的局势，有不可磨灭的政绩。可是作为一个大国领导人来说，那是远远不够的。

做人不要学老花，俺是典型的"灯下黑"代表。我熟悉的朋友往往是外省甚至外国的，身边的邻居反而不怎么了解。如果我们回头审视自己，我们就会发现，中国在建国以后的历程，基本上就是一路上扬的射线，只有我们这些身在福中的人们，才会因为习惯了所以才漠视这种每天都在进步的变化。

墨西哥国立大学的克里斯蒂娜教授曾经对我说，希望墨西哥人也有"墨西哥梦"。科威特大学政治教授塞利姆先生，则感叹什么时候才可以想他们的"阿拉伯梦"。很多我们习以为常的事情，在这个世界上的绝大多数人眼里，是多么的羡慕嫉妒恨，恐怕不是大家所能想到的吧。

他们羡慕的，是我们有梦想。

而我要告诉大家的是：不用羡慕普京，普京肯定非常羡慕我们。

因为，我们有强大的组织。

因为，我们有中国共产党。

羡慕是因为你不了解日本

走进日本，整齐与高效，常常让国内的人们目瞪口呆。在那里，你看到的一切都井井有条，自然环境好得不得了，到处青山绿水，一尘不染。就连转运垃圾的卡车，也都是全密闭的车厢。这种设计，可以尽可能地减少灰尘的数量，对雾霾的减轻有着非常大的作用，日本的空气也的确要比中国好很多。

当然，这些都是表象，究其原因，我们可以把它们视作日本人民守序行为所延伸出来的外部特征……简单点儿说，日本为什么那么好？因为日本人守序。

日本人的守序能力，在福岛大地震的时候，表现得最为极致。那边核电站的烟囱都冒烟了，这边的日本老百姓依然不紧不慢木然地排队。政府送来什么，就吃什么，就用什么，就住什么。不埋怨，也不抱怨，更不会自我救助或者去救助别人……总之，地震仿佛只是国家的事情，与自己无关。

我们中国人很难理解日本人为什么会是那样一种状态，汶川地震的时候，远在数千公里之外的黑龙江老表，都要忙三火四地驾车往巴蜀盆地赶，心急火燎地冲进灾区，去救助满嘴火锅味儿方言的四川老乡。

这种事情，你在日本是绝对看不到的。

其实，俺很想问问，那个时候，自卫队干吗去了？我们的汶川空降兵，汶川十五壮士，可是无地面引导、四千米高空生死一跳。而整个福岛地震之中，我没看到自卫队的存在价值。

其实，从本质上来说，日本或者日本人的这种不可思议的情况，是由很多先天的苦逼因素所造成的。简单说起来，就是岛国资源贫乏，贫乏到什么程度呢？举个简单的例子就可以说明：早年间，日本老人到了一定的年纪，就要自己用石头把自己的牙齿砸掉，然后活活饿死，只不过是为了给后代子孙多留一口饭吃。

这种情况一直延续了很久，直到日军全面侵华的时候，普通日本人的生活也还是苦逼得很。

因为资源的极度贫乏，就导致大家必须按照一定的规矩过日子，你想干什么就干什么那是不行的，那会给大家带来灾难。在这样的大环境之中，出现了福岛大排队还饿死了人的事情，我们就根本不用奇怪也不用羡慕，可怜可怜他们，或者还说得过去。

当然，除了资源极度匮乏之外，日本岛还是一个地震火山等等自然灾害频发的地方，频发到什么程度？一般来说，三日一小震，五日一大震，连着三天没有发生地震，估计天皇都要摆酒宴庆贺。福岛地震因为距离现在比较近，所以大家印象深刻。可实际上，类似的大地震，日本是每隔几十年就要经历一次。阪神大地震听说过没有？关东大地震听说过没有？哪一次不是死伤惨重？抛开这些大地震不说，光是3级以上的地震，日本就要每天发生4起以上。

请注意，是每天，不是每年！更加需要注意的是，日本很小。汶川地震，级别已经够大了，可是俺在东北，就根本没感觉到。而日本的福岛地震，俺深深地相信，绝对是日本全国都有明显震感。

岛国资源匮乏，人必须活得好像精密仪表的零件，俺不否认那也是一种美，但人家是千百万年的火山地震逼迫出来的习惯，如果有人喜欢这种生活，那么你去汶川新老县城看看，会更受震撼。

地震是天灾，不受人力的左右，我们当然不能用这个去嘲笑日本。不过日本人把这种先天地理条件的苦逼，转移成了他们面对世界的态度。这个就完全地不能让我们接受了。日本人的理念是：我苦逼，所以你们都要让着我。

我们当然要同情弱者，可问题是你日本的先天劣势环境不是我们这些邻居造成的，你们不满可以去找上帝理论，没有理由把这种苦难转嫁到亚洲人民身上。然而，让人不可理解的是，日本理直气壮地转嫁了，搅和得整个亚洲以及半个世界都鸡飞狗跳的，在中国搞了南京大屠杀，在美国搞了偷袭珍珠港，英国的远征军、苏联的西伯利亚卫队，全都在日本人的手里吃过大亏。至于全世界的人民，就更是苦逼里的战斗机，很多人甚至直接被日本人拿去做细菌活体实验。

事情搞到这步田地，他们自己还根本没有悔意。如今我们细心去观察日本的心态，你会发现他们在努力说服我们原谅他们。他们想告诉我们，他们出来杀出来抢，不是他们有多坏，完全是因为家里太穷了。所以我们要理解他们，要原谅他们，他们如果还打算抢第二次的话，我们最好还要配合他们。

当然，按照日本的想法，其他国家应该体谅日本的难处，对于以往历史的过错不能过度追究，因为日本匮乏资源，只能靠掠夺来进行发展。所以日本并不认为抢劫别人是件不好的事情，为了自己奔小康，抢别人那是可以理解的。

请问这是一种什么混蛋逻辑？

我们能接受日本的这种想法吗？抱歉俺老花接受不了！日本兵不但要钱，而且要命，光是规模性的大屠杀，就分别搞了南京大屠杀（30万）、新加坡大屠杀（10万—12万）和马尼拉大屠杀（15万）3次，几十万人的生命在日本的眼里跟畜生是一个级别的。还有大量的虐待各国战俘、利用战俘做活体细菌实验……这些都违背了人类社会的基本道德与国际法底线，不遵守《日内瓦公约》。

其实，历史的时针转到今天，日本道歉不道歉，已经没有意义了。你是强者的时候，我们看重你的道歉，对于弱者来说，那等同于尊严。问题是，今天对于中国来说，日本已经不是强者了。你道歉了，我们还要考虑考虑是不是接受，你不道歉更好，我们连考虑考虑的必要都没有了。

历史并没有终结，咱们用实力说话。

萌化的日本更可怕

日本鬼子侵华时期，很多中国妇女被强奸轮奸之后，还要惨遭剖腹，鬼子兵把她们的子宫挖出来，套在她们的脑袋上，美其名曰"从哪里来到哪里去"。我们觉得深深恐怖的场景，就活生生地发生在半个多世纪以前。

每当我提及这些历史的时候，总有人用横店"抗日神剧"来反驳，我想说的是，你用电视剧来反驳历史，自己都不觉得可笑吗？还有人问我为什么重庆被轰炸而延安却没事，俺老花简直是无语问苍天，问这话的人，知道不知道当时的重庆和延安都是什么样子？

当时的重庆是陪都，驻扎着当时中国政府的所有党政军最高指挥部门，而延安只不过是一片片的黄土窑洞，随便比一下，也知道炸哪边合算吧？日本人又不傻，窑洞比地面建筑更难摧毁的道理，应该能想到的吧。而且退一万步说，你怎么知道延安没有被轰炸呢？现在那边的博物馆里还保存着鬼子飞机扔下的炸弹呢。

我总在想方设法地让大家了解真正的历史，纠正那些歪曲的说辞，为了解决大家不爱学近代史的问题，俺还专门写了《我们的征途是星辰大海》，因为是萌化作品，很多朋友都喜欢的。也正是因为这样，我逐渐地对萌化作品有了一个全新的理解。

这些年东洋岛国的各种漫画、动画作品，实实在在地影响了一代人。你在日本经常可以看到夹克衫或者T恤衫的背面，赫然印着一只机器猫，或者是樱木花道，或者是火影忍者，或者是"真相只有一个"的名侦探柯南。

你不要以为只是青少年或者小朋友们那么穿，实际上很多四五十岁的大叔，也都胡子拉碴地扮可爱，不但背上要背一只忍者神龟，手里还要拿一根棒棒糖，不时地往嘴里送，天晓得这帮家伙生病了会不会挂儿科。

我不否认那些萌化的漫画作品很好看，我自己也很喜欢，相当长的一段时间里，我都梦想着自己也有一只机器猫陪伴。虽然大雄比较傻，不过俺老花可不傻，机器猫要是到了俺家，俺保证比大雄玩得更嗨。

那么，看着"天真善良"不断萌化的日本，我们要如何面对呢？你一定想说："就让他们永远也长不大好啦！"永远也长不大，就会一直"天真善良"下去，就对我们没有威胁了对不对？

可问题是，天真就等于善良吗？我告诉你，这种认知大错而特错了，如果不及时清醒，我们会在这个问题上吃大亏的。天真是天真，善良是善良，天真跟善良是完全不同的两个词儿，实际上也根本挨不上关系。

虽然某些方面，我不是很同意孔老师的看法，不过这一点上，这位北大教授说得很对：大人是绝对不会把虫子的脑袋扭下来，观察它能活多久的，我们都知道这么做太残忍。可问题是，这种事小孩子经常干！

萌化等于天真，萌化作品也可以培养纯真的性格，带给人快乐。可是天真绝对不等于善良。当我们回顾半个世纪以前的那段日军侵华史的时候，我们不难发现，在那些鬼子兵的眼里，中国的老百姓就是他们手里的虫子。想拗断脑袋就拗断脑袋，想揪下来胳膊就揪下来胳膊，全然没有一点儿内疚的。

为什么？为什么他们会如此的残忍？那是因为他们根本就没把中国人当人。他们可以送给中国的小孩糖吃，也可以带领大家玩"王道乐土"的游戏，甚至还给人们描绘了一个"大东亚共荣圈"的美好蓝图。

可是，只要他起了好奇心，他们就会使用最残忍的手段来迫害中国的老百姓，从小姑娘到老太太都强奸，那根本不算稀奇，抓大批的活人去做细菌实验，也是事实吧？数不清的中国人惨死在日本鬼子的实验室里。有时候"实验品"想早点儿死都是奢望，他们会给濒临死亡的"实验品"打各种强心剂，好让受害者遭受更多的痛苦。

不要被表面的现象所蒙蔽，天真背后的残忍，是你无法想象的。我们都不敢用打火机去烧家里的窗帘，但是小孩子就敢，因为他们不知道那样会引起严重的火灾；我们都不敢去摸邻居家的大黄狗，但是小孩子就敢，因为他们不知道狗急了会咬人。天真所对应的不是善良是无畏。

无知者无畏，所以我们就会看到小小的岛国日本，就敢公然跳出来，搅和得半个世界不得安宁，连累得中国死了3000多万同胞。你以为小孩子拿着把玩具枪乱比画，是在游戏吗？错啦，他们会以为自己在挑战世界。

今日之日本再次萌化，简直萌化到了骨髓里，天真地要把中国的领土"国有化"，天真地开始制订击落中国无人机的行动方案……你真的觉得他们很天真吗？

他们是天真，但绝不是无害的。

安倍拜鬼的不要脸逻辑

日本首相安倍晋三同学，执意在毛爷爷的诞辰日参拜靖国神社，完美地体现了大日本帝国的不要脸精神。且不说亚洲人民以及各国政府群情激愤，就连纵容日本人不断右倾化的美国，也觉得安倍晋三玩大了。靖国神社里供奉的是历年来日本对外扩张中翘辫子的所谓"民族英雄"，轰炸珍珠港的那批"好汉"，想必也同时受到了现在日本人的认可，这实在是太给美国人长脸了有没有？

那么，日本人为什么要挑衅全世界人民的感情，做出如此荒诞的事情呢？

让我们抛开浮华去直面本质：本质上来说，日本列岛人多地少天灾不断，实际上并不是一个适合人类居住的地方。世界末日对我们大多数人来说，只不过是一个遥远得不必去想的"电影情节"，可是对于日本人来说，那是一个随时就可能发生的现实。在日本，平均每天3级以上的地震，要发生4次！

日本是一个典型的封闭型海岛国，这样苦逼的环境里，日本人硬是繁衍出来上亿人口，所造成的直接后果，就是本国资源根本不够大家使用。什么"大东亚共荣圈"，什么"王道乐土"，什么山本五十六，说穿了都是特么扯淡，归根结底的一句话就是：人口压力加大之后，大家困在岛上没办法生存，唯一的出路，就是向外扩张。而那些因为对外扩张而死掉的苦逼炮灰们，在全世

121

界人民的眼里都是混蛋杀人犯，但是在日本人的眼里，他们是民族英雄，他们是为了日本人民能够过上好日子，而献出生命的人，作为日本人来说，就"理所应当"地要尊敬他们了。

在这一点上，日本捕鲸船的行为最能说明问题。全世界大多数国家，为了保护我们的生物链环境，都禁止或者说限制捕鲸船，唯一例外的国家就是日本。为了获取鲸肉鲸油，他们不顾全世界人民的反对，照样去远洋捕杀鲸。当全世界人民都去责问他们的时候，他们会彬彬有礼地解释："我们捕杀鲸是为了科学研究！"

说白了，日本人的思维就是：俺天生苦逼，俺们对外扩张、杀人放火，都是因为天然环境不好，是被逼无奈。在这一点上，全世界人民应该理解我们。至于说了对外扩张，我们搞了南京大屠杀、新加坡大屠杀、马尼拉大屠杀，或者搞了731细菌部队，或者干沉了美国的珍珠港舰队，或者在西伯利亚杀死了成千上万的俄国人，这些都是正常的，我们不这样干，我们就会被困死在小岛上嘛。

写到这里，俺老花突然气愤得不想写下去了。

民主地冒烟儿

乌克兰又冒烟儿了……自从美国搞垮了苏联之后，全世界的老百姓，已经习惯了冒烟儿的生活。不管是自己家冒烟儿，还是邻居家冒烟儿，或者是遥远的地球角落在冒烟儿，反正冒烟儿这种事情，大家都习惯了。民主自由的大美利坚，正引领我们开启一个到处冒烟儿的时代。

作为国际主义活雷锋，在维护世界和平这种大事上，美国人还是很努力的。成果嘛，当然也是有目共睹的：伊拉克被搞成了马蜂窝，利比亚被搞成了烂泥塘，连高山之巅的阿富汗，都被搞成了火药桶。

当然，不如意事十常八九，美中不足的地方也要说一说。比较让美国人窝火的，是伊拉克的大规模杀伤性武器居然硬是没找到；更加让美国人羞愧的，是给利比亚人民带去了民主之光以后，利比亚的土老帽们居然弄死了美国大使作为回报，这让等着利比亚人民感恩戴德的美国老百姓特别地想不通，想不通啊想不通，还是想不通，狗咬吕洞宾是不该有国际版的啊，怎么会这样呢？

两场伊拉克战争，伊拉克人很民主地死了上百万人。10年之久的阿富汗战争，不但让阿富汗人民饱尝自由丧命的喜悦，还让邻国巴基斯坦沐浴在了普世价值的爆炸里。中亚人民正快乐地生活在通往幸福的天堂之路上，感恩吧！

全世界人民的眼睛都是雪亮的，那么好的肉骨头怎么让邻居家的狗啃呢对不对？就在《钢铁是怎样炼成的》的故乡，勤劳勇敢的乌克兰人民，终于受到了时代的鼓舞，也纷纷走上街头去追求民主自由去了。

　　当然，这样的事情不能一蹴而就，前戏还是要做足的嘛。好在民主之后的乌克兰，一点儿都不缺乏时代的先锋健儿。光着屁股满街举牌子抗议的乌克兰美女，俨然成了一道亮丽的风景，吸引了全世界爷们儿惊喜赞叹的目光。要不是各国媒体不知羞耻地给图片打上了万恶的马赛克，说不定全世界的女同胞都会有样学样。用女人的屁股宣传民主自由，多么地与时俱进啊！

　　在全世界人民的欢喜赞叹一片叫好声中，乌克兰的爷们儿坐不住了，被逼到墙角的乌克兰警察们，不得不白天晚上地与裸女们战斗，成功赢得了全世界人民鄙视的目光，强权欺压人权的说法，在美国人的鼓吹下不胫而走，迅速地传遍世界！

　　全世界人民肯定是同情弱者的了，对光天化日之下就有机会合法地与裸女做亲密身体接触的乌克兰警察，大家一致地羡慕嫉妒恨。全世界的屁股爱好者纷纷站出来，声援乌克兰的女权主义者。

　　得到了全世界人民的支持之后，乌克兰的女权主义者有恃无恐，她们不但勇敢地继续裸体上街，还敢公然地向警察撒泼打滚儿。此后没多久的时间里，这些没有工作的乌克兰女人开始冲出欧洲走向世界。德国、法国、意大利都有她们美丽的足迹。埃及、突尼斯等等西亚北非国家也留下了她们飘香的背影。连万里之外的中美洲国家萨尔瓦多也深受影响，法院外面也能看到裸女的屁股以及她们手里拿着的自己都不知道是什么的牌子。

　　是的，牌子上写的是什么东西，这些女权主义者自己都不知道的。好多跟俺老花一样的土老帽，看不懂字母文，想当然地就以为她们在争取民主人权。可是稍稍跟进一步，俺愕然发现她们居然支持日本军国主义兽行，居然支持纳粹德国的法西斯暴政，为了增加戏剧性的震撼效果，她们还学会了站着向警察撒尿……

注意重点啊，乌克兰很穷的，起码比俄罗斯穷多了。这些啥工作都没有、一分钱都不赚的女权主义者，居然能满世界地兜风晒屁股，不得不让人感到万分敬佩啊！话说这本事俺老花也想学学来着，周游世界也是俺的梦想哇！

老祖宗曾经告诫过我们这些华夏子孙：男人是搂钱的耙子，女人是装钱的匣子，不怕你这耙子没有齿儿，就怕你这匣子没有底儿！在乌克兰政府的不作为之下，这些光屁股天使在把乌克兰搞冒烟儿的大业上，完美地发挥了自己的作用。

终于，乌克兰冒烟儿了！当然，我们不能把这样的大功劳都算在裸体抗议上，乌克兰人民主要还是被西方价值观给忽悠瘸了，有大美利坚坐镇地球，啥稀奇古怪的事情都可能发生哦，你说是不是？

当然，这一切都是浮云啊，并不影响美国总统去领诺贝尔和平奖。注意重点哦，诺贝尔和平奖可是每届美国总统都必须领的福利哦。童叟无欺的评判标准，完美无瑕的程序正义，全世界都向往的公平公理哦！

民主地冒烟儿，自由地撒尿，裸体的乌克兰大妈满街跑！好好好！

从苏格兰公投谈独立与统一

这几天因为苏格兰会不会独立的问题，国内外的大小媒体，以及网络上的大V小V甚至是普通网民，都吵得沸沸扬扬。有看好苏格兰独立的，有看好大不列颠继续统一的，有两边摇摆只希望看热闹的……明天的公投结果到底怎么样，其实俺老花并不关心，看穿苏格兰公投背后的奥秘，才是最关键的，对不对？

苏格兰会发生独立公投现象，有一定的历史原因。看过电影《勇敢的心》的朋友，都知道苏格兰与英格兰的那点儿破事……这倒也不能说谁对谁错，资源就这么多，土地就这么大，谁都想要的情况下，打起来很正常。我们不会因为当初苏格兰人被打败就认为英格兰人多么的不好，实际上假如当初打了胜仗的是苏格兰人，那么毫无疑问，他们也会毫不客气地吞并英格兰。占便宜没够，或者说恃强凌弱，是全人类共有的劣根性。

苏格兰人大抵上，属于北欧的凯尔特人后裔，他们身材高大，战斗力强悍之极。想当初罗马人进攻英伦群岛的时候，英格兰地区稀里哗啦地就投降了，而盘踞在当时英国北部的苏格兰人，却进行了英勇的抵抗运动，即使是正规军被基本消灭，也要仰仗着小股游击队，继续与罗马军队作战，并最终逼迫罗马人撤军。可惜的是，罗马衰弱之后，英格兰地区的盎格鲁–撒克逊人，反而强大起来，并最终逼迫苏格兰同意合并，这一说，就是300多年前的事情了。

苏格兰是个传统与现代并行的地方，非常奇特。在这里，我们现在依然可以看到花格子裙，依然可以听到悠扬悲凉的风笛声，依然能够品尝到最正宗的威士忌酒。可如果你以为苏格兰就是一群土著，那就大错特错了。他们改良了蒸汽机，发现了胰岛素，发明了青霉素和麻醉剂，其他比如我们如今熟悉得不能再熟悉的电话、电视机、充气轮胎、碎石路面等等，都出自苏格兰发明家的手里……这些东西，缺少了任何一样，我们的生活都将大变样，甚至整个人类的历史都将被改写。原则上来说，苏格兰人对现代化工业文明的贡献是不可磨灭的。

没有永恒的敌人，只有永恒的利益。而利益这个东西，没有力量去争取，就只能羡慕嫉妒恨地生活。相对来说，各种力量争夺各种利益的过程，就是所谓的历史了。当然了，历史是历史，现实是现实，历史只能提供感情驱动，现实的利益需求，才是苏格兰举行公投打算独立的基础。

苏格兰人现在想要独立，这这那那地扯那么多，都是说辞和借口，最主要的原因，还是因为当地的资源没能造福当地的人民。不管是北海的油气田，还是军港码头、制酒工业，大头都被英国政府拿走了，留给苏格兰人的那点儿残羹剩饭，确实寒酸了点儿，连勤劳智慧的中国人，都对中东的石油国家眼红脸绿，更别想北欧的铁血战士会淡定人生了。独立了，就可以分更多的小钱钱，就可以不劳而获，享受人生，谁会不动心呢，对不对？

可问题是，人生并不是只有小钱钱就完了的。萨达姆、卡扎菲，都曾经因为石油天然气而很有钱，可是没有能力保护自己的利益，结局一般不是被枪毙，就是被吊死，这个是谁都知道的。更加不幸的是，为了枪毙或者吊死你（当然还包括你的大儿子，这个规矩也是和老祖宗们的干法没啥区别），征服者还会给你罗列编织各种罪名，从穷奢极欲，到好勇斗狠，蹿寡妇门，刨绝户坟，甚至是根本没有影儿的所谓大规模杀伤性武器，只要人家愿意，全都能扣你脑袋上。没有道德的约束，人类要是不要脸起来，那是根本就没有底线的，哪怕他贵为美国总统，也一样的无耻下流。

实际上，苏格兰想要公投独立，要面对的还不止是资源问题。至今苏格兰部分地区的人们，还在使用苏格兰语（或者叫凯尔特语？反正就是民族语言的意思了），一旦公投独立成功，那么显然本民族的语言，会在民族情绪高涨的情况下被翻出来立为官方语言，然后大面积普及……几乎全世界的小国家都是这么干的，为了避免被同化，这是唯一的出路。

问题是，信息化时代，语种的大小真的是很重要的一个问题。没有人气就很难发展，没有发展，还谈什么进步。我们中国的互联网呼呼啦啦地就起来了，红红火火的，好不让人羡慕。可这不是白来的，当年秦始皇统一六国的时候，车同轨，度量衡，为大一统的中国奠定了牢靠的基础……幸好他没有忘记最重要的书同文，呵呵。

当然，除了历史、经济、语言、安全等等问题之外，苏格兰人还要面对一个使用什么货币的问题。这个问题更苦逼，英国已经明确表态不准独立后的苏格兰使用英镑，这就逼迫独立后的苏格兰人必须自己印刷自己的苏镑。虽然印刷成本不算啥，可是货币的购买能力是一个国家综合国力的具体体现，新兴国家会面对金融强国（尤其是有敌意的金融强国）的刻意挤压，用金融的小剪刀，稀里哗啦地剪羊毛，能一直把你剪成陈佩斯。

从目前态势来看，赞成独立的人约占苏格兰总人口的51%，独立还是统一，苏格兰的前途都颇有点儿无法预知的韵味了。虽然本着看热闹不怕事儿大的心理，我们巴不得英国人拆烂污的事情搞得越大越好，可实话实说，这事其实蛮扯淡的。苏格兰真的独立了，本身会遭遇各种有苦说不出的挤压和剥削就不说了，英格兰方面也会因为丧失了1/3的国力和最大的核力量基地，而面临从二流国家沦落到三流国家的风险，到时候能不能继续留在联合国安理会当大国，都变成了未知数……要经济没经济，要武力没武力，要技术没技术——留在联合国安理会吃干饭啊？

两败俱伤的事！不知道怎么就搞成这样，呵呵，嘿！

马航本命年背后的大国博弈

　　本命年里是非多，马来西亚航空公司显然忘记给自己的飞机扎红腰带。2014年才过去一半，就接连遭遇了两场超级空难。按说波音777是很不错的飞机，安全系数很高的，本不应该出现这种问题。奈何机器是死的，人是活的，再好的机器，遇到不靠谱的大环境，也只有频频出事的份儿。那么，马航两起事件的背后，隐藏着怎么样的秘密呢？抱歉俺老花不是阴谋论者，基于大国博弈的常识，且做如下说明：

　　从现有的各类公开信息来说，都在指向民兵武装的误伤。乌克兰与美国搞出N多所谓的证据，其实就是想把俄罗斯拖下水而已，所以力证俄罗斯是元凶。这一点上，国际主流媒体，包括我们国内的媚外媒体，已经表演得很是精致到位了。而普京也应该清楚是乌克兰的民兵武装干的，主要是想法子怎么摆脱被拖下水的问题。当然，后期的剧情肯定数次翻转，都是可以预期的，遇到这种无间道的事情，最后都要看大国们怎样博弈。

　　以上，是目前媒体环境下，我们能获得的全部印象。用这种印象为基础，往下的推理其实很简单：乌克兰和美国借机会，死命咬住俄罗斯不松口，想乘机拉老欧洲入伙，一起搞制裁，打压俄罗斯的国力。而俄罗斯则是想着怎么能不给栽赃，所以必须反抗到底。民兵武装则是考虑如何抹掉证据，彻底搞成无头案。毕竟导弹发射区域都是民兵武装的实际控制范围，而且原先乌克兰的防空团投诚了民兵武装，前几天民兵武装还打下来了乌克兰的苏-25，种种情况叠加在一起之后，在没有别的证据出现之前，乌克兰民兵武装是逃不了干系了。估计是把马航飞机当成了乌克兰政府的运输机，一弹弓子就给干下来了。

乌克兰和荷兰还有马来西亚，都在哭鼻子赚同情。按照这个思路往下分析，俄罗斯基本上就要倒霉了。可问题是，事情会这样简单吗？别天真了好不好，大国博弈，谁会管你小国家的死活？美国想弄死俄罗斯，是为了保全自己的世界老大地位。俄罗斯沉着冷静地反抗，是因为美国还没有实力捏死自己。在这样的前提之下，谁得到了老欧洲的支持，谁就会在博弈之中占据优势，这简直就是小学生的常识了。

理论上来说，老欧洲肯定是要站在美国一边的，冷战的延续性思维应该惯性发作的。问题是，这样想就有点儿太一厢情愿了。要知道老欧洲的主体，是英法德，其中法国和德国的能源需求，很大一部分来自于俄罗斯的供给。尤其是实力最强劲的德国，没有了俄罗斯的天然气，第一轮就会被饿死。英国敢于跳着脚地跟在美国人的屁股后面闹，那是因为英国靠近北海能源区，如果撺掇法德两国断了俄罗斯的天然气，那么自己家的北海油田股票肯定翻着番地往上涨。这样的前提之下，扛着人道主义大旗向俄罗斯施压，实在是一举多得的大招啊对不对？

可问题是，德国和法国，对俄罗斯能源的依赖程度太大了。有需求有供给，大家都满意的合作路子，因为跟自己仅有一毛钱关系的荷兰人，而往死里得罪俄罗斯，让自己的国家经济遭遇冰霜期，恐怕不是正常的领导人所能做得出来的事情。更何况能源被捏死了之后，靠卖能源为生的俄罗斯肯定急眼，弄不好苏联红军还会再次开到柏林墙下，到时候能搞成新冷战都算侥幸，一发不可收拾地搞成三战，就简直是岂有此理了。两次世界大战，两次把老欧洲打得破破烂烂，两次让美国人捡了大便宜，最后搞得世界中心都从欧洲转到了美洲，这样的亏要是欧洲人还会吃第三次，上帝都会气得活过来破口开骂。

既然本次事件的中心思想是左右老欧洲的态度，那么事情就简单多了。我想，老欧洲肯定不想再把上帝气死一次，所以预料之中的，无非就是民兵武装百般抵赖，俄罗斯一推六二五，德法两国和稀泥，英国继续当小丑，美国继续装圣母，中国继续打酱油，荷兰搞好了能赚点儿抚恤金，乌克兰继续被人玩弄，马航白摔一架飞机，而已。当然，比较不和谐的是，打酱油的中国，一边打酱油，一边给俄罗斯背书，也都是可以理解的了。因为这个原因，俄罗斯人有恃无恐，一边跟美国人讨价还价，一边跟老欧洲眉来眼去，一边还不忘给自己脸上补点儿粉……看看，世界就是这么的简单，不信？可拭目以待。

至于荷兰人连续不断打出的悲情牌，尽管十分地感动人，包括俺老花在内的很多善良的朋友都为之难过，可是相信俺老花，那些事对大国博弈来说，毫无用处。荷兰人就算再悲情，也别指望美国出兵去灭俄罗斯，更别指望俄罗斯在这种事情上赔礼道歉。老欧洲的伙伴们，也顶多摆摆样子，绝没可能割让点儿领土送给荷兰人。只有我们中国是对荷兰人民的不幸深表同情的，因为上一次摔飞机，死的大多是中国人，那份悲痛感同身受。

有的同学可能心里不舒服，民主呢？自由呢？普世价值呢……别天真了好不好，国际政治，说白了就是大国政治，予取予求，全靠大国推动。大国往东推，正义就在东边；大国往西推，正义就在西边；东西一起推，那就皆大欢喜大家都正义。所谓正义，在美国人推动的世界秩序里，基本就是这么个样子。别看现在美国人代表上帝，把俄罗斯的普京同学泼得满脸脏水，当年在波斯湾干掉伊朗民航客机的时候，美国人一样百般抵赖，虽然在诸多证据力证的情况下，不得不扭扭捏捏地承认了屠杀平民的罪行，可是我们却真的没看到美国人要求全世界制裁自己。为什么？其实不为什么，因为老子是美国，你们加一起也制裁不了俺，所以规矩就是给你们这些土老帽定的。

在这样的苦逼背景之下，小国压根儿就别想搞什么国际政治，小国多说也就搞搞国际关系平衡而已。非洲的利比亚刚出事的时候，联合国投票，利比亚代表只能眼睁睁地看着安理会五大常任理事国投票决定自己的命运。想独立自主，你有那个资格吗？这个世界上，真正能够独立自主的国家只有那么几个而已，我们现在能庆幸的，是中国恰好就是那仅有的几个国家之一。不是因为我们长得帅，是因为我们有导弹，有核武器，有毁灭这个世界的能力，所以你必须给俺面子！第一次马航空难发生之后，凡是有能力帮一把的国家基本上都伸手援助了，不管是不是诚心诚意，起码大家都要做出个样子来给中国人看。我们需要越南开放领空，越南毫不犹豫地允许我们的侦察机进入越南领空搜救，这在以前是完全不可想象的事情。我们甚至还把空军的飞机飞到了澳大利亚，尽管澳大利亚是美国的铁杆盟友，可是当中国需要你表现出友好的时候你就必须表现得十分友好。什么叫大国实力？这就叫大国实力！灾难是挑战，可也是大国机遇！索马里海盗袭击了我们的商船，换回来中国军舰驰骋印度洋，成为事实上的印度洋警察，全面保障我们在非洲的利益；湄公河惨案之后，中国安全力量开始全面进入湄公河流域执法，进一步加强对东南亚的实际掌控……天灾人祸之后，大国需要做的是在悲痛的基础上大幅度地拓展自己的利益，而不是哭天抢地地扮可怜装孙子，没有实力的眼泪连狗尿都不如，这不是多么复杂的道理，所幸我们的国家够强大！

尽管两次马航空难事件背后所隐藏的信息还有很多，可是毫无疑问的第一条铁律，就是有实力才有尊严，有能力才有面子。你潇洒不是因为你本事有多大，是因为你背后是一个伟大的国家。没有这个做基础，远的就如希特勒屠杀犹太人，近的就如美军制造百万伊拉克寡妇，根本不需要理由。如果你抬出来天理正义，非要一个说法不可，那就给你想一个理由出来，有什么难的呢对不对？比如，萨达姆有大规模杀伤性武器。

所以我说，要爱自己的国家。爱自己的国家还不够，还要让这个国家强大起来。只有这样，才能保证我们在这个美国主导的弱肉强食的世界里生存下去。同时，我还要强调最关键的一点：有资格向美国说不的国家，只有我们自己。如果你觉得这个世界不够好，那么你能做的，就是让这个唯一能对美国说不的国家更强大。等到中国的实力远超美国，能够主导世界的时候，我们才有资格让这个世界知道什么是仁义，什么是公平，什么是全心全意为人民服务。

我知道这个世界并不完美，这点真的很抱歉。

索契开幕式上亮点多

俺老花从未想过竞技比赛的开幕式会被搞得如此欢乐祥和，那不是一场比赛，而是来自世界各地的人们共同参与的交流盛会。开幕式现场的每个人，脸上都洋溢着节日的喜庆，在那片冰与雪的世界里我们能看到好多开心的笑容。

第一个亮点，英国：

在开幕式的各国运动员入场仪式上，我们看到了英国代表团的团员，头上整齐划一地戴着苏军大军帽子……实话说，虽然因为某些原因我不怎么喜欢英国，但不可否认的是，英国是一个相当绅士的国家。不管冷战时期双方如何地敌对，也不管现在的英国与俄罗斯之间有多少矛盾，我们的英国乡亲们，仍然用自己独特的方式，向东道主委婉地表达出了自己由衷的敬意。英国人的这种胸怀，非常值得钦佩，当年大英帝国号称"日不落"，应该说不仅仅是令人讨厌的霸道，也同时说明了英国人的自信。

第二个亮点，加拿大：

话说俺老花当然知道加拿大是北极国家，是冰雪世界，是一个半年白天半年黑夜的极地国家……不过，加拿大人口很少啊，少到在中国和印度面前，都不好意思提他们的人口基数。可是，俺老花可真没想到，加拿大的冰雪项目如此发达，他的运动员代表团之雄壮庞大，简直跟他的国土有一拼，呼呼啦啦地涌进场地，害得俺老花都忘记了他们国家正在消极地抵制索契冬奥会。

第三个亮点，南太平洋岛国：

最让俺老花瞠目结舌的，是南太平洋岛国的那些运动员哥们儿。冬奥会啊，居然就穿着大裤衩子亮相了！火红色的大裤头下面，露出老长的一截干腿棒子，走在冰与雪的舞台之上，依然从容、淡定、和谐……他们仿佛不是运动员，而是天上掉下来的天使，让人捧腹之余，又不禁心怀赞美。

第四个亮点，日本：

经过了上面的那些介绍，我们就可以想见整个索契冬奥会的场面是多么的欢快了。大环境的引导之下，免不了某些同志就会忙中出错。我们一衣带水的邻邦日本，冬奥会代表团的一位女运动员，居然兴高采烈之下，把手里的小国旗都摇晃丢了，不得不弯下腰去满地划拉，感谢冰雪之神的眷顾，终于还是让她找到了。

第五个亮点，委内瑞拉：

整个开幕式上，最高兴的人，肯定不是上面那位日本女选手。看了开幕式直播的朋友，都会对委内瑞拉的旗手印象深刻。这位老兄不但连蹦带跳、满脸笑容，甚至一路跑到礼仪小姐的前面，将委内瑞拉的国旗摇晃得虎虎生风。呵呵，俺老花要是委内瑞拉的总统，肯定会发给这位老兄一个大大的奖杯。体育精神很重要，开心更重要，你们是来比赛的，俺们委内瑞拉是来过节的。

第六个亮点，习近平和普京：

开幕式之前，因为同性恋等等莫名其妙的问题，美英德法等国的领导人，一直表示不会出席索契冬奥会的开幕式。被西方各国联合消极抵制之后，俄罗斯总统普京肯定是压力山大。当然了，世界已经不是昨天的世界，中国国家主席习近平的到来，给普京大叔吃了一颗大大的定心丸。话说那些不来的，不来就不来吧，除了德国，美英法都在衰落之中，各国政府空摆个架子，实际上都囊中羞涩得很，不来也罢，打肿脸充胖子其实也没啥意思嘛。

索契印象或者说索契思考：

时代在发展，历史在进步，"更高、更快、更强"的奥林匹克精神，值得我们人类永远地继承和发扬下去。当然，我们同时还要注意到，这种国际性的体育竞技比赛，其目的或者说原始目标，是和平的，更高更快更强是为了完成更远大的目标，是为了改善整个人类的生存条件。也就是说，奥林匹克精神的最高含义，是团结奋进。这里是赛场，比拼的仅仅是各个单项的竞技水平，而不应该把这样一个国际性的活动过度政治化，因为这是整个人类的节日。

看一看冬奥会上，各国运动员在入场仪式上的真诚笑脸，俺老花即使是坐在万里之外，也依然能看到他们内心的高兴。不管怎么说，俄罗斯人给整个世界提供了这样一个让人感受幸福的舞台，值得表扬也值得尊敬。

开心可以传递，欢乐可以拥抱，来自各个国家的冰雪健儿们，朝着"更高、更快、更强"的目标，努力拼搏吧，谢谢！

辑　三

● 强国之路 ●

甲午年说过去看未来

2014年，是农历甲午年。120年前的甲午海战，大清水师被东洋的小日本打得鼻青脸肿，彻底终结了老大帝国的美梦。我们站在120年后的今天，遥想当年怒发冲冠的邓世昌将军，也要动容垂泪……问题是，眼泪是不值钱的！如果你的国家疲弱，你就要随时准备被抢、被杀。

不要以为被抢、被杀就很凄惨了，在侵略者的屠刀面前，死都是一种奢求。甲午海战仅仅过去六七个年头，八国联军就攻占了北京，劫掠了清京城。这一次，依然是日本人为主力，他们几乎占了八国联军的一半兵力！

我们与日本，仿佛是世仇，这个"一衣带水"的邻邦，从晓得彼此存在的那天起，就不断地给我们添麻烦。先是左一拨右一拨的遣唐使、留学生上门求教；然后本事还没有学全呢，就开始绵延数百年的"倭寇入侵"，一直到戚继光出现，才暂时打消了日本侵占中国的野心。一战二战的时候，兵强马壮的日本人，开始全面入侵中国，导致我们牺牲了3000万人的生命。

通算起来，日本之侵略中国，没有1万次，也起码8000次了，这真的是个问题。不管日本人嘴上说得多么动听，表现得多么恭谨谦和，只要他们看到机会，总是毫不犹豫地向我们亮出屠刀，并毫不客气地挥向我们的脖子。

上千年来，一向如此。

当然，在冷兵器时代，我们不怕日本，中国地大物博、人口众多，要骏马有骏马，要刀枪有刀枪。唐代军人，每人可以佩带一把陌刀，外加一把腰刀，只要你不嫌多了麻烦，甚至还可以给你的背上背一根"撒手锏"。除了手里的武器之外，头盔、铠甲、护心镜，那也是必不可少的。

这么烧包的装备，完美地展现了一个帝国的繁盛。不要以为冷兵器时代就全靠血肉之躯去拼杀，刀子都没有，给你一根木棒你敢轻易上战场吗？大唐的军人装备之所以那么好，是因为中国物产丰富，冶金工业足够发达。即便是手工作坊的效率，也能给所有军人配备上足够好的武器装备。

那个时候的日本，敢来挑衅吗？他们不敢，他们那个时候，正忙着到处宣称刀在人在、刀亡人亡呢……是不是很多人都不明白，为什么日本人会有这么一个离谱的习惯？其实说穿了一钱都不值：因为日本穷！

日本只是个漂泊在东海的小小岛国，资源有限得很。我们这边除了一人配备好几把大刀小刀之外，还能装备全副金属铠甲。而那个时候的日本，和现在一样，极端地缺少铁矿石，更加缺少焦煤，冶金技术更是渣到了火星级别。这就导致当时的日本武士，变卖了所有身家，也就只能买得起一把刀。为什么爱刀如命？因为就这么一把，弄丢了就再也买不起了。这把刀不但要自己爱惜，还要世世代代地留给儿子孙子使用，这就是所谓传家宝的来历。

刀尚且如此，铠甲就更不用提了。铠甲这东西，分为重甲、轻甲、软甲。重甲很费铜铁这个不用说，软甲是用细小的铁丝编织而成的锁子甲。唯一不用金属的轻甲，是牛皮或者大象皮制成。这些东西，当时的大唐帝国完全可以自给自足。你想穿软甲就穿软甲，你想穿轻甲就穿轻甲，只要你不怕重，手里拎着一根长柄大砍刀，身上再穿一身重甲，那也是完全可以满足的。

可是，这些对当时的日本武士来说，就完全地是奢求了。日本的所谓铠甲，根本不是金属铠甲，实际上当时的日本武士连牛皮铠甲也装备不起。那个时候的日本武士，通用的铠甲是竹子铠甲。话说一群手拿单刀的"竹笋"，怎么去面对大唐统帅的百万"全金属"雄兵？所以唐代以及唐代以前，日本人特别恭谨，这就不奇怪了吧？

可是，到了中日甲午海战的时候，情况完全地改变了。虽然理论上来说，中国和日本同时经历了西方工业革命的冲击，可是在几乎同样的情况下，日本却明显地比中国冲得快了，这是为什么呢？

我们要明白，日本人正因为极端地缺少资源，所以在对资源的利用率上，就非常用心。还是前面刀的例子，日本刀脱胎于唐刀，这个大家都知道。问题是，我们的战士，一人可以配备好几把唐刀，丢了换一把，断了换一把，只要人还在，就不愁没有刀子用。而日本那边就完全不是这么回事，他们只有一把刀，所以在刀子的制作过程之中，那真的是千锤百炼啊。刻苦地锤炼，当然能得到更好的武器，日本刀流传至今，成为世界三大名刀之一，不是没有道理的。

精益求精的工艺，导致日本在接受现代化工业的过程上，就要比昏昏欲睡的老大帝国要快。大清朝也没少搞洋务运动、百日维新，可是进步太慢。一旦日本变得短小精悍起来，面对沉睡的东方巨龙，他肯定会忍不住动手的。想问为什么？那根本不用问的，因为日本资源太少了！

资源少、地盘小，人口一多，大家的生存压力自然就上来，想扩张不想扩张都要扩张，这个是没办法的办法。等，就是死，冲出去，尽管也会死，可是起码有成功的可能性。所以我们才会发现很多时候，日本都在用"赌"的心态来发动对外战争。

日本想赌，其他国家愿意不愿意都要陪着赌。在这一点上吃了大亏的，不光是中国，其他朝鲜、马来西亚、菲律宾、越南、缅甸、澳大利亚等等国家也要跟着被牵连；甚至荒无人烟的西伯利亚，也都没能逃脱日本的黑手；就连远在万里之外的美国，也要被偷袭珍珠港，享受天外飞来的迎面一嘴巴。

当然了，不幸的是，日本的历次对外扩张，都是以失败而告终。所以，那些参加了对外扩张侵略的人，也就都成了炮灰。这一点，全世界人民都知道是活该，所以没人同情那些战犯。

可问题是，那些战犯，在日本人的心目中，却有着别的意义。毕竟，那些人是为了让全体日本人过上好日子，才出去偷、出去抢、出去杀人放火无恶不作的。这对别的国家和人民是灾难，可对于日本人来说，是一种"高贵的自我牺牲与奉献"，这些人就算啥都没抢到，死了，那也是为日本做出了贡献的，起码这些人不用再吃饭了！

我没有开玩笑的意思，近现代之前，日本是有古老传统的：一旦某个人到了一定的年纪，衰老了，就要用石头砸掉自己的牙齿，活活饿死，只是为了给儿子孙子节省下一口饭而已。这样的事情，我们听听都觉得恐怖，可是那对于日本人来说，是天经地义的事情。因为日本的地方就那么大，资源和土地就那么多。有人多吃一口，就意味着肯定要有人少吃一口，他们已经把日子过得好像手表里的零件一样精准。

有了这样一个国家做邻居，是件非常不幸的事情。中国因为地大物博，因为老祖宗给力，还算顶住了。朝鲜就数次被闹得亡国，连末代朝鲜王室的骨血，都被日本人给搞没了。至于说随随便便几个日本浪人就干掉了明成王后的事情，都不用提的。

可是，显然我们还是大意了。甲午海战，给我们这群龙的传人敲响了警钟，落后就要挨打，那并不是因为你做错了什么，仅仅是因为你的家里好东西太多。东北的黑土地、内蒙古的大草原、西藏的大雪山、中原的富饶田地……我们见怪不怪的这些，你知道有多少人朝思暮想吗？

为了保护我们的家园，我们就必须振兴自己的工业，必须强大自己的军队。老祖宗已经再三再四地演示过了，只有你装备了好几把刀子的时候，我们"一衣带水的邻邦"才会老老实实地做他自己。

在这样的前提之下，任何"养老母不养航母"的论调，都是绝对错误的。没有航母、战机、卫星、导弹……没有这些，我们养了老母又怎么样？当侵略者再次举起屠刀，你以为他只杀你自己就完了吗？你以为他们会把你老母接回家去当自己的老母养吗？别做梦了好不好，他们自己的老母都要用石头敲掉自己的牙齿活活饿死，他们会养你的老母吗？开什么玩笑！

强国，强军，强壮中华民族，是我们唯一的选择。不提共产主义，不说天下为公，仅仅是现实的需求，也需要我们富国强兵，我们不去欺负别人，可是我们起码要有能力保护自己。保护自己，光想想就够了吗？

一人一把大砍刀，一百个人冲出去，不够人家一挺重机枪扫射的。同样道理，一人一挺重机枪，一百个人冲出去，不够一颗原子弹炸的。如今是后工业时代，是科技井喷的信息世纪。我们想保护自己，就要拥有足够多的坦克、战机、航母、空间站。没有这些东西抓在手里，我们就算再多出13亿人，也只不过是多了13亿个靶子，是不管用的。

当人口优势不再左右战局的发展，我们能指望的，就只有工业科技水平了。在同等或者相近的性能下，谁的产品多，谁就占优势，是不争的事实。所以我们只能扩大军事投入，这也不是什么穷兵黩武，100多年来欠下的账，是时候补一补了。

如果我们的老祖宗，当年狠下心，直接出兵灭了日本，也许就没有后来的八年抗战；如果我们现在就用核武器轰平了日本，也就不用担心什么时候再来一次八年抗战。不幸的是，我们的老祖宗太善良，不做斩草除根的事。更可惜的是，我们自己也秉承了老祖宗的优良品德，不会随便去杀人放火。

既然做不到一劳永逸，那么唯一的选择，就只能是我们好几把刀，日本一把刀。只有这样，才能获得暂时的战略平衡，我们才能得到我们本就应该有的和平与安宁，不必担心再有人闯到我们的家里杀人放火。

可能会有朋友说："不对啊，你看现在的日本，多和平，多环保，满大街都是萌化的漫画，多可爱……"是的，那些东西是很天真，但是不要以为天真就是可爱。一位北大教授曾经说过：大人是绝对不会把蜻蜓的脑袋拧下来，观察它还能活多久的。可是这种事，小孩子经常干！

萌化的日本看上去很可爱，可是也很危险。小孩子拧下蜻蜓的脑袋的时候，他自己不觉得残忍，他觉得很好玩。而我们再去翻看侵华日军的罪恶照片的时候，我们会发现，照片里用刺刀挑着婴儿尸体的日本鬼子兵，他的脸上没有丝毫愧疚，他一本正经地用刺刀挑着婴儿的尸体，眼神专注得很。你以为他在杀人吗？错了，他只是在观察没了脑袋的虫子能活多久而已。

120年前，邓世昌将军奋不顾身地与敌拼杀，完美地展现了一个中国军人对国家和民族的忠诚。英雄不该被遗忘，历史也必须有后人去评说。120年之后的今天，我们必须从甲午海战之中，汲取血的教训。落后就要挨打，就要被人抢。为了阻止侵略者的铁蹄，装备不如人的邓世昌只能选择与敌人同归于尽。青山可埋忠骨，碧海可葬贤臣，你为中华民族流尽最后一滴血，你被后人敬仰，理所应当！

可问题是，我们需要再出一个邓世昌吗？

对不起，我们不需要，我们需要的是一支强大得让潜在的敌人感到眩晕的军队，只有这样，才能保证我们过上平安幸福的生活。如果我们现在也学康熙乾隆，认为有了八旗兵就不需要火枪火炮了，那么，第二个邓世昌，就可能是我是你。

真话往往很难听，可，这就是本质。

65年的世界65年的中国

新中国是一个非常年轻的国家，共和国的同龄人，今年只有65岁。现在全中国70岁以上的老人，都是新中国飞速成长的见证者，听他们讲起童年往事，总让我们有一种恍如隔世的感觉。尽管大家都知道"一穷二白"这个名词，可是新中国建立之初，到底穷成什么模样，恐怕不是今天的新生代所能想象的。

1949年新中国建立的时候，年产粗钢只有区区的15.8万吨，而同一时期的日本，在打败了二战，接受各种制裁的情况下，依然能够年产粗钢311万吨，几乎是我们的20倍。那个时候连印度都能每年生产137万吨粗钢，至于说美国，粗钢产量更是达到了骇人听闻的7074万吨！跟美国比起来，人家零头儿的零头儿，都是我们粗钢产量的五六倍，把自己比喻成芝麻，把人家比喻成西瓜，都是变相地夸自己。

65年之后，美国的粗钢年产量稳步增加，接近9000万吨。而这时候的中国，粗钢年产量已经悄然逼近8亿吨，不但超了美国将近10倍，实际上全世界小200个国家加起来，粗钢产量才和中国差不多。中国以一国之力，占据世界粗钢产量的半壁江山，这不是神话，是现实！而且注意哦，这里说的只是产量哦，在钢铁产量不断攀升的同时，中国关停了数不清的环保不达标企业。现在还在坚持生产的钢铁企业，也陆陆续续地减产维修，这要是放开了生产，产能到底是多少已经没人敢预计，最保守的估计，突破10亿吨也不是啥天大难事。

钢铁产量只是一个缩影，我们刚建国那会儿，几乎所有商品都是洋字头儿，从洋火洋蜡，到洋镐洋油，从洋漆脸盆子，到外洋大轮船……我爷爷直到去世，一直称铁锹为洋锹，每当他拿起锤子，总会习惯性地扭头对我说："去，找个洋钉给我！"这么多年过去了，有一天我突发奇想，对小花说："去，找个洋钉给我！"小家伙到冰箱里翻了半天，给我拿回来一个果冻。

是的，钉子就是钉子，再也不是什么洋钉了；与之对应地，蜡烛就是蜡烛，再也不是什么洋蜡了；火柴就是火柴，再也不是什么洋火了。现在生活在城市里的人们，很多都是使用电器化炊具，即便是传统的煤气、天然气用户，也基本上普及电子点火装置，这直接导致很多小孩子甚至连火柴是什么都不知道，更别提什么洋火了。仅仅是65年的时间，我们的生活就经历了如此翻天覆地的变化。

工业化的基本条件，就是煤和铁，钢铁产业只是一个基础工业能力的缩影。在这个基础之上，从衣服鞋袜，到电视手机，从冰箱彩电，到摩托汽车，从轮船飞机，到火箭卫星空间站，中国制造了整个世界几乎一半的商品，成为名副其实的全世界第一大工业国。作为全世界最大的工业国，我们不但能够生产各种商品，更重要的是，被称为工业母机的机床行业，中国的能力也是一路飞扬，我们能够自我升级换代，再说中国工业只是代工的级别，谁还信啊？

65年前，我们的国产航空器，还处于风筝的级别，火箭发射水平，还处于二踢脚的年代。65年后的今天，我们能在几乎所有航空领域里见到中国自己制造的国产机，歼–20只不过是一个小小的缩影，直升机、武装直升机、教练机、攻击机、轰炸机、加油机、预警机、侦察机、运输机……我们甚至还用自己的火箭把我们的空间站射到了太空之中，让全世界的乡亲们羡慕不已。

很多人不看好中国的工业化，几十年来不知道有多少人说过中国会崩溃。陈志武先生还专门写了一本"经典著作"，名字据说就叫《中国崩溃论》，听说忽悠了好多老外花钱去买开心。与此同时国内的"公知"们摇唇鼓舌，摇旗呐喊，一旦中国有点儿成绩，就怪腔怪调地说风凉话；一旦中国遭受了某些挫折，就立刻兴高采烈地落井下石……其实我真的不明白，这样一群人，对于一个国家来说，有什么用呢？他们从不肯真正地好好看看这个五千年不曾湮灭的文明。

只要我们稍稍注目，就会发现勤劳质朴的中国人民并没有虚度光阴，这个国家正在走向富强，我们的前途充满希望。从翱翔天外的"神舟"飞船，到深潜大海的"蛟龙"号，这个世界到处都是我们的身影。从农村到乡镇，从县城到省际，960万平方公里的土地上，工业化的脚步已经全面启动，再没有人能够阻挡中国的前进脚步。大国崛起已经不再是梦想，就实实在在地屹立在世人的面前，只不过有人假装看不见而已。

问题是，群众的眼睛是雪亮雪亮的，呵呵。在事实面前，再巧饰的谎言也会不攻自破，再逼真的呻吟也会无比苍白。这个国家诚然还有这样那样的问题，可那不是我们嫌弃这个国家的借口，恰恰是我们为之奋斗的理由。许多年以来，我们对爱国主义不甚了了，可是当我们站在鲜艳的五星红旗之下，看着它冉冉升起，听着耳边嘹亮的《义勇军进行曲》，你会由衷地发现你永远拥有一颗属于中国的心，那颗心正有力地跳动着，因为，我们有一个伟大的祖国。

建国65年祭先烈：山河犹在，国泰民安

估计有史以来，这世上就没一个作家像俺老花这样土得掉渣，这个真的不是自谦，实际上俺还真有点儿洋洋得意嘞。省内运动会，俺从来都是盼着抚顺队赢；国内运动会，俺一向是希望辽宁队胜；到了奥运赛场上，俺只为中国队喝彩！这叫乡土情结，还是立山头儿拉帮结伙，或者说狭隘的地方主义，爱怎么说就怎么说去，俺就是这么样一个人。美国的总统再高大上，那也没有俺家邻居毛大叔亲切；麦当娜再漂亮，那也没有俺家花嫂子可爱；白宫再宽敞，那也没有俺家的狗窝好！

不幸的是，十几二十年之前的中国，各项指标数据，真的是不咋地！不要说跟美欧日韩比了，南亚次大陆的印度，都与我们不相上下。所以，刚刚上网那会儿，拿印度与中国比较，在网民之中是一件很流行的事情。两个国家都很大，人口都很多，同是文明古国，又脚前脚后地独立建国，还先后都得到了苏联的工业援建……总之，一句话，中国跟印度之间，相同点太多，可以说是棋逢对手、将遇良才的。

于是，从钢材产量，到煤炭储备；从粮食生产，到饮食文化；从飞机坦克，到宗教政党；从卫星火箭，到恒河长江……能比的地方被大家翻出来比了一个遍，最后我们谨慎地认为：中国目前险胜，长远来看，我们会甩印度十八条大街那么远。原因是我们经历过土地革命，民智已开。开始我们这些毛头小伙子还多

少有些不好意思，毕竟比来比去把人家比输了，有点儿不太厚道。不过有一天一个哥们儿翻译过来一篇印度朋友的帖子，居然也是比较两国现状和前景的……当然，他们认为目前印度险胜，长远来看，印度甩中国十八条大街那么远什么的，都是可以理解的了。人家认为印度的优点是有民主制度，有选票，建国初期可能看不出什么，一旦国内关系理顺，后劲儿会非常强劲。

我们愕然发现山的那一边，印度的网民朋友显然也暗暗地跟中国较劲儿呢。这一下事情大条了，"比"的问题进一步细化，什么人均寿命，什么医疗条件，什么义务教育，什么生态保护……这么说吧，我一个东北农民，居然连海德拉巴这么绕口的、跟自己全然没有半点儿关系的地方，都能随口点评几句。而我那时候还属于没文化的级别，真正的技术男们，连海德拉巴地区的工农业总产值都了如指掌。

两边的口水战，一打就是好多年。我们这边经常有人翻墙过去查探信息，有一段时间，印度论坛里只要一发表好帖子，在中国的论坛上就几乎同步有翻译帖子出现。这一点，印度的朋友比较窝火，他们那边的官方语言是英语，我们这边的官方语言是汉语，我们这边有很多懂英语的精英，他们那边却没有几个懂汉语的行家，口水战的结果，谁胜谁负就不说了，起码争论的形势就对印度的网民很不利。

然后不知道为什么，有关中印对比的帖子，忽然就减少了，再有人发表《扒一扒印度的"免费"铁路》之类的帖子的时候，总会有人不屑一顾地留言说："能不能有点出息啊你们？中国GDP应该瞄准日本人，还跟印度比个毛线？"啊……看着中日之间的工业、经济数据对比，忽然发现我们已经超出了印度太多。再跟印度比，确实有点儿不好意思了。不过印度和日本的经济差距，好比鸡蛋和西瓜，超过了印度的中国，距离日本还是很远。

那一年日本的GDP是4.6万亿美元，而当时中国的GDP只有1.4万亿美元，别说迎头赶上了，连望其项背都算不上。

对于赶超日本，当年的网络"自干五"们还是很谨慎的。经济数据不是吹牛皮吹出来的，4.6和1.4之间的差距，上过小学的人就能算出来。那超过3倍的实力对比，让人觉得头晕目眩。比，比不过。认输吧，又觉得太窝囊了！我们有13亿人口啊，日本只有1亿多一点儿，两国之间的人口基数差了10倍，人家1个人赚的钱，比我们这边30个人加起来还要多！

比不过难道就不比了吗？才不呢！有关中日对比的话题刚一冒头，互联网上很快就流传起一篇重磅文章，雪亮军刀兄所著的《中国GDP2030年超过日本》！我们现在可能很难想象，仅仅在10年之前，我们跟日本的差距是多么的遥不可及。军刀兄的文章发表之后，很快就有唱衰中国的家伙写出了《驳雪亮军刀"中国GDP2030年超过日本"论》。雪亮军刀的论据，是中国每年百分之七八的经济增长率，和日本每年0.2%到0.9%的经济增长率，用时间叠算的方法，得出2030年中国的经济规模会超越日本。而反对派的依据是中国的粗放式经济难以长期维持，中长期比较起来，日本的技术优势终究会击败崛起中的中国。毕竟，两亿条牛仔裤的利润，和一架飞机的利润差不多，谁优谁劣简直是一目了然。更何况日本的背后是美国，美日一体，经济规模加起来，对中国人来说简直就是天文数字。

"自干五"们都很不服气，肚子里憋了一把火，却又无话可说。脾气大的张嘴就骂人，那是免不了的。有点儿水平的"自干五"，不是小心翼翼地引经据典，就是无比煽情地泪谈气节。而依靠美国当走狗的汉奸"公知"们，把嘲笑中国的落后当成乐趣，每当蹒跚前进的中国取得一点点成绩的时候，他们总要翻出来几张贫困山区孩子的老照片，说西部人民还在吃草呢，你们追什么美国日本？撒泡尿好好照照自己吧，你也配姓赵？

有大学生留言发帖，说老子从此戒网，为中华崛起而读书，就算老子这辈子看不到，也要让我的儿子看到，儿子看不到，也要让孙子看到……中国必须富强！

最后这6个字，让怀揣大国梦的"自干五"们潸然泪下，很多当时我熟悉的学生账号再也没有登录过。我知道，他们不是逃跑了，恰恰相反，在这场"比"的较量之中，他们抓起刀枪上战场了！那一年俺老花正是奔三的年纪，身处农村，没机会再读书强国，于是我选择尽我可能地推动这个国家前进前进再前进。我不再种田，倾家荡产地投身养鸡业，起早贪黑地干活，熬到第一批小鸡出栏的时候，我瘦了整整10斤肉，1.73米的老花只剩下106斤体重。我瘦了，可是我赚了！

我抛却了书生意气，坐在成吨的鸡粪旁边，吃东西照样心安理得。我知道我的努力对于这么大的一个国家来说，肯定是微不足道的。可是我坚信，再微不足道的努力，只要乘以13亿，也将是一个无比巨大的成就。13亿中国人共同努力的成就，可以超越日本，可以超越美国，就算是火星上也有人，那我们也终将超越他们！

2009年的某一天，我在家里点查进货单，忽然听到电视里面有人说了一句："2009年中国GDP会超越日本……"我一下子就震惊了，手忙脚乱地打开电脑，发现论坛那边已经闹翻天了！有人1、2、3、4、5地列举各项中日经济的对比数据，有人把《驳雪亮军刀"中国GDP2030年超过日本"论》的帖子翻出来鞭尸，更有人矛头向上，问出了"自干五"们最关心的话题："中国经济规模什么时候会超越美国？"

如果说4年之前，有人冒冒失失地提出这样的问题的话，不但推墙派"公知"要嗤之以鼻，恐怕爱国阵线的"自干五"们也都会觉得这家伙好高骛远。可是今时不同往日了啊，仅仅4年时间，中国经济就追平了日本，面对只比日本高出一两倍经济规模的美国，我们还有什么好害怕的呢？美国是全世界最大的经济体，最大的工业化强国，二战之后当之无愧的全世界领袖……大国梦，不超过美国，那算哪门子大国梦！

面对中国想要超越美国经济的话题，大洋彼岸的美国人还没说什么呢，中国国内的"公知"们率先开炮了。他们嘲笑中国的GDP含水量太大，他们指责中国人为追求片面的GDP而牺牲了环境，他们挑拨中国的年轻人盲目攻击政府体制，他们用美国的金融能力忽悠我们，他们用美国的军事实力吓唬我们，他们用一个比一个好听的名词来欺骗我们……可是日本已经被击败了啊！还说这些臭氧层子有啥用呢？老牌"自干五"奋勇反击，新生代"自干五"如雨后春笋，一片一片地往外冒，这个国家正在走向辉煌，已经是不争的事实了，我们还有什么可不自信的呢？

既然两派各不相让，那么大吵一顿是不可避免的了。贬低中国的家伙一会儿一个说辞，不是中国崩溃论，就是历史终结论。"自干五"这边群雄并起，口诛笔伐，寸步不让。2010年以来，中国互联网上，各种意见激情碰撞，吵得不亦乐乎。为了打压中华民族觉醒的士气，推墙派"公知"们不惜血本，向各种媒体渗透，一方面口沫横飞地抗议中国政府不让自己说话，一边又借用手中的网络媒体控制权大肆封杀爱国派声音，仅仅俺老花一人就多次受到了无理的屏蔽与野蛮的删除，连支持"党指挥枪"这种中华人民共和国宪法规定的文章，都要被人屏蔽五六次之多。

可是，结果又怎么样呢？历史的车轮滚滚向前，一切沉渣都会被无情地碾压而过。2014年初的某一天，世界银行发布报告，称："2014年按照购买力平价法计算，中国经济将超越美国！"消息传来，国内的网络舆论层面居然波澜不惊。"公知"们无话可说，洋爸爸的权威报告上白纸黑字，无可抵赖，只能假装看不到。爱国阵线的"自干五"一边，早就知道中国工业实力超越了美国，不管是名义GDP还是购买力平价计算法，超越美国已经是板上钉钉的事情，所区别的无非就是早一天还是晚一天而已，大家心里早就有数了的，根本就不用再激动。毛爷爷在建国之初就说过：我们要超英赶美！

2014年注定是不平凡的一年：这一年是中国时代的纪元元年，这一年新中国将迎来65岁华诞，这一年是中国梦、大国梦的新起点。在中国共产党的领导下，在全国各族人民的支持下，我们不惧艰险，奋发图强，六十五载风雨同舟，我们一路辉煌。

死去元知万事空，但悲不见九州同。王师北定中原日，家祭无忘告乃翁。

国庆佳节即将到来之际，鲜花数朵、浊酒一杯，告慰革命先烈、古圣先贤：山河犹在，国泰民安！

35年之后建国百年畅想

　　今年是建国65周年大庆，看了众网友的美文，忍不住就想，建国才65年，我们伟大的国家就从一穷二白开始，一路逆行，连闯红灯，仅仅60多年，就把中国变成了全世界最大的工业国，那么，再过35年，到了我们国庆百年庆典的时候，我们的祖国会变成什么样子呢？毕竟最近十多年来，中国的变化太快些，简直是日新月异，目不暇接，再过35年，会变成什么样子？

　　我想提醒大家一个常识，那就是我们每年有百分之七八的经济增长率。虽然忽高忽低上下起伏，可是总体趋势还是很稳定的。那么以这个数据往下推算，我们会惊讶地发现，30年之后，中国的财富，会暴增8倍！财富不是简单的钱，钱其实只是一张张带花纹的纸，真正的财富就是实实在在的东西，包括吃的用的等等等等。也就是说，按照现在的趋势往下发展，30年，至多35年之后，我们每人平均拥有的物品，会比现在多8倍！

　　当然了，即便是我们很富裕了，也不会每人每顿吃8碗大米饭，所以可以估计的，是中国农业的量变过程不会有太大变化。因为生活条件大大改善，国家财富大大增加，所以精细化、天然化、健康化的饮食要求，会催生中国农业向精细化发展，这个是毋庸置疑的。我们现在每年从国外购买大约1/10的主粮，到了30年之后，这个规模恐怕要增加到50%左右。更多的粮食可以作为饲料，生产更多的肉食品，虽然素食主义者会大批量产生，不过这并不能影响整个国家国民的肉食需求量，毕竟人是杂食动物，吃肉是天性需求，刚性需求会很大，这个是谁也阻止不了的。

在可预见的将来，我们的城市大楼，会越建越高。这个是没办法的办法，中国虽然地大物博，可是真学美国那样，大家都住小别墅的话，会严重地挤占农田。别管上面说我们会进口多少粮食，那是为了改善大家的生活，真出现意外情况的话，买不到国外进口的粮食了，那么起码我们本身的农产品要够我们大家食用，这个是国家战略安全问题，没有商量余地。在这样的条件之下，18亿亩耕地红线的事情，不会有多大变化，这个是防止出现人吃人惨剧的最后保险，所以绝对不能动摇。

耕地不能动，而同学们又都想住宽敞明亮的大房子。那么别无选择，我们就只能把楼盖得越来越高，向空间要空间。楼高了，电梯就会变成必需品，所以预料之中的事情，就是电梯企业会迎来更多春天。当然，与之相辅相成的，还有个安全问题。楼太高，一旦遭遇险情，人员无法安全撤离，所以消防直升机领域，在今后一段时间之内，也会在中国蓬勃兴起。有市场就有动力，这个事情属于水到渠成，爱干不干都必须干，呵呵。

按照现有的能源供应和消费趋势，35年之后石油不见得被用光，怕也要接近开采的尾声了。所以，30年之后，我们就必须要面对一个如何出行的问题。电力机车当然是免不了的了，短途运输的话，就只能指望电瓶车了。这方面，如果说电瓶技术获得突破（即便不突破，比亚迪现有的技术也马马虎虎够大家用了），或者说可控核聚变技术能够实际运用（这个也没啥问题，中国国产的拥有世界顶级技术的可控核聚变实验堆，据说15年之内就能建成，内部消息，不知道真假，请勿外泄哈），如果这两方面的技术有了重大突破，那么人们的出行问题，将永远地告别汽车尾气时代，实现真正的绿色出行。

能源领域的技术性革命，会让这个世界完全变样。取之不尽用之不竭的电力，会更换现今所有的柴油、汽油、航空煤油发动机。不但这些机器所造成的空气污染会完全消失，连带的噪音污染也会大幅度下降。虽然这是好事，但是对交通安全来说，实际上是增加了难度，所以我们就可以想象一下，未来汽车在信号灯的问题上，肯定会对现有模式或者说技术有相应的革新。当然，最关键的是，这些交通工具，不再过分依赖人工操作，智能化出行将是必备的。有了这个需求，所以未来几十年之内，软件编程人员，依然是国家的战略财富，哪个国家的人才多，哪个国家就拥有先手权，甚至演变成决定权。还好，我们国家的人口总数全世界第一，软件编程人才（数量）差不多也是全世界第一。感谢老一辈国家领导人建立了那么多的理工科大学，谢谢。

基础改变，其他都会改变，国防、外交等等。

35年并不漫长，我坚信能够看到这篇文章的朋友，都可以轻轻松松地看到百年国庆时候的盛况。虽然因为篇幅和能力所限，俺不能，也无法把35年之后的盛况全部描绘出来，不过很明显，只要我们坚持走现在的道路，做合理化调整，在不出现过分的偏差的情况下，那么上面俺老花所描绘的事情，就早早晚晚会变成现实。我曾经跟一个我很尊敬的朋友聊过，他是一个很虔诚的宗教信仰者，我说共产党的共产主义也是一种信仰，我们也追求天堂，只不过，天堂也是由一个个基点堆积而成的，我们不求施舍，我们身体力行，我们打算亲手建设一个天堂。

35年后的中国会怎么样？这显然是个让人头晕目眩的问题，就像我们小时候从来没想过30年之后会是今天这样，我们现在去展望30年之后的中国，也依然会觉得那美得像梦境。可是那毕竟不只是梦想，中国梦想正在一步步变成现实。如果说今天的中国，还不足以跟美国比肩的话，那么30年之后的中国，肯定会甩美国十八条大街那么远。实际上那个时候还有没有美国，我们都不敢妄下定论。美国没有什么大一统思想，联邦制的合众国，本来就是一盘散沙。大家联合起来欺负小国家的时候肯定很爽很团结，一旦失去世界霸主的宝座，苏格兰独立的例子保证会天天上演，欧美人拆烂污的时候，下手可比中国人厉害多了。

心怀理想，面对现实

——纪念毛泽东同志诞辰120周年

话说当年"土共"闹革命，还是很激情澎湃的。可问题是，李大钊同志被吊死了，城市暴动被镇压了，秋收起义军被反动派打得稀里哗啦，最后我们连井冈山革命根据地也搞丢了，不得不拉家带口地走上了两万五千里的长征路。

"土共"们混到这个地步，按照传统的看法，基本上就可以翘辫子了。他们的事迹，会被编撰进教科书，成为"反贼"的代表，与陈胜吴广一起被后人所唏嘘。士大夫们会嘻嘻哈哈地谈笑："看看，泥腿子就是不成事，几千年的大起义，最后还不是被官老爷打得头破血流，作鸟兽散!"

然而，就是在这种极其不利的情况下，"土共"们不但没垮台，反而一步步做大。从嘉兴南湖游船，十几个书生第一次密谋开始，仅仅28年之后，毛爷爷就站在天安门上庄严地向全世界宣告新中国成立了。如果从最艰难的遵义会议开始算的话，"土共"从四处逃窜，到问鼎天下，只用了14年的时间。

请注意，中国可不是只有洗脸盆那么大，中国有960万平方公里的国土。我们现在开上小汽车，两个司机轮换开车，从东到西地跑一次，也起码需要好几天啊！这么广大的国土，在没有任何外援的情况下，土八路们怎么就成功了呢？

这一点，在后来的总结报告之中，我们得到了最明确的回答：毛泽东思想。

毛泽东思想之所以伟大，最关键的问题就是强调了理论联系实际。照搬苏联东欧的革命方式，实践证明在中国是行不通的。人家是先发国家，产业工人基数庞大，只要工人阶级觉醒了，那么稀里哗啦地一推，资本主义就注定要完蛋。至于农民，在他们看来，是属于有资产的人群，别管农民所掌握的资产多么的少，哪怕只有二亩薄田一把镰刀，那也不是纯粹的无产阶级。

而中国当时的问题就在于，我们的工人阶级人数太少太少，与四万万五千万的农民阶层比起来，顶多也就是九牛一毛的级别。在这样的特定条件下，如果得不到农民的支持，那么共产党在中国就没有出路。

所以我们后来看到，我们党的基础从单纯地依靠工人，转变为依靠工农群众。这是一个伟大的创举，当一个政治势力得到了最底层人民的支持，他注定就要成功的。

从这个意义上来说，毛泽东思想的传承性就必须得到保障。实际上，理论联系实际、全心全意为人民服务的理念，也永远都不会过时。毛爷爷逝世之后，我们来稍稍地理一下国家的发展脉络。

小平同志带领党的第二代领导集体，就必须面对改善人民生活水平的问题。而这一点，靠学习苏联的军重工模式，是不行的。所以80年代，我们陆续地同美国和日本修复了关系，开始注重轻工和农业的发展，全心全意让人民过上好日子。

到了江泽民当总书记的时候，苏联垮台，西方资本社会的压力全面地指向了中国，面对着千夫所指的恶劣环境，我们的领导集体果断韬光养晦，默默地发展实力。很多人可能会觉得那段日子比较窝囊，可事实告诉我们，如果那些年我们没有韬光养晦的政策，谁敢保证中国不会像苏联一样分裂？一旦国家分裂，各种后续影响会撕烂我们的生活，仅仅是物价疯涨，就不知道会逼死多少无辜的民众。不爽和灭亡，二选一的情况下，我们只能选择不爽，任何人因为这个而误解党的第三代领导，都是不对的。

在现实面前，引刀成一快，不负少年头，是极其不明智的。13亿人的生死存亡，本身就是一个天大的问题。

到了胡锦涛同志当一把手的时候，我们国家已经熬过了最艰苦的岁月，唯一能威胁中国的美国，已经把战争矛头对准了阿拉伯世界，留给了我们十分珍贵的10年发展契机。这个时候，我们毫不犹豫地把国家实力追到了世界第二的位置。

如今，我们迎来了习近平时代，"中国梦"的提出，完美地勾画出了美好的未来。中国工业化进程突飞猛进，中国科技发明飞速发展，沉睡的东方巨龙不但已经醒来，而且迈开大步，开始在幸福的大路上发力奔跑，中华民族的伟大复兴，已经是近在眼前！

沧海桑田，60年一甲子，我们把一个一穷二白的国家，建设成如今富强的中国。诚然，在这个历程之中，我们走了很多的弯路，有过很多错误，可起码在大方向上，我们没有走错。在理想和现实之间，我们的党，始终贯彻执行毛泽东思想。如果大家希望我给这种思想做一个朴素的总结，那就是：心怀理想，面对现实。

20年前，俺老花非常忧心中国台湾问题，10年之后，我认为那已经不是问题；10年之前，俺老花非常忧心日本问题，10年之后，我认为那同样不是问题；现在俺老花依然忧心美国问题，可是我相信，用不了10年，美国也不会再是一个问题。

实力代表一切，有了全中国13亿兄弟姐妹的共同努力，很多看似无解的问题终将迎刃而解。中国台湾是我们的敌人吗？日本是我们的敌人吗？美国是我们的敌人吗？说实话他们都不是我们的敌人，他们顶多在一小段特定的历史时期之内对我们有威胁，只要中国人自己不斗自己，就没谁有资格做我们永远的敌人。

地球依然有3/4的地方没有被探索，茫茫宇宙更是有无穷无尽的未知世界。我们应该带领世界人民走向幸福，我们的前方是光明未来，我们的征途是星辰大海！

为什么69年过去我们还要纪念抗战胜利

　　"紫网在线"编辑来信，请俺老花写一篇纪念抗日战争胜利的文章，我就回答说，当时日本鬼子穷途末路、失魂落魄，自己滚回去的，有啥好说的。编辑说今时不同往日，日本人都解禁集体自卫权了，你不知道？俺老花一听，话到嘴边的推托之词再也说不出口，顿时觉得这个事真的该再说道说道。不但要说道说道，实际上这一提起来，简直是新仇旧恨都冒出来了，想不说都是不可能的了。

　　话说当年的日本鬼子，还是很有两下子的。小小岛国，几千万人口，在军国主义的阴魂驱使之下，居然搞得大半个世界都鸡飞狗跳。他们出兵远东，在西伯利亚跟苏联红军作战；他们入侵中国，跟中国抗日军民作战；他们甚至还出兵夏威夷，把美国的珍珠港舰队炸得几乎全军覆没；他们出兵东南亚，不但把东南亚的人民祸害得够呛，甚至还打到了印度和澳大利亚……日本鬼子把所有周边的国家，挨个打了一遍，屠刀上沾满了各国人民的鲜血。

　　面对着这么一个凶残的国家，爱好和平的世界人民都发出了呐喊，必须给予严厉的制裁！著名的《波茨坦公告》应运而生，共13条，主要内容有：盟国将予日本以最后打击，直至其停止抵抗；日本政府应立即宣布所有武装部队无条件投降；重申《开罗宣言》的条件必须实施，日本投降后，其主权只限于本州、北海道、九州、四国及由盟国指定的岛屿；军队完全解除武装；战犯交付审判；日本政府必须尊重人权，保障宗教、言论和思想自由；不得保有可供重新武装作战的工业，但容许保持其经济所需和能偿付货物赔款之工业，准其获得原料和资源，参加国际贸易；在上述目的达到、成立和平责任政府后，盟国占领军立即撤退。

国际反法西斯盟军方面的这个公告，最终成为建立战后新秩序的法理依据。1945年8月15日，日本天皇裕仁广播《停战诏书》，宣布接受《波茨坦公告》，侵华日军宣布无条件投降。然而很多日本鬼子贼心不死，临投降之际，大肆破坏中国境内的民生设施，道路、桥梁被大面积损毁。还有的日本鬼子到处埋炸弹，让抗战胜利之后的中国人民继续玩扫雷游戏……其他销毁战争罪行证据什么的，更是到了令人发指的地步，可以说投降投得毫无诚意。

尽管如此，中国政府还是依据《波茨坦公告》的规定，尽可能地善待战俘，尤其是新中国政府，更是没有枪毙过一个日本战犯。在周恩来同志的直接指示下，上千名日本大小战犯，被集体关押在抚顺战犯监狱，接受新中国的改造。经过十余年的努力，在一系列正义的审判、教育之下，最终使近千名日本战犯低头认罪。1964年，新中国政府完成战犯改造工作，近千名日本战犯全部释放，遣返回国。

我们善良的中国人，已经做到仁至义尽了。即使是三年自然灾害期间，我们也没有虐待过这些日本战犯，全国人民勒紧腰带过日子，也没说就把这些人挖坑埋了解决口粮。我们对抗日战争，对整个二战，不但付出了3000万人死伤的沉重代价，我们还尽一切努力，把那些战争暴徒变成好人。古往今来，整个世界，有谁还敢说我们中国人对不起战争？有谁敢说中国人对不起全世界的和平？

可是，其他国家又是怎么做的呢？根据《波茨坦公告》之中的描述，盟军有必要促使日本建立一个和平的、负责任的政府。而实际上在日本驻军的，就只有美国。其他国家只能呼吁，只有美国对日本有实际约束能力。按照条约里面的设置，日本一旦出现了和平的、负责任的政府，那么盟军就要从日本撤军。现实之中，我们看到的是美军一直常驻日本，这只能说明美军认为日本政府还不够和平，还不够负责任，必须严加看管。就是在这样的前提之下，我们的美国盟友们，纵容、默许、偷偷摸摸地鼓励日本人修改和平宪法，解禁日本所谓的自卫权。

客观地说，如果美军认为自己能力不行，管不了日本了，可以撤军的。日本关东军在西伯利亚，被苏联红军教育得好像小绵羊。中国人民虽然没能把近千名日本战犯教育成天使，起码也都把那些人教育成了好人。怎么到了我们美军盟友的时候，就搞出来如此不堪的情况呢？如果自认为能力不行，可以直接说嘛，中国很乐意接替美国，承担起教育日本的任务，大家都是二战的盟友，一家人不用说两家话。如果美国人觉得中国人的办法太仁义、太婆婆妈妈，也可以把日本交给俄罗斯教育，当年60万日本关东军战俘，被送到西伯利亚进行强制劳动的时候，第一个冬季就有大约6万名战俘咽了气。

现在，美军一来管不了日本，二来又不想把日本交给别人管理，你们究竟是安的什么心呢？企图养肥了日本继续去咬中国这个厚道的邻居吗？别开玩笑了好不好，广岛、长崎的原子弹是你们扔的，不是我们扔的，日本人恨你们恨得更厉害，放任日本军国主义抬头，最后你们的珍珠港可能还会被炸一次。如果中国和俄罗斯到时候袖手旁观，新生一代日本鬼子可能会冲过太平洋入侵美洲大陆。他们也许会在华盛顿搞一次华盛顿大屠杀，一口气砍下30万颗美国人头；他们也许会在纽约建立新的731部队，抓捕不计其数的美国人当"原木"，抓到实验室里面接种伤寒或者鼠疫，进行相关的活体实验以观察细菌武器的效果；他们也许还会在内华达州附近拉上铁丝网，反反复复地和你们老百姓玩"三光政策"，杀光、烧光、抢光，一直折腾到整个美国都变成半沙漠、半戈壁的原始社会。

说了这么多，美国人肯定不会听，因为色厉内荏是必须的嘛，承认自己无能多没意思，眼看着日本越来越强大多好玩……为了制衡中国崛起，美国人的这些小心眼都是可以理解的，但是同样作为农夫，我们依然会提醒你们，蛇苏醒了会咬人！虽然美国人口也不少，减员个三五千万，在美国现政府眼睛里或许也不是多大的事儿，可是我们中国人还是要尽最后一份心意进行劝告，蛇苏醒了会咬人！谁叫中国人都是活雷锋呢?！

我们中国人，对待强加给我们的战争，能做的事情我们都做了，所以我们才会生存并发展到今天。既然美国人执意养痈遗患，那么我们中国人就必须未雨绸缪了。中国老百姓的生命和志气，中华民族的荣耀和尊严，中华人民共和国的每一寸领土和领海，都容不得任何亵渎和侵犯。69年前我们先辈做到的，69年后我们同样能够做到，我们今天有这样的底气和信心！如果美国人民指望不上美国政府了，那么请放心，中国政府和中国人民不会让你们失望，我们中国人本着人道主义精神，也不会眼睁睁地看着魔鬼重新作恶。

69年过去了，我们依然要大张旗鼓地纪念抗日战争的胜利，时刻准备做好我们先辈们69年前所做的那些，因为我们隐约地看到了当年日本军国主义的影子。

纪念 "9·18" ——忘记历史就没有未来

1931年的今天，日本人炮轰北大营，拉开了中日之间的侵略与反侵略战争。3000万中华儿女倒在日本鬼子的屠刀之下，仅仅南京，就有30万屈死的冤魂。日本人的战争罪行，罄竹难书；给中华民族造成的苦难，刻骨铭心；包括美国在内的全世界人民，都不应该忘记那段充满血泪的历史。

80多年以后，当我们再回顾这段历史的时候，该有哪些警醒呢？俺老花认为，首先要正视历史。我们总说八年抗战，实际上是八年吗？从1931年炮轰北大营开始，到1945年日本鬼子投降，找小学生数一下，也知道那是14年吧！

那么，这个"八年抗战"的说法，是怎么来的呢？我们为什么要自欺欺人，硬把14年的抗战史，说成是八年呢？其实很简单，给侵华日军做罪行总结的，是1945年的国民党政府。因为自己的"不抵抗政策"，丢了东北三省近百万平方公里的土地，和无数的老百姓，资敌、养敌，帮着日本人磨利了刺刀，这样丢人的事情，当然要择出去不算了！

鞍山的钢铁，抚顺的煤炭，被日本人疯狂掠夺，制造成各种枪支大炮……六年之久啊，在那么长的一段时间里，蒋介石政府所做的唯一的事情，就是向"国联"抗议、抗议、再抗议！近百万平方公里的壮美山河，和数之不尽嗷嗷待哺的人民，就那么扔给日本鬼子，任其蹂躏、屠戮。

蒋介石不敢正视历史，做战后总结的时候，14年的抗战史就变成了八年抗战史。一个政权连最起码的历史都不敢正视，最后倒台子了，有人会感到奇怪吗？我不奇怪，但是复旦大学的历史教授却感到奇怪，人家的文章里洋洋洒洒，全是中国人需要反思的内容。日本人侵略我们，我们反思个蛋！美国人被炸了珍珠港，怎么就没见美国人反思过！

　　人家不需要反思，美国被炸，是因为被偷袭。不要以为珍珠港被炸的军人就是废物，军舰是好军舰，飞机是好飞机，那些美军战士也都是很不错的小伙子。人家正在"和平时期"度假，结果被日本人突然敲了闷棍。这只能说明日军的无耻，人家才不会责怪自己的小伙子们无能，更不会七八十年后的今天去做什么反思！

　　正视历史之后，我们要做的是牢记历史。这方面我们做得又怎么样呢？实话实说，相当的不怎么样！还是上面那位复旦大学的历史教授，拿着美国和日本签署的协议，努力告诉大家钓鱼岛是日本的。钓鱼岛从来就是中国的领土，两个不相干的国家签订的协议，有法律效力吗？

　　更可气的是，这位教授还要声称"左权将军不是战死的"，事实上，《河南商报》报道："1942年5月25日，数万日军精锐包围八路军总部，左权主动负责掩护断后，在指挥突围过程中被日军炮弹炸死。"朱德也曾写下《吊左权同志在太行山与日寇作战战死于清漳河畔》一诗。

　　这些年，抹黑历史的事件层出不穷，连狼牙山五壮士都被人拿出来污蔑，公然地就在网上肆意传播。我甚至还见过"刘胡兰被强奸"的色情描写，还见过"江姐在监狱之中被女王调教"的文章。疯狂的抹黑已经到了全然没有廉耻的地步。

　　没有历史的民族就没有未来，四大文明古国，如今就剩下我们自己，你知道在这一点上，外国人有多么羡慕我们吗？现在的西方主导世界500年，可他们也只有那500年的历史而已。意大利强大了，要声称自己是古罗马继承人；德国人强大了，直接就建立"神圣罗马帝国"；俄国大公娶了拜占庭公主，就开始自称"凯撒皇帝"，简称"沙皇"；连八竿子不搭边的美国人，都要言必称罗马，小布什总统更是连十字军都提出来了。

罗马实际上，就是被这些国家的老祖宗（当年罗马称之为野蛮人）灭掉的，他们现在使劲儿往自己身上扯罗马，就是想让大家相信他们是有历史的国家，是从罗马帝国流传下来的、有两千年历史的国家。

我们呢？我们自己有五千年的历史，三千年的文明史，拥有如此辉煌灿烂的文明，却有很多不肖子孙在污蔑抹黑，更多的人厌恶历史。别的不说，中国共产党从刚刚建立，到现在近百年的时间里，把中国一路带到今天如此兴盛，可是有谁了解我们的党史、建国史呢？

我们需要励志鼓舞自己的时候，我们要去看美国人的《阿甘正传》，要去看《当幸福来敲门》，很多人都唏嘘不已，嚷嚷改变了自己的人生观。可是，大家想过没有，十几个书生、泥腿子，在嘉兴游船上开了那么个会，百年之后的中国就变得如此强大，赫列联合国安理会常任理事国之一，再也没有人敢威胁我们。这样一个翻天覆地的变化，难道不够励志吗？

有人说，党史、近代史太苦逼，看着就心里堵得慌，不爱学……看看俺老花写的《我们的征途是星辰大海》吧，很多论坛都有转载，网上多的是，我能让你在欢笑之中了解那段可歌可泣的光荣岁月。我无所求，只希望我们能牢记我们的历史。

那些年痛彻心肺的强国记忆

　　1999年5月8日，美国的B-2隐形轰炸机，发射了5枚精确制导炸弹，击中了中国驻贝尔格莱德大使馆，当场炸死3名中国记者，炸伤数十名大使馆工作人员，造成了震惊中外的驻南联盟大使馆被炸事件。

　　消息传到国内，立刻就炸锅了！

　　我们愤怒，我们嘶吼，我们恨不得亲手劈了那些美国佬。学生们走上街头，喊哑了喉咙，换不回来美国人的一句道歉。克林顿总统说那是"误伤"，他仅仅是"感到惋惜"，觉得"非常遗憾"而已。

　　我们忘不了，当烈士遗体运回祖国的时候，党和国家领导人亲自去机场迎接，安慰烈士们的家属，在场的人哭成一片。随后的悼念仪式更是出奇的高标准，我们甚至以降半旗这种最庄重、最高的规格向在北约轰炸中死难的3位中国新闻工作者致哀。

　　那个时候，经常会有人怒吼："我们为什么不打回去？"这个问题都不用专家，我这个半吊子军迷都可以回答：拿什么打？我们在亚洲，科索沃战场在欧洲。我们自己造的军舰，去南海巡逻一趟，都会开裂。南海的事情我们都管不了，凭什么去参与欧洲战场的事？

　　事后多年，著名网友猫道长回忆那段历史，说十多年前的科索沃战争，到现在也依然历历在目。贝尔格莱德人密密麻麻站在城市里最后一座没有被炸掉的大桥上，齐齐举着一张图置于胸前。

图上画的，是靶子；靶环中交织的，是一个民族最后的尊严。

所以在大使馆被炸之后，猫道长说，他当时就想，将来有一天美国人打来了，他就画个靶子去站武汉长江大桥。我问他为什么是武汉长江大桥呢？他说因为他永远记得四五岁的时候第一次坐火车经过那里，大表姐把他抱到桌子上，兴奋地喊着："长江！看见没？大不大？好不好看？"

"当时在我看来，万一中美全面开战，手举纸靶子去守卫武汉长江大桥，可能是我为证明自己不愿做亡国奴唯一能做的事情。如此壮美的景色，我生来拥有，既然无力保卫，我选择死在那里！"猫道长如是说。

美国的B-2隐形轰炸机，当时的单机价格，好像是22亿美元。那个时代的22亿美元啊！那个时候整个中国的军费，每年只有200亿人民币。那个时候的汇率是让人暴汗的8：1还多啊！

那个时候，我就知道美国很强大，比我们强大。后来我才知道，美国一直就很强大，但是从来没有像那个年代那样，强大到几乎让中国人绝望的地步。更要命的，是强大的美国人持续不断地挤压我们。

1996年的时候，电视的新闻里面，铺天盖地的台海军事演习。我和我的同学们都很兴奋，大家心里都有数，祖国就要统一了，所谓演习不过是借口而已。农耕民族那种视土地为性命的传统基因，完美地遗传给了我们几乎所有人。

可是，大人们的反应，却在我们这些懵懂少年的意料之外。他们很愤怒！那时候总能听见大人们的怒吼："美国的航空母舰来台湾海峡了！要打仗了！"在我的印象里，那是小朋友们被欺负了才有的表情。

在克林顿时代，中美的实力差距应该达到了不堪一比的程度。据说我们那时候全部的海空军加起来，还打不过人家的一艘航母的舰载机编队。更加不幸的是，美国人有十几个航母战斗群，以及不知道具体数目的核动力潜艇。

那年的军事演习就那么结束了，正如它所宣传的一样，就是一场演习而已。我说不上当时的感觉是失望还是侥幸，我到现在也无法判断，真打起来的话，会是个怎么样的严重后果。

那个时候，全国到处都是国企倒闭，下岗职工经常组织起来向单位讨说法。1999年年初，舅舅所在的企业是个国家大型企业，当时已经拖欠工资很久了。他出差回来，厂里决定有关下岗的政策，是一刀切，按年龄界线，四十几岁的职工统一下岗，发了一些补偿金，厂里继续帮他们交社保，没工资也不用上班了。

然后工人们就在厂门聚集了，没过多久警察也赶来了。当时群情激愤，警察们什么武器都没带，手上连手套都没有，只是劝说，让大家先把道路让开，工人们不同意。然后分局政委和局长都来了，分别做工作，包括厂里的领导也在做工作，但工人们不肯，要求见市委书记……没过多久，市委书记也来了，站在凳子上说：工人师傅们，你们辛苦了，你们心情我们理解，我们有话可以到厂里的礼堂里谈，先不要堵塞道路……他一遍又一遍地说了好几次，最后工人们还是让出了道路，大家一起去了礼堂。

那个时候到处传述着一个相似的故事：某某地区一家三口，爸爸妈妈相继下岗，孩子很久没吃到肉了，忍不住到肉摊上偷了一块，结果被摊主当场抓住。摊主可怜孩子，就送了一块肉给他。结果这块肉让孩子的父母羞愧不堪，全家一起吃了拌了老鼠药的红烧肉，一家三口都死在家徒四壁的屋子里。

据说歌唱家刘欢先生，还为此创作了一首风靡全国的歌曲，名字我不记得了，只隐约记得其中的一句歌词是：心若在，梦就在，只不过是从头再来……大不了从头再来？艺术家用感人肺腑的歌声鼓励我们勇敢向前，可是，我们的路在哪里？当时我感觉自己所在的国家简直是乱成一团，看不到任何希望。

那些年，国内外的消息十分闭塞。晚上猫被窝儿里听收音机，来来回回地拧着收音机的调频按钮，尽量躲过中央人民广播电台的干扰，竖着耳朵听国外电台的广播，心烦意乱地寻找着有关中国台湾的消息。得知那边也有人主张统一，欣慰不已；听到那边有人想搞独立，又忧心忡忡。

我以为1999年够乱的了，没想到更乱的一件事又不期而至，我们的大使馆被美国人炸了！尽管美国人在事后赔偿了这次"失误"事件的损失，可炸馆事件完全是狠狠打了中国一个耳光。炸馆不算什么，我们的实际损失并不大，但是美国人炸馆时所表现出来的精准远程打击能力，是当时的中国完全不能想象的。

5枚导弹，从不同的方向击中了大使馆，有一枚激光制导炸弹甚至直接穿过几层楼板，打到大使馆地下室里。这样精准的远程打击能力，是何等的惊人……请不要跟我说什么误伤，是不是误伤大家都会判断。

巨大的工业能力代差，压抑着追梦少年的大国情怀，它是那么的沉重。时间已经逼近21世纪了，国外已经在大规模地建设国际空间站了，我们依然没有航母，依然没有预警机，依然连加油机都寥寥无几。

大使馆被炸了，心里面很悲愤，但更多的是那种无助的凄凉。

新千年的曙光播洒在古老的星球表面，我们和全世界的人们一起迎接新千年的朝阳。在我们还没有完全忘记大使馆被炸的伤痛的时候，仅仅过了一年多的时间，南海撞机事件再次震惊了神州大地！

中美撞机事件，又称81192撞机事件，发生于2001年4月1日，美国一架海军EP-3侦察机在中国海南岛东南海域上空活动，中方两架军用飞机对其进行跟踪监视。北京时间上午9时07分，中方飞机与美方飞机发生碰擦事故，致使中方飞机（编号81192）坠毁，飞行员王伟失踪。美机未经中方允许，进入中国领空，并于9时33分降落在海南岛陵水机场。

美国的侦察机抵近我们的近海地区，进行情报收集活动，这本身就是一个天大的挑衅行动。撞毁了我们的飞机之后，又堂而皇之地降落在我们的领土之内，更是等同于侵略。面对着这样的奇耻大辱，就算你美国雄霸天下，也不可能再指望中国人永远忍下去，我们是打不过你们，但是，我们可以同归于尽！

那时候，我风华正茂。那时候，我满腔热血。那时候，我想起了小时候听到的非常震撼的一句话……祖国记得我……那时候，我终于明白了，祖国是不是记得我，不重要，重要的是我要记住自己的祖国。

那时候我总以为明天就会打仗，我们将重演1840年国破家亡的历史。但是，我不怕，我不怕死，我宁可有尊严地死去，也不愿意再狗一样地活着。

南海撞机事件，导致中美两国极其严重的外交大战，似乎随时都可能蔓延到现实世界，毁掉我们辛辛苦苦建设起来的家园……很多时候我都在想，如果没有"9·11"，第三次世界大战是不是已经开演了？

是的，就在我们惶惶度日的时候，当年9月11日，本·拉登派人劫持飞机，撞毁了美国的世贸大厦。当我看到电视机里浓烟滚滚的双子塔大楼的时候，第一个念头，居然是以后再也不用调侃克林顿的"拉链门"事件了。

是的，那些年，我们唯一能够嘲笑美国的，是一件与国家兴亡几乎毫无关系的八卦事儿，而且还只有那么一件。

我想，如果有一天，中国真的崛起了，要感谢的人很多，不过我相信以下3位朋友是绝对地"功不可没"。

本·拉登，只不过炸毁了两座大楼，美国人就轻易地改变了国家战略的大方向。

萨达姆，不懂得匹夫无罪，怀璧其罪的大道理。小流氓跟大流氓叫板而且死硬到底，终于成功地把美国拖下了水。美国的第一枚导弹落到巴格达的时候，我就知道美国的好日子过到头了。原因很简单，军事上黩武，政治上举债，经济上空壳。

小布什，我被他惊呆了。他让我反复思考这样一个问题，就是做美国总统所需要的智商到底是多少？对伊拉克开战这个事情，也让我彻底明白了美国的所谓民主是怎么回事，他们不是治国，他们在过家家。有个著名称呼，叫"中国人民的老朋友"，我想，小布什应当之无愧，我都后悔当年骂他了。

"9·11"成为了美国衰败的标志，而阿富汗战争更是成为了这种标志的分水岭。"9·11"没有实际意义，老实说，就是把白宫炸了，也影响不了美国的国本。但是阿富汗战争就不同了，那是一个真正的泥潭。

美国出兵阿富汗，就是打开了潘多拉魔盒，阿富汗作为帝国的坟墓，美国也必然会陷进去无法自拔。而那位自比十字军战士的小布什总统，几乎可以匹敌苏联的勃列日涅夫，后者也是阿富汗战争的发动者，两者都为帝国的崩塌奠定了基础。

"9·11"之后，中国开始了技术革新大追赶，若干年以后再回头去看，发现其实美国把中国打醒了。事后多年，我对这个事情的评价是，相关各方都输了，不相关各方都赢了。

我当时还看不懂"9·11"事件的真正历史意义。我只知道从那以后，美国人忽然就放松了敌对中国的架势，一头就扎进西亚北非的大沙漠了，十年如一日地反恐反恐再反恐……除了年复一年的美国"人权报告"，我们中国似乎一下子就淡出了美国人的视线之外，使我们有时间继续发展我们的国防军事工业。

平生第一次接触国防军事，大约是上小学那会儿，也记不得是小学几年级，老师第一次给我们讲了一堂国防知识教育课，发了一本军事初级读本下来。在书的最后面，有一些彩绘的装备图片和简单介绍。

每个男人的血液里都流淌着战争的基因，尽管当时还小，可还是吸引了我。过了这许多年，我依然记得，当时的陆军介绍里，美国的是M1A1主战坦克，苏联的是T-72主战坦克，英国的是"挑战者"主战坦克……排在最后的，是中国的WZ551装甲车。

我承认那些轮子很多的大车都很霸气，但是，为什么我们的炮管那么细？老师解释说装甲车上面装备的不是火炮，是机关炮，看我不明白，干脆就说机关炮就相当于大号的重机枪。我继续问：为什么人家都是火炮，而我们的是重机枪？

那时候我的老师，是个刚师范毕业的女生，说着说着，自己就哭了……我不记得我当时的老师是怎么回答的了，似乎她并没有说什么，或者说了很多，而我却领悟不了，又或者那些话因为太刺耳，被我选择性遗忘了。

图片的空军装备部分，依稀记得的，美国的飞机是F-15，苏联的飞机是米格-29，法国的应该是"幻影"2000，记不清是不是还有"狂风"战斗机了。只记得最后是中国的部分，是歼-8战斗机、强-5强击机，强强联合啊！抱歉那个时候什么都不懂，看到别人只有一架，而我们有两架，就以为我们已经很强大。

最后面的是海军装备图片，美国的是个庞然大物，"企业"号航母！上面密密麻麻的飞机和小人都像是玩具。随后出场的"提康德罗加"巡洋舰、"阿利·伯克"驱逐舰，也都那么的不可一世。苏联的舰艇样子很凶恶，名字又很长，都记不住了。最后中国的海军装备图片是"江湖"级护卫舰……这下我可真失望了，话说这东西也太老土了吧？送给渔民做打鱼船会不会被人嫌弃啊？

图片的下边，还有小段的文字说明，列举了各种装备的性能……话说我们的数据怎么总比人家少一个0？有时候还少两个0！

后来长大了一点儿，被各种战争影视熏陶得，渐渐养成了爱看军事刊物的坏毛病，一次次地蹲在地摊前流连忘返（买不起，只能蹭书看），几大杂志和地摊刊物多么的不给力啊，美国人的装备是那么的可望而不可即，火力、防护、机动性都看得让人脸绿啊！电子战、信息战是什么？我们这边有人听说过吗？

"沈飞"改进歼-8了，出了歼-8II了，两侧进气的，厉害吧？"成飞"的歼-7也改到歼-7E、歼-7F、歼-7G了，一大堆的性能介绍，好多项技术改进，俨然好得不得了，谁敢欺负我们，一定打得他满地找牙……可是，为什么我们的飞机看起来总是那么单薄？为什么美国、苏联的战斗飞机总是那样威猛雄壮？

面对着国外已经装备部队的第三代主战飞机，中国航空工业的小家子气一览无余。我们的部队装备的还是第二代主战飞机，不晓得哪里有毛病，还在一改再改。中国怎么还没有预警机呢？连个加油机都没有！航空航天领域的叔叔阿姨们，为什么我们啥都没有？你们在搞什么啊？

还不仅仅是空军的飞机不给力，海军的舰船就更是惨得没办法比。刚刚为"哈尔滨"号导弹驱逐舰欢呼了几句，回头就看见了美国人的"宙斯盾"导弹驱逐舰。一艘船上，他们能携带上百枚各种型号的导弹，还能发射那种射程数千公里远、能够准确命中窗子玻璃的巡航导弹！

前几天，跟一位老兵谈起这事，他不住地叹息。1990年的时候，他刚进海军部队服役，上了一艘训练舰，船员都是现役的海军军官和普通战士。船到大连，正好赶上第一次伊拉克石油战争。看电视新闻的时候，身边的老兵默然无语。守舰炮的尉官直接说了句：这仗以后还怎么打？想拼命都找不到人！叹口气就回房间去了。

还在上初中的时候，我第一次见到了某杂志里面的彩绘B-2隐形轰炸机图片，实在是太震撼了，它完全超乎了我对飞机的理解。这真的是飞机？还能隐形？当时我觉得这个东西只应该出现在科幻小说里。图片下面所列举的各种技术数据是那么的不可思议，我一度疑心是不是杂志上写错了。我觉得美国和我们不是同一个世界的，他们都是火星人，属于天使的级别，我们给他们提鞋都不配！

那张大幅的B-2轰炸机的彩照，带给了我难以言表的震撼。当时那个羡慕嫉妒恨啊……小心翼翼地剪下来贴在书桌前面的墙上，没事就呆呆地看一会儿。是这飞机吗？这真的是飞机吗……我们什么时候会有这样的飞机？

我并不是一个唯武器制胜论的人，我知道我们有着优良的革命传统和不屈不挠的牺牲精神。美国人虽然搞不懂为什么输了朝鲜战争，可是我知道在上甘岭战役之中，不是只有一个黄继光，抱着炸药包炸碉堡、拿着爆破筒与敌人同归于尽、用身体去堵敌人的机枪口，这样的光是有名有姓能够记载下来的人，就有38个！

那次战争，情况基本上等同于满洲骑兵对抗大明火枪营，事情的结果之所以没有满洲骑兵那么辉煌，是因为产业差到后来差得越大。同样的情况下，把步枪手榴弹战法玩得登峰造极的中国人，也只能与玩飞机大炮的美国人战成平手。

至于说自己在不利的情况下赢得了战争（其实就是平手），是靠战士们的精神信仰支撑起来的。尽管战争打赢了，不过依然要明白我们的弱点，那就是开战之前，我们其实就已经输了。现在没有输，是因为我们用精神弥补了产业的不足，因为产业差不是太大，所以就打平了。

战争是你死我活的游戏，你能玩命人家当然也能。如果把人的因素量化的话，你就会发现武器在任何一场战争之中，都起到了至关重要的作用。武器不是万能的，可是武器越先进，胜利的几率就越大，这是不争的事实吧？

"9·11"之后，没人干扰我们了，就要好好过日子了。新千年了，我已经不再是那个浪迹红尘的追梦少年了。美国人逐渐忽视了我们，我也逐渐地忽视了美国。二十几岁的我开始找工作、忙事业、交朋友、买房子、娶妻生子……我辛辛苦苦地工作，顾不得擦一把额头滴落的汗水。我知道，我已经成年了，不管这个国家多穷多破多么落后，只要中国人还没有死绝，我们就要一代又一代地继续建设。

当然也时不时地上网聊天、逛论坛……10年时光，仿佛弹指一挥间就过去了。那天，我正在上网，QQ弹出了一个消息框：中国官方宣布，歼-10战斗机，存在……我连一秒钟都没有呆愕，马上就激动了，真的太激动了……我一度以为我已经是成年人了，不会再像青春期的时候那么癫狂，可是我错了。

美国人不就是有F-22吗？有什么了不起的！我们有歼-10了，懂吗？歼-10战斗机啊！哦，太漂亮了！真是太给力啦！那时候觉得歼-10就是全世界最美的战斗机了，什么美系、法系、苏俄系战斗机，有我们的歼-10漂亮吗？它可是最先进的三代机！

外行看热闹，内行看门道。我虽然只是个半吊子军迷，可是我依然知道现代化的战争有它内在的必然规律。没有制海权就谈不上左右世界局势，可是没有制空权就没有制海权。F-22虽然是四代机，比我们的三代机歼-10要先进多了，可是现代化战争比拼的是消耗，比拼的是相关国家的工业基础能力。F-22再厉害，设计工艺极其繁复的特性，注定了一年生产不了几架。而单发动机牵引的歼-10，却可以进工厂的流水线，进行大规模量产。只要我们高兴，一年生产几万架都不是问题！

而10年反恐战争打下来，F-22那种昂贵的高端战机，美国人也用不起了，他们开始研究相对省钱的F-35。话说F-22我都不怕了，谁还在乎精简版的F-35？更何况F-35还没有完全研制完成。

当2010年中国中段反导试验之时，我看着头顶的天空，觉得它怎么就那么的蓝呢？嗯，蓝，真蓝，非常蓝，洁如宝石般的湛蓝湛蓝……

当歼-20战机闪亮出场，说真的，我在看了那条新闻的时候，真的感觉好心酸，想哭……想大声呐喊……真的是太科幻了！这么多年了，总以为美国的F-22就是巅峰之作了，无出其右了……原来，我的祖国从未放缓追赶的脚步！

同窗旧友，不约而同地凑到一起，边喝酒边哭，实在太不容易了！回想那些年，我们的军事专家，苦苦钻研如何用歼-8对付F-22，当时的场景是多么的悲怆！那是一种什么样的实力对比？用第二代战机去打人家的第四代战机，那差距就好比拿着弹弓子去迎战敌人的重机枪，还没有投降，是因为我们宁愿死也不愿认输。

很早以前，最讨厌美国航母舰载机的编队摆拍了，船大就了不起啊？现在，中国的第一艘"辽宁"号航母已经正式服役了。尽管只是一艘训练舰，可是有苗不愁长啊！随着一声令下，走你，歼-15舰载机滑跃跑道，呼啸着起飞，冲进云霄……我突然就觉得，船大就是了不起！船不够大，怎么装跑道放飞机？

"神舟五号"升空了，看着我们自己的航天员，在近地外太空挥舞着五星红旗，高兴得不得了。可兴奋了没几天，"神舟六号"又升空了，这次我们居然一次性送进太空两名宇航员。此后中国的航天事业好像下饺子，"神七"、"神八"、"神九"……去年上半年，"神舟十号"的顺利升空已经不再让我感到兴奋了，它不知不觉地就变成了一种幸福。

我当然要感到幸福了，火箭卫星、宇宙飞船、空间站，这些现代化的漂亮名词，在我眼里，有另外一个名字：天军！那是大国军力的最高技术兵种。当我们的女航天员王亚平在"天宫一号"进行外太空同步信号授课的时候，我和大家一样紧盯着电视屏幕。在惊叹于那个水球的神奇之余，我没有忘记时刻注意电视画面的质量——画面清晰、图像连贯，这些不起眼的细节，却隐藏着一个天大的军事秘密。

要知道我们的"天宫一号"空间站，在近地空间轨道上，每秒钟要飞行近8公里。那段长达40分钟不间断的太空授课，并不仅仅是一堂生动的物理科普课。它同时所展现出来的，是我们国家卫星跟踪与数据中继传输系统的强大能力。

在太空授课的时间段里，"天宫一号"刚好可以跨越半个地球，相当于一枚洲际导弹从中国发射到美国。而我们，能做到全程控制、稳定无缝的数据传输，确保它100%地完成任务……那不仅仅是太空授课，那是用太空课堂显示中国军事能力的拳头！

我们以3颗"天链"中继卫星为基础，展开如此长时间、大容量、稳定的天地通信活动，就是一个航天强国的绝对标志。我们已经逐渐进入无人机时代，可是没有中继卫星支持的无人机，执行任务的能力只相当于普通的航模而已。

上网，百度，哈哈哈哈，中继卫星，全世界只有两个国家有：美国和中国。

就在最近的两三年之内，中国人品大爆发，一年几爆料。寒来暑往才几个春秋，怎么我们什么都有了？再也不用为加油机那样的事情发愁了。还没有的也在紧锣密鼓地科研攻关之中，马上就要出现在我们的面前了。

而那个曾经高不可攀的美国，现在全身浮肿，喘气都费力了。到了2020年，现役的美国国际空间站就到了报废期，到那个时候，我们在军工产业上就对他们产生了代差，那时我们应该不会拔剑四顾心茫然了吧？

突然间就加速大发展的时代，让好多人迷茫不已。我们真的很强大了？

北京奥运会、上海世博会的时候，国内外到处都是攻击中国的言论。好多好多写着汉字却不知道是不是中国人的人，疯狂地恶心中国，说中国如何如何的落后、如何如何的愚昧，东部工业区发展不下去了，只能给自己一遍一遍地刷漆冒充朝气蓬勃；说中国的西部人民水深火热，只能靠吃草度日；东北的老工业区，更是被说得沦落到砸锅卖铁的窘迫地步……仿佛只要陈胜吴广登高一呼，中国就马上完蛋了一样。

可是，到了上海浦东机场或者北京2号航站楼里，我们却时常能看到张着大嘴现惊叹状的老外说：这么大啊？

是的，外国人不了解我们，中国人自己是身在福中不知道什么是苦。老外平民是被封锁了消息，没机会知道世界上还有中国这块好地方，很多外国人甚至还以为我们现在仍扎辫子。甚至我一个移民芬兰的医生朋友，被当地医院的护士小姐追问东方女人的阴道是不是横着的。

外国政府害怕他们的老百姓看到真实的中国，随着中国的影响力不断扩大，很多人就想办法扭曲中国，所以在海外获奖或者有影响力的中国电影，都不会是以当代为背景的，难得有一部，那也是《三峡好人》。

而就在我们中国，还有一些人，而且是很大一部分人，不管遇到什么事情，只要他看不过眼的，就认为全是一党专制造成的……可是，有没有人想过，小时候我们吃个雪糕都要表现乖，猪油、味精、酱油混合在一起拌饭吃，都是一种幸福！一瓶可乐，老妈居然分成3天给我喝，而且每次都兑水……请问现在我们过的是什么日子？

　　小时候看见老解放卡车，羡慕嫉妒恨，一大群小伙伴追着汽车跑，就为了闻一闻那股神奇的汽油味儿。现在自己也有车了，满大街的车，塞车塞得烦死了，那股子被称为汽车尾气的味道，成了人们避之唯恐不及的垃圾，闻一闻都想吐。

　　外国的月亮比我们的月亮圆吗？

　　有一个例子相信很多朋友都知道，施瓦辛格朋友的儿子杀了人，犯了杀人罪。施瓦辛格是美国当地的州长，结果他就以自己州长的特权特赦了他朋友的儿子。

　　更有名的例子是默多克事件，默多克做事可有多么的离谱，他敢监听整个英国，引起了全体英国的愤怒。可结果又怎么样？默多克还是默多克，没有受到任何像样的处罚。而那个揭发默多克罪行的新闻记者，被人发现死在自己家里。死之前到处躲藏，告诉朋友他被人追杀，最后还是没躲掉。而警方的结论是：自杀。

　　更近一点儿的例子，美国人展开"棱镜"计划，监听包括本国国民在内的全人类的一举一动。美国中央情报局的雇员爱德华·斯诺登认为这种事情严重地侵犯了公民隐私权，向全世界披露了"棱镜门"的内幕。结果怎么样呢？

　　这么唯一一个敢于说真话的斯诺登先生，被美国政府逼迫得流亡海外，逃到香港，后又逃到俄罗斯，滞留在莫斯科谢列梅捷沃机场，惶惶不可终日。那些宣扬民主、自由、人权的上百个国家，却没有一个肯收留这个敢于说真话的年轻人。能够表示可以考虑收留斯诺登的国家，只有南美洲的几个左派国家。

而仅仅是因为可以考虑收留斯诺登，堂堂一个主权国家的总统——玻利维亚的莫拉莱斯先生的专机，就遭到这样的待遇：前一天还高喊被美国人侵犯了自己人权的法国、西班牙、葡萄牙、意大利四国，以总统专机上可能有斯诺登为由，拒绝玻利维亚的总统专机飞越自己的领空。导致这位可怜的总统先生，险些因为飞机燃油不够而摔死。

民主呢？人权呢？言论自由呢？对他人生命最起码的尊敬呢？请问，在哪里？

世界是发展的，历史并没有终结。20年后我们再回头看东欧那些国家，你会发出不一样的感慨：在苏联高歌猛进的时候，他们站在日薄西山的西欧人一边；在资本主义空前繁盛的时候，他们成了苏联的欧洲盟友。等到社会主义从谷底开始反弹了，他们又向经济危机的美国投降了。

他们搞不明白，为什么吃了共产主义的苦，却没得到共产主义的好处；遭了资本主义的罪，却没享受到资本主义的幸福？现在落得举目无亲、左右两难，真是哪道菜都没赶上热乎的，这就是一个对自我没有自信心的国家和地区的命运。

多灾多难的东欧人民，醒醒吧！能够拯救中国人民的，只有我们自己。能够拯救东欧人民的，也只能是你们自己。只有对自己的文明抱有信心的民族和国家，才能在这个世界里立足，也才配在未来的世界里立足。

中国有一代人，上小学时，大学不要钱；读大学时，小学不要钱；还没工作时，工作是分配的；可以工作时，要自谋职业；没挣钱时，房子是分配的；能挣钱时，发现根本买不起房娶不到老婆；没有进入股市的时候，傻子都在赚钱；兴冲冲闯进去的时候，发现自己成了傻子……总是不赶趟，抱怨悲催后依然坚韧地活着。

这代人就是我这代，可是没关系，有没有人爱，我们也要努力做一个有爱的人。不埋怨谁，不嘲笑谁，也不羡慕谁。阳光下拼搏，风雨中奔跑，做自己的梦，走自己的路，拥抱自己的彩虹，辛勤的汗水总是可以浇灌出绚丽的花朵。

在全体中华儿女的共同努力下，共产党领导我们从一穷二白，到现在国力昌盛，我们作为这个国家的一介子民，需要敌视带着我们过好日子的政府吗？中国明明已经实际上收回了黄岩岛，而且剑指琉球，逼迫美国日本鸡飞狗跳，是何等扬我国威的事情，我们为什么还要开骂呢？

外交部是对外不是对内，"悬崖勒马"对我们来说只是一句规劝，由外交部说出来，就等于是战争威胁；"勿谓言之不预也"，听起来文绉绉很有学问的样子，可外交部说出来之后，美国和印度先后挨了揍。

忍无可忍就无须再忍，只不过是动员国内人民的一句口号，是忽悠全世界的一张悲情牌。可每一次"无须再忍"之后，都发生了什么呢？对越自卫反击战，我们把越南军打得落花流水；对印自卫反击战，我们把印度军打得稀里哗啦；即使是抗美援朝保家卫国，我们也要一口气把美军从鸭绿江边踢回"三八线"！欠了我的，给我拿回来！吃了我的，给我吐出来！为了避免下次再犯，还要狠狠地给那些国家一个教训，让他们知道疼，永远不敢再跟我们废话。

这就是中国特色的"自卫反击战"！

一个伟大的国家，需要一群伟大的人民，大国梦需要每一个人为之努力。穷点儿破点儿简陋点儿不是问题，暂时的落后也没关系，顶住风雨，总能见到彩虹。回想我有限的生命旅程，亲历国际局势翻盘扭转，见证祖国重返世界之巅，我们可以自豪地说："中国是大国，是最伟大的国，因为有你，因为有我。"

（本篇整编于一篇网帖）

经济转型是十八大以来最妙的一着棋

今年的经济形势全球萧条，金砖国家经济上涨乏力，西欧日韩的经济停滞不前，美国一季度经济甚至还出现了负增长，不管经济学家们再怎么为西方模式叫好助威，也改变不了那些经济体日薄西山的命运，硬是不争气，还有啥好说的呢对不对？比较起来看，在全球经济萧条的大背景之下，中国经济反而高速增长，成为拉动全球经济的火车头，就简直让西方学派的经济学家们抓狂了，根本都不知道怎么解释，只能在电视报纸上胡说八道，徒然惹人嘲笑。

那么，中国经济凭什么就能保持高速增长，一路上扬呢？这个问题其实很简单，中国作为全世界第一的工业国，生产了全世界几乎一半的商品，而吃喝拉撒睡、从摇篮到坟墓的一系列生活必需品，都是必须开支的项目。在刚性需求的强劲支撑之下，中国进出口货物的吞吐量继续遥遥领先，是很正常的事情，毕竟在收入下降时，人们在选择如何消费的时候，旅游、吃馆子、去夜店之类的非必需型项目，都会在第一轮的思考之中被划掉。希腊、泰国、埃及等等以旅游为重点收入的国家，在这一波浪潮之中最先倒下，是谁也改变不了的现实。

也就是说，现如今中国经济能够高速增长，是得益于我们的经济基本盘的宏观设计。在顶层设计的时候，我们的战略专家就已经考虑到了今天的情况，为了逆势上扬，中国从一开始就选择了薄利多销的模式。一方面，薄利多销可以拥有很多生产商品的机会，能够积累出足够的生产经验；另一方面有了庞大的商品制造业，相对应的基础建设、物流配送、金融保障等等等等，都会得到应有的发展；这些都做全了，才能保证商品正常地进入国际市场，而一旦这样的体系型规模制造业全力运转的时候，世界上就没有任何一个国家能够在同等技术条件下，与中国展开公平的商业竞争。所以不管是中国鞋子还是中国摩托车，以及服贸、机电等领域的几乎所有商品，都是中国制造的天下。质优价廉是全球消费者共同追求的目标，有钱人虽然可以矫情，可有钱人毕竟是少数，别看美国那么多所谓中产阶级，也不过就是住在大农村的小别墅里，上个班都要开车几小时，你让这些人天天去希尔顿饭店消费，100%都熬不了几天就破产。保证全球绝大多数消费者都能承担得起，从而让绝大部分在这个世界上生活着的人们习惯于中国制造，是我们工业立国的基础。

可问题是，国外的消费能力是有限的，尽管我们凭借强大的工业能力，击溃了西方国家的制造业，可实际上失去了造血能力之后，这些国家的购买力也跟着下降，经济危机不起来是肯定不行的，经济危机起来之后，买不起更多的东西也都正常。事情一旦发展到这一步，我们中国就必须要考虑经济转型的问题了。那么，到底怎么转呢？看了上面的介绍，大家就都知道了，国外市场已经被我们占领得差不多了，所谓消费潜力，或者说下一个市场，就只能是第三世界国家的经济增长所带来的购买力，再就是我们自己本身的国内消费，只有这两部分的潜力还有进一步扩大的可能。

回过头来，我们再说国内或者说第三世界国家的发展规律，就会发现所谓发展中国家，就存在着一个供需关系不平衡的问题。比如说八九十年代，副食品价格飞涨，说到底就是一个供需关系不平衡的问题。那个时候的中国刚刚经历改革开放，人们手里有了一点儿余钱，首先要考虑的就是吃点儿好吃的。这个是人之常情，没啥应该不应该，问题是好吃的就那么多，在大家都想吃的情况下，涨价是必须的，谁让你是市场经济呢对不对？这种情况，指望国家抑制物价是没有用的，作为宏观调控方，国家能做的就是调整产业结构，尽可能地在产品供应上满足人们日益增长的消费需求，一旦商品的供应与商品的需求平衡了，物价自然就回归正常了。

同样的道理，前些年房价飞涨，也是一个很好的例证。90年代以后，随着国家"菜篮子、米袋子"工程全面启动，吃的问题逐渐被解决，虽然后来也出现了"蒜你狠"、"十块钱两根葱"、"姜你军"之类的事情，可毕竟整体趋势已经变得越来越好。人的欲望是无限的，吃的问题还没怎么完全解决呢，住房问题在随后的一段时间，成为了全民都在关心的话题，所以这些年房价嗖嗖嗖地往上涨，涨得让人直冒冷汗，就都不奇怪了。没有什么为什么，就是简单的供应满足不了需求而已。几乎所有发展中国家，在经济发展的起步阶段，都会遇到相应的供求关系矛盾问题，这样的问题在发达国家是很少出现的。发达国家经过漫长的磨合与休整，整体上供需关系近乎平衡。相反，因为生产过剩，他们反而会出现那种供大于求的情况。供大于求，这种事情放在中国，早就这补贴那补贴地半卖半送分给了老百姓，可资本主义国家没那个义务，他们经常干的事情，反而是把大量的牛奶倾倒在农田里，或者在棉花上铺沥青公路，甚至直接把肥猪推进江河里面放生。

十八大之前，我们国家的重点发展方向，一度是以房地产为主的，连网站、饮料和能源企业等等完全不搭边的单位，都把资金投给房地产了。十几二十年的时间里，中国修建了数不清的房子，这诚然为解决老百姓的购房问题做出了贡献（也可以说是为哄抬房价做出了努力），可是最终我们必须要承认一个事实：现代化的国家需要各行各业的蓬勃发展，从来就没听说哪一个国家靠盖房子就能盖成世界强国的！

所以，房地产行业在经历了几近20年的黄金发展期之后，面对着已经呈近乎饱和状态的现状，我们就必须进行经济转型，让更多的社会资源流向各自需的领域，而不是说一股脑地就都冲进房地产行业。只有各个行业都蓬勃发展起来了，我们的全面奔小康事业才拥有足够的含金量，而不会住在大房子里缺医少药没电视没电脑没有天然气，可持续发展才是王道对不对？

当然了，说了这么多，不是说我们就一定要把房地产行业捏死，而是说一切都该回归正常的发展轨道。国家管理部门也不可能就一下子把房地产行业捏死，而是回归有序发展上来。不要抱怨为什么银行不给你的建筑公司投资，首先你要明白大环境下那是必须做的事情，除非你真的挺不住了，要垮了，银行才会选择性地给房地产行业一部分资金，保证这个行业的从业人员有饭吃。一旦发现房地产又要成为暴利型行业，银行的经理人们，会不约而同地掐断你的资金链，不可能再让房地产行业成为吸取国家发展基金的黑洞。当然了，虽然整体形势不很看好，可实际上房地产行业也只不过是从暴利年代回归到正常的发展轨道而已，中国每年的结婚人群还是无比庞大，刚性购房需求还是个大金盆子，正规的房地产公司还是有利可图，正常发展是根本没有问题的，不要赚不到暴利就哭天抢地地赚眼球，在这一点上，全国的购房老百姓，会齐刷刷地站在政府的身后，绝对不可能有人会替你们说话，除非你们花钱请人替你们说话，对不对？

一旦游资撤出房地产行业，就会自动地寻找适合自己发展的行业。工业化社会，或者说现代化社会，科技是第一生产力的至理名言已经深入每一个人的心里，在传统行业都趋向饱和的情况下，绝大多数游资都会把力量集中到产品开发，或者产业升级的大潮中去。海量的房地产游资，会在下一轮的技术革新之中起到不可忽视的推动作用，客观上也为自己企业本身的发展奠定了坚实的基础。

习大、李大，中国当代领导人，为什么要搞反腐？为什么频繁在外交上发力？这当中当然有兴利除弊、广结善缘的考量，可实际上一切一切的根本，说白了都是为中国经济转型做的准备而已。反腐是为了健康发展，外交是为了发掘资源产地与开拓海外市场……说白了，核心工作都是为了让中国人民过上好日子。当然了，在经济转型初期，面对着全世界经济大萧条的残酷环境，中国的各项经济指标可能略有下滑，都是正常的，也都是暂时的。面对难以为继的眼前利益，我们必须更加看重长远的竞争优势。十八大以来党中央领导集体的重点工作里的重点工作，落点就是强化中华民族经济模式的造血功能，这一步棋，走得绝妙之极！虽然短期之内的数据可能不太好看，可用不了多久，新的造血机能完善之后，不但中国人民的日子会真正地全面奔小康，而且新中国还会成为世界经济体系之中名副其实的黄金高铁火车头。

都说21世纪是中国的世纪，那么到底什么是中国世纪？答案其实就一句话：世界跟着中国走，就叫中国世纪！

两岸联手赚世界的钱

听说连战老爷子又到北京看亲戚了，听说还得到了北京市长郭金龙同学赠送的小米手机两部。据路边社透露的小道消息称，那两部手机的背面，还刻了9个神秘的汉字。经过俺老花孜孜不倦地探秘，最后从《环球时报》那里得到确切消息，那9个神秘的汉字，赫然就是"两岸联手赚世界的钱"！

看起来海峡两岸形势一片大好啊，这倒让俺老花有些惭愧了。俺虽然是中国现役农民，可好歹也是国际战略的观察者。回想起来，这些年，俺似乎已经不怎么关心台湾问题了。虽然那明显还是一个问题，而且还是个没有解决的问题。可是有关台湾的话题真的是越来越少，大势所趋，人心所向，答案其实已经出现在了所有人的脑海里，现在只不过是没人捅破那层窗户纸而已。

那些年追着《海峡两岸》节目看、躲在被窝里听收音机的日子，仿佛已经永远地逝去了。目前的中国作为全世界最大的工业国，深远地影响着整个世界，北京模式已经成为很多国家效仿和学习的目标。在这样的大背景之下，就算阿扁公从监狱里逃出来，那也是没有用的了。

安全与发展，是国际社会的主流意向。换成老百姓的话来说，保命与赚钱，就是最核心的价值观。虽然俺老花只是个伪军迷，可是毕竟还是多少有些了解。在武力对抗方面，俺实在想不出台湾方面还有啥子胜算可言。不提什么导弹飞弹，大陆这边的卫士-2火箭炮，射程都达到了400公里，能够有效覆盖整个钓鱼岛，更别说近在咫尺的台湾岛了。我们的海陆空三军，加上第二炮兵部队，有能力在家门口打败世界上的任何一个国家，包括美国。小小的台湾如何抵抗？你们手里握着的最大一张牌，不是什么传说中的美军，而是你们身上流淌着的中华民族的血液。

有些台湾人看不清趋势，以为抱上了美国人的大腿，就可以不当中国人了。还有一部分糊涂蛋以为搞搞公投就可以独立了。兄弟，不要犯傻了好不好？这个世界是现实的世界，实力决定一切。你是不是中国人，不是你说了算的，我们说你是，你就是，哪天我们说你不是了，你才不是，懂？

海峡两岸，血脉相连。因为这个，祖国大陆方面才会在保持原则的情况下，不断地跟你们谈谈谈谈谈；才会在两岸贸易之中，不断地给予台湾各种优惠；才会在世界经济危机的逆流之中，用各种政策的倾斜把你们拉出来……你换一拨外国人占据了我们的台湾岛试试，你看我们怎么把他们轰成渣儿！

不要再莫名其妙地搞内斗了，台湾年轻人的工薪已经连续倒退了16年了。在中华民族全面腾飞的今天，给那些优秀的年轻人一点儿出路吧。不要再固步自封，以为台湾地区的工作环境啥啥啥的多么好，你们没有像样的核工业，没有像样的军工业，没有像样的航空航天工业。高铁、盾构、重卡、小轿车……你们自己数一数，你们能给台湾的年轻人提供什么样的机会？

五六十年以前，台湾在美国的资助下，武器相对的比较先进，就不断地派遣侦察机骚扰祖国大陆，帮助美国人遏制新中国。今天，祖国大陆的各种军工产品都远远优于台湾，我们不但没有用这些去威胁你们，反而给台湾提供每年数不清的就业机会和贸易利润。说白了这么多年下来，还是这块老祖宗留下的土地在养育你们。将心比心，我们就换不回来一个起码的认同吗？

我想，作为中华民族的优秀子孙，我们应该给全世界人民做一个好榜样。我们不能去学朝鲜韩国的长期对抗，更不能学南北苏丹的窝里反。连一盘散沙的老欧洲都知道抱团取暖，为什么个别台湾人就死心塌地地愿意给美国人当狗呢？

　　台湾是祖国的宝岛，可以漂在海外。但是，台湾人是中华民族的子孙，台湾人的心，不能漂在海外。对此，习近平总书记给出了明确的指示："两岸一家亲，共圆中国梦！"小米手机的9字箴言更加直白：两岸联手赚世界的钱！

　　中华民族的伟大复兴，才刚刚开始，不要错过这辆通往幸福的快车。历尽劫波兄弟在，相逢一笑泯恩仇！这是比较官方的说法，经常用来形容两岸关系。俺老花是不怎么同意的，我今年35岁，我想问问台湾方面同样35岁的年轻人，我们之间有仇吗？呵呵呵！

为什么新丝绸之路会成为国家顶级战略

　　没来过西部，你就不会明白中国有多辽阔；没来过西部，你就不会明白历史有多厚重；没来过西部，你就不会明白什么叫民族团结；没来过西部，你就不会明白我们应该做什么，我们能够做什么，还有我们究竟能做成什么。

　　在刚刚过去的10天时间里，俺老花随同国信办名人丝路行活动组，从古城西安开始，一路向西，途经张掖、西宁、敦煌，最后抵达西部边陲重镇乌鲁木齐。这一路上的见闻与感悟，深深地震撼了我。国信办还请中国网随行，为俺们拍摄了纪录片。俺老花愧为主角，第一次上镜头录节目，出了不少洋相，当然这些都是可以理解的嘛，据说10月份大家就能在网络上看到……而此刻，在即将辞别西部的土地和朋友们的时候，俺觉得必须跟大家分享点儿什么。

　　我们都知道，国家提出了"一带一路"的重建丝绸之路发展蓝图。很多朋友不明白，都什么年代了，还扯这个有啥用？加上美国总统小布什同志"十字军"思维所引发的国际大笑话，很容易让人联想到我们中国的领导人是不是也开始好高骛远不务正业了？

　　对此，俺有不同的看法。俺老花曾经不止一次地说过，重建丝绸之路，是我们国家最顶级的战略国策，非常重要。虽然俺只是个草根观察者，但是天下大事，道理是通的。新中国成立65年以来，通过30多年的基础建设与30多年的改革开放，重新夺回了世界商品的生产权，这是划时代的一件大事，这件事会影响人类世界今后数百年的发展，已经是毫无疑问的事情了。唱衰中国的人，叫嚷得再卖力，说白了还是空口白话，毫无说服力。面对着铺天盖地的中国制造，全世界所有的国家，都必须承认中国是最大的工业国。尽管我们的利润很微薄，可是市场的供销体系形成之后，再微薄的利润也可以聚沙成塔，最后形成汪洋大海，直接改变已有的世界格局。这一点，美国人比我们还要清楚，所以我们才会看到诸如空海一体战、亚洲再平衡、重返亚太之类的美国战略国策陆续出台。有竞争才有发展，美国人一路把我们逼迫得不断强大，说实话俺真想回头好好谢谢他们。

古城西安巍峨雄壮的城墙，提醒我们正视祖先的荣耀；河西走廊上的丝绸古道，指引我们一路向西；茫茫群山，一望无际之后的无数次一望无际，掩盖的是数不清的未开发资源；漫漫黄沙，渺无人烟之后的无数次渺无人烟，告诉我们前方的路还很长，也许还会有危险。可站在阳关遗址上，翘首西望，你肯定会和俺老花一样，有一种生不逢时的遗憾。男儿何不带吴钩，收取关山五十州。请君暂上凌烟阁，若个书生万户侯？古代人科技能力低下，获取土地是最好的资源获取方式。今天，我们不必纵马扬刀古战场，通过技术革新与辛勤的劳动，就可以生产出精美的商品，让国外的乡亲们心甘情愿地把他们的资源交给我们，如此双赢的发展模式，我们中国人不引领世界，还等什么呢？

古丝绸之路连接中亚五国和南亚次大陆，再往西就是阿拉伯世界，从地中海南下就是整个非洲，从地中海北上就是欧洲的全部。陆地丝绸之路的连接点，会通达整个世界岛（亚欧非大陆）。除了西欧少数国家已经现代化之外，这个全世界最大的陆地上，还有数不清的乡亲想过好日子。而我们的海上丝绸之路，更是要连接美洲大陆，覆盖南太平洋上的所有岛国。"一带一路"的战略设想，说白了就一句话：我们要把中国制造推到全世界。

我记得一个小故事里说，两个鞋厂的推销员到了一个孤岛上，见到岛民都是光脚走路，推销员甲认为这里没有市场，而选择离开。推销员乙却耐心地留下来，教岛民穿鞋子，最后他成功地把鞋子卖给了所有岛民。

越是经济不发达的地区，越是待开发的处女地，越是蕴藏无尽的商机和数不清的利润。西方殖民者选择用机枪和《圣经》去掠夺第三世界人民的财富，是竭泽而渔，其结果就是今天的欧美少数国家极其发达而剩下的大多数国家极其苦逼。我们中国人拥有的"仁义天下"思维，完全可以带领全世界人民过上和谐发展的好日子。作为全世界最大的工业国，作为生产了全世界几乎一半商品的基地，我们缺少所有的资源。而那些资源，就好端端地躺在这个世界的各个角落。我们不会端着重机枪去硬抢，我们可以用我们的商品去交换，并在这个过程之中，教会大家怎么样才能过好日子。毕竟，大家都有钱，才能买我们更多的商品，才能推动我们不断地革新生产技能，从而推动整个人类文明不断地向前发展。我想，这才是整个人类的发展之路。

从古至今，凡是致力于保护商道、维护商道的文明，都会空前繁盛。商道不仅仅是贸易通道，它同时还是科技交流的通道，是文明累积的通道，是创新与发展的通道。古老的丝绸之路催生了强汉盛唐，大航海之后的航海通道，成就了西方500年的资本文明。到了今天，如果我们还不明白商道的重要性，那就真的对不起老祖宗数千年记录下来的历史。

西方文明用他们自己的方式，向全世界证明了，所谓的民主、自由、普世价值，只能够让他们自己富裕，这显然是不公平的，也是不可能持久的。这个世界有70亿人，大家好才是真的好，只有少数人穷奢极欲，别墅跑车高档饮食，剩下大多数人都是苦哈哈，挣扎在温饱线上，甚至很多人还衣不蔽体、食不果腹，那算什么民主、自由、普世价值？

"一带一路"的国家宏观构想，是极其伟大的战略国策，甚至可以说是整个人类世界的最佳发展道路。很庆幸我们的国家领导人能够看清楚这一点，很自豪我们永远地告别了鸦片战争和百年屈辱，很得意在全体中国人的努力下我们拥有了享誉天下的中国制造，以上的种种基础叠加在一起，我看到了整个人类世界的幸福与希望。

政府、企业、老百姓三输局面的反思

迫于民众压力，广东茂名地方政府已经宣布PX项目目前"离启动为时尚早"。按照正常逻辑，在"公知"们的鼓动下，全民一心，逼迫地方政府表态，应该是皆大欢喜的事情对吧？可遗憾的是，我们没能看到老百姓的载歌载舞，我们看到庆功会上把酒言欢的，反而是一些与茂名完全不相干的推墙派"公知"。

可惜"公知"们再怎么高兴，也对茂名当地老百姓的生活没有什么帮助。大家该上班要上班，该上学要上学，想吃得好一点儿、住得好一点儿一样要花更多的钱。没有更多的钱就没办法过更好的生活，这个不是多高深的道理，是常识。

显然"公知"们是不会给大家发钱的，"公知"们最大的作用是给大家的生活添堵。当茂名PX事件吵闹了几天之后，我想，我们应该就这个事情来总结一下了。以史为鉴，可以知兴衰，这是老祖宗的大招。

俺老花不是啥子科学家，其实也搞不明白PX到底是个啥东西。不过俺却知道，韩国和日本都是很大的PX生产国，各种PX工厂星罗棋布。在PX工厂的世界分布图上，寸土寸金的韩国日本，密密麻麻的一大片PX工厂，其中日本的工厂还是那种技术很落后的PX工厂。就在中国各地的老百姓强烈反对PX项目上马之时，年产量80万吨的PX项目，已经在新加坡悄然接近竣工。

韩国、日本、新加坡，都是先进的发达国家。国内的韩粉儿、日粉儿、新加坡粉儿多得难以计数，大家各种羡慕嫉妒恨……为什么会这样？简单说就是人家的日子过得好啊！为什么过得好呢？因为人家不会傻乎乎地把自己的饭碗砸了对不对？

我就不明白了，韩国、日本、新加坡的老百姓都是傻瓜吗？人家怎么不戴个画着红叉的口罩上街呢？作为一种化工原料，现代化生活对PX的需求日益激增。懂经济的朋友都知道，有需求就有钱赚，越是紧缺的商品就越有大笔的利润对不对？所以这些年中国一直在花高价购买外国（尤其是韩国）的PX产品。

就是因为我们没有，所以我们就只能花更高的价钱去买那些我们自己本来可以生产的东西。而韩国人、日本人用那部分差价，包装一批歌星影星供中国的老百姓膜拜，甚至弄到我们的节目主持人都公然在屏幕上跪拜韩国人。大家有没有想到，其实那些所谓的外国明星，就是中国的老百姓在供养？

这个事情更扯淡的地方是：PX不是单独存在的，它是石油的一种成分。把石油炼化成汽油、柴油的过程之中，就可以把PX顺便提炼出来。可是因为大家盲目地反对建立PX项目，导致我们国家的石油化工企业就不敢提炼PX。可问题是，不提炼PX的结果，是我们大家就不会受PX的影响了吗？不要天真了好不好，不提炼的结果，是PX照样还在，因为我们不提炼，所以PX就还保留在石油的炼化产品里……明白我说啥了没有？对啦，如果不提炼，PX就肯定会存在于我们的汽油和柴油里。通过汽油、柴油的使用，PX会通过各种汽车的尾气排放在大街小巷……如果说PX真的有毒的话，请大家想想不提炼PX的后果吧。

我为什么要说"如果PX有毒"呢？那是因为PX是公认的第三类致癌物质，而第三类致癌物质的意思，就是没有证据证明真的对人体有害。面对着这样一种东西，我们有戒心是可以理解的，问题是全世界最长寿的日本，PX项目工厂反而更多。更可悲的是，日本的那些工厂还是最不环保的、技术最落后的PX工厂。

我们把一切细枝末节都排除在外，把问题集中在本质上，得到的结论是：茂名PX项目如果下马，最后会造成的是一个三输的局面。首先政府没能做成这个项目，无法将地方经济做强做大，而且直接影响了财政收入。没有小钱钱就不能腐败是肯定的，可是没有了小钱钱也没办法提高公益设施的建设，没办法提高医疗、教育、治安等等方面的投资……就等于是个无能的地方政府。

其次是，我们的企业因为没有了这个项目，就没办法参与市场竞争，只能看着白花花的银子被我们的老百姓亲手送给了韩国、日本、新加坡以及欧美发达国家。暂时赚不到小钱钱还是次要的，更重要的是因为没有实际运营，包括技术、营销、品牌等等方面中国会越落越远，最后导致有一天中国的老百姓想明白了，支持国产PX项目了，我们的企业也没有能力与国外同行竞争了。

最后，地方上的老百姓，肯定也不是什么赢家。想过好日子就肯定需要更多的小钱钱，工厂不来，包括征地补偿、就业机会、地税增收在内的很多事情，就都成了海市蜃楼。没有足够资金的情况下，新农村建设、小城镇发展都成了一句空话，大家也就只能继续奋战在埋怨地方领导无能的废话里。

唉！一声叹息。做人做事能不能不矫情，不要对自己不了解的东西胡乱就做出激烈反应呢？文章的最后，忽然想起了美国的黑人权利问题。当初美国人想搞黑人白人拥有平等权利的时候，很多白人的意见是：这个法规提议很好，但是希望不要在我居住的社区实行。

现在整个美国都通行黑人白人平等的法律，当初矫情的一群白人也都闭上了他们的臭嘴。而说到国内的PX项目，老百姓之所以反对，更主要的原因是这个事情没能给他们带来更多的好处。说白了，当地老百姓根本不是反对什么PX，而是希望通过那些PX项目得到更多的实惠，而这方面政府和企业是可以做出合理的回应的。

看看，问题其实就是这么简单而已，换句话说，大家其实还是为了关乎自己的那一点儿利益。这个当然是可以理解的，但是我们有事说事多好，何必搞得人心惶惶地扯什么有毒没毒呢对不对？管他三七二十一，还是三下五除二，只要有钱就不怕没办法分，这比没钱还要打肿脸充胖子要简单得多吧？自私与盲目，是全人类的通病。中国人是全世界平均智商最高的人群，我以为，我们可以少走很多弯路的，对吧？

在一大块蛋糕面前，政府、企业、老百姓，三方面应该好好地坐下来协商一下，怎么分蛋糕其实并不难。国外能分好蛋糕，轮到我们中国人了，大家可千万不要把蛋糕扔河里去，太傻了点儿。

辑 四

● 时事论坛 ●

国家卫士要怎样面对舆论

1

《北京边检》杂志开办了这个《共话边检》的栏目，让我给大家讲讲如何看待现今社会的舆论问题，很高兴有这个机会与中国边检部门的同志们互相学习。

中国用五六十年的时间，追赶西方发达国家几百年的建设史，如今的成就有目共睹，骄傲自豪都是可以理解的。可问题是，在这个追赶的过程之中，我们本身也积累了很多内部矛盾。这就好比人家慢慢悠悠地走了1小时，而我们却用百米冲刺的速度追了上来，累得满头大汗、喘几口粗气什么的，都是正常的。

所以，我们就会发现一些很奇怪的现象，比如说人们的生活水平日渐提高，可是很多人都看不到，更多的人往往是拿起筷子吃饺子，放下筷子就骂共产党。明明我们国家的国防实力全面提高，可是面对黄岩岛、钓鱼岛之类的所谓"危机"，更多的人表现得却是极其地不淡定，颇有几分歇斯底里的架势。

现在的日本早就不是二战时期的日本了，日本现在连正式的军队都没有，高端武器都是防御性质的，这样的国家有什么好担心的？菲律宾就更不用说了，菲律宾空军连固定翼的喷气式飞机都没有，那样的国家居然也能吵吵嚷嚷，搞得很多中国人心里七上八下，好像到了世界末日一样。

除了我们本身的原因之外，国外反华势力，也不断地骚扰、破坏我们的成就。很多没有良知的"学者"、"专家"、"明星"，拿了人家的钱，就开始全然没有底线地污蔑、抹黑中国，企图从内部就瓦解我们。

于是，这些年以来，我们就会发现，中国的舆论趋势，渐渐地呈现出一种完全病态的发展模式。有人造谣，有人传谣，有人信谣。听信了谣言之后，自己马上就成为了新的传播者，继续影响自己的亲戚朋友。谣言像病毒一样不断复制，飞快地传播。日本福岛大地震之后，关于"买盐"的事情，几乎是一夜之间就传遍了全中国，到了第二天下午，大部分店铺、柜台里面的食用盐，就被人们"抢购一空"。至于说我们国家食盐产量世界领先，青海那边盐巴多到用来当沙子铺路，这种事情国人又有几个知道？

中国有13亿人啊！不要说挨个告诉，就是挨个人看一眼，都能把人累成800度近视。就是这样大的一个群体，也依然要被"胡说八道"级别的谣言所蒙蔽，造成完全没有必要的恐慌，耽误正常的生产生活，拖延国家的正常发展步骤……这种危害的级别还不够大吗？

在这样的情况下，作为中国人，我们应该提高警惕，一方面要正确认识自我，一方面也要提防敌人。作为共和国卫士的军警人员，更应该认清形势，在面对汹涌而来的舆论大潮之时，首先你自己不能跟风，能够识破的谣言要尽力去打破，自己无法识别的谣言，也要学会冷静地面对。军警安保人员是共和国的卫士，如果军警安保人员也跟着乱起来的话，这个国家还有希望吗？

当然，我们还要认识到，谣言和谎言并不是推动舆论走向的全部。除了谣言、谎言之外，偏见所造成的危害也不小。偏见也可以说是盲人摸象，以个案代表一个群体，说问题看问题不全面，举出来一个证据，就要否定全部成就，这样的例子也比比皆是。

整个舆论的组成部分非常多，能够左右舆论风向的因素也非常多，能够被别有用心的人利用的地方也很多。好在这个栏目是连载的，可以方方面面地说一说，那么这期，我们就着重说一下"盲人摸象"的问题。

"请停下你带血的速度，等一等你的人民。"这句话，我想很多人都听过，多数人也都深深地表示同情。温州动车事故发生之后，随着某些媒体的刻意渲染，大家似乎有了一种想把高铁掐死的意思了。可是，有多少人知道那其中所隐藏的阴谋呢？有多少人能站在全局的高度，来分析这个问题呢？

有一种说法，很多人都知道，说中国出口两亿条牛仔裤，换回来一架波音飞机。这反映出来我们国家的工业产品档次较低，我们的大飞机项目，也一直都是弱点。自己不会制造，又有实际需求，就只能大量出口低端产品，被人家赚取大笔的剪刀差。

从本质上来说，两亿条牛仔裤需要的工时量，绝对比一架飞机所需要的工时量要大得多。我们要付出更多的汗水，要给人家送更多的东西，让人家赚够了便宜之后，才能得到我们所需要的飞机。

这当然是个很苦逼的事情，所以中国的战略决策层，一直就想扭转这一被动局面。只要我们会制造飞机了，就不必出口那两亿条牛仔裤了对不对？少买五六架飞机，全国老百姓都能一人分一条牛仔裤。

可是飞机的制造技术十分高端，尤其大飞机的发动机技术，更是需要多年的积累，根本不是一天两天就能解决的。在这样的前提之下，对长途旅客的实际需求问题，我们国家就找到了一个堪称全优的替代方案：高铁！

高铁的速度非常快，虽然比飞机差了一点儿，但是在运营成本上来说，却比飞机节省了一大截。700公里之内，高铁的效率要比航空飞机好太多。坐飞机需要去机场，需要通过机场安检，需要在候机大厅等候，不提前动身两三个小时的话，往往就会赶不上你要坐的飞机。

而高铁就不同了，在六七百公里的路程之内，高铁十分快捷，根本就不是飞机能够比拟的。在这样的前提之下，你就会发现，对于我们这些国内生活的老百姓来说，高铁绝对是一种非常好的交通工具。

所以，高铁会火起来，是完全可以预料的。中央高层的决策完全正确，科技工作者们的努力有目共睹，广大高铁一线建设者的辛勤劳作，大家也都能看到。三个条件齐备的情况下，高铁一下子就改变了人们的出行方式。

可问题是，有了高铁之后，我们就不需要买更多的外国飞机了。这对我们来说，虽然节省了两亿条牛仔裤，是大好事，可是对于外国飞机公司来说，却等于是断了人家的财路，他们是怎样怀恨中国高铁事业的，就不用我多说了吧？

所以，我们就总能看到有"专家"、"学者"站出来，一把鼻涕一把泪地说高铁如何如何不好。可惜老百姓又不是傻子，有便宜快捷的高铁不去坐，反而坐又麻烦又昂贵的飞机，是根本不可能的。

到现在为止，我也怀疑那次事件不是偶然的，是有人蓄意破坏的，当然我没有证据，所以这方面就不多说了。我们现在先假定确实是高铁的动力系统不完美，有需要改进的地方。那么，我们需要停止"带血的速度"吗？

我们把中国历年交通事故死亡人数的官方统计数字摆出来，大家看看。

2001年，全国共受理道路交通事故75万起，事故共造成10.6万人死亡。

2002年，中国共发生道路交通事故77万起，造成10.9万人死亡。

2003年，全国共发生道路交通事故66万起，造成104372人死亡。

2004年中国道路交通事故死亡人数达9.4万人。

2005年，全国共发生道路交通事故45万起，造成98738人死亡。

2006年，全国共发生道路交通事故37万起，造成89455人死亡。

2007年上半年全国共发生道路交通事故16万起，造成3.7万人死亡。

2008年全国道路交通事故死亡人数为73484人，同比下降10%。

2009年，全国共发生道路交通事故23万起，造成67759人死亡。

2010年，全国共发生道路交通事故21万起，造成65225人死亡。

2011年，全国共发生道路交通事故21万起，造成62387人死亡。

看到没有？自从高铁技术逐渐成熟，开始实际运营之后，大大地缓解了公路方面的压力，我们国家因为交通事故而死亡的人数一直在下降。2011年，比2001年，在交通事故之中，死亡人数少了4万多人。

那么，是4万多人的生命重要，还是温州动车事故之中，那几十人的生命重要？我们不是说生命有高低贵贱之分，但是哪边多哪边少还是一目了然的吧？为什么那么多媒体，都要高喊"停下你带血的速度"啊？为什么那么多"社会公共知识分子"口沫横飞地批判高铁啊？

我不是说高铁体系就多么完美，它当然有很多需要改进的地方。但是，我怎么从来没看到过那些挑高铁毛病的"专家"为那些死在交通事故之中的人鸣冤叫屈呢？那可不是小数字啊，每年几万人的性命啊！

高铁的速度，肯定是带血的，可是又有哪一种现代化的交通工具不带血呢？新闻里经常报道有飞机失事，那些"专家"从来不会请航空公司"停下带血的速度"，他们要做的，是人手一支蜡烛，到公园、广场去扮高尚，宣称"今夜我们都是美国人"。

没有高铁的话，我们会付出更多的代价，这是不争的事实。可是很多人都认识不到这一点，大多数人都只是凭借个人仅有的片面见识，去评论宏大整体的事物。这可不就是传说之中的"盲人摸象"么。

所以我们就会看到，媒体喊出来"请停下你带血的速度，等一等你的人民"的时候，好多人都跟着起哄，各种批判高铁的模式横向展开，真的假的半真半假的各种屎盆子，都扣到了高铁的头上，导致相当长的一段时期之内，高铁的发展陷入停滞期。

而与此同时，我们就不得不继续出口那两亿条牛仔裤，换回那些又涨价了的外国飞机。我们的国家发展战略被严重地扭曲，继续被外国人赚取巨额剪刀差……我很想问问那些"专家"，知道两亿条牛仔裤是个什么概念吗？知道那需要多少工人用多少时间去生产吗？你们如此地打击中国高新技术产业，不羞愧吗？

他们不会羞愧的，他们是"专家"，他们是"学者"，他们什么事情不知道？故意歪着嘴巴说话，是因为可以拿到外国人的好处。为了一点点小钱儿，就出卖整个中国的国家利益，这种狗腿子"专家"还少吗？

那么，我们普通人，要怎么面对这样的情况呢？

第一点要告诫大家的，是淡定。这个世界说简单就简单，无非就是地球围着太阳转。可是说复杂那也相当的复杂，各种事件的前因后果都有各种猫腻儿。各种新闻事件出现之后，你首先要淡定，不要轻易就被忽悠。

类似于温州动车事故那样的事情，只要完善技术就行了，我们绝对不能同意某些"专家学者"废除高铁的观点。中华民族是一个不断开拓进取的民族，要勇于接受新鲜事物，在前进的道路上不断地修正完善，因噎废食的民族是没有出息的。

凡是新的，未必就是好的，可凡是好的，却都是从新的发展过来的。以中国的人口密集程度，700公里之内的客运量将十分可观，高铁绝对是一件利国利民的大好事情。更何况高铁技术不但可以供应我们本国需求，它甚至还可以出口，挤占外国飞机制造公司的全球订货份额。可以说，高铁不仅仅是一种产业，它实际上属于战略级别的产业，这样的产业，我们自己不去保护，任由人家污蔑我们，是多么可笑的事情！

可笑吗？一点儿都不可笑，温州动车事故发生之时，几乎全国性地舆情激愤，到处都能看到"代表正义"的"专家"、"学者"、网民在控诉高铁。我们能说大家的脑子都有问题吗？大家当然都很正常，表达对遇难者的哀悼之情，也可以理解，可是这个事情的本身，或者说它的本质属性，怎么就那么的不对劲儿呢？

那么，在面对几十个鲜活的生命意外丧生，血淋淋的画面出现在报纸、电视或者你的电脑屏幕里的时候，你该怎么办？麻木不仁的无动于衷是肯定不对的，同情心大发，跟着大家口诛笔伐，显然又落进了人家的陷阱里。

所以，我希望大家不管再遇到什么事情，都要学会冷静。然后第一个要想的，是这个事情对国家有利没利，只有站得更高，才能看得更远。对国家有利的事情，就要支持，对国家不利的事情，就要反对。千万不要学小清新、扮高雅、装孙子，这些对大局是没有任何好处的。

没有国，就没有家，这是真理，可惜总被人忽视。农业有差距，可以慢慢发展；工业有差距，可以想办法追赶；教育有差距，可以逐步改善；政策有差距，可以一步一步地解决……这些都没有问题，然而，一个国家的军警方面要是出了问题，后果往往就是亡国灭种。所以，我们必须具有冷静面对舆论局势的能力，不被别有用心的人随意左左右右地摆布。

兵者，国之大事，死生之地，不可不察也！

2

上一节，我们大略地知道了以点代面所带来的认知误差，如果被别有用心的人利用起来，小到事事添堵，大到影响国策，后果往往会非常的悲剧。然而，骗人的花花活儿还有很多很多啊，这一讲，我们详细说一下在所有谣言之中，危害最大、隐蔽性最强、连锁反应最绵长的大阴招：刨老根子。

所谓刨老根子，就是在你认知最为基础的事情上搞鬼。比较明显的情形，就是篡改历史故事，歪曲法理正义，诋毁革命先烈，甚至攻击党和国家，有时候还会胆大包天地调戏军人或者警察的尊严……情况不一而足，但是目的都一样，那就是在最根本的地方，胡言乱语，进而扭曲人们后续的行为。

比较有代表性的例子，就是最近好多人，在网络上给历史人物翻案。不但秦桧、吴三桂被点名表扬，连汪精卫也被说成了民族英雄。那些赞美之词有多离谱就不说了，我想如果声音可以回传百年的话，上面的三位老兄估计羞也羞死了。

如果有人想标新立异，故意说些怪话来赚人眼球，借以提高自己的知名度，倒也可以理解。人想出名，猪想壮，都是可以理解的啦。可问题是，如果所有汉奸王八蛋都被当成圣贤抬出来，就有点儿太说不过去了对不对？

发展到现在，连当年的日本鬼子，也被某些人神话起来，不乏替侵略军洗白辩解者，比如日本鬼子根本不是侵略中国，而是想带领我们建立王道乐土。比如说南京大屠杀是假的，根本没有那么回事……

你以为我在开玩笑吗？很抱歉地说一句，我还见过有人说袁世凯是千古第一帝王呢！其他慈禧太后如何温柔贤惠、母仪天下，蒋"总统"如何忧国忧民、鞠躬尽瘁，希特勒如何得到中产阶级的支持……这个世界神奇得很，只有你想不到，没有人家做不到，很多早有公论、被写进历史课本的事情，也都被人拿出来胡说八道。

如果说仅仅是这些，我们装不知道，也就罢了，难说作者不是汪精卫的私生子，熬了几十年之后，忍不住就给老祖宗漂白……可问题是，在赞美上面的这些汉奸、国贼、"带路党"的同时，我们却看到我们的革命烈士、历史先贤、明君良将，被同一批作者翻手为云覆手为雨，煤粉面子外加锅底灰，全都扣上去，把我们一直以来都当做榜样去崇拜的人抹黑得我们都要不认识了。

这到底是怎么一回事呢？请注意啊，我可没有乱说啊，就在前些日子，还有人声称："狼牙山五壮士根本不是什么革命烈士，实际上就是5个流氓，平时专门欺负老百姓，后来被老百姓推下悬崖……"

怎么样，上面这个例子眼熟吧？我们都知道后来涉嫌造谣的那位"作家"朋友，被有关单位请去喝茶，之后免不得还要戴不锈钢大手镯，住小单间，吃特供饮食，情况肯定是幸福得不得了……真是何其活该也！

有些谣言真的听起来都十分的搞笑，类似于这种"狼牙山五壮士"是骗人的谎言之类的谣言，俺老花都懒得去戳破。只要稍稍脑子还管点儿用的人，都会看穿他们的那些小把戏……还记得人民英雄纪念碑的碑文是怎么写的吗？

"三年以来，在人民解放战争和人民革命中牺牲的人民英雄们永垂不朽！

"三十年以来，在人民解放战争和人民革命中牺牲的人民英雄们永垂不朽！

"由此上溯到一千八百四十年，从那时起，为了反对内外敌人，争取民族独立和人民自由幸福，在历次斗争中牺牲的人民英雄们永垂不朽！"

我们中国用文字记录历史的传统悠久，数千年以来，各种励志的事情不胜枚举，我们有必要弄一个假的革命故事写到小学生的教科书上去吗？况且时间都过去几十年了，狼牙山当地的老乡们，包括当地的乡政府、县政府，怎么就没有一个人站出来辟谣呢？非要几十年之后，几千里之外，一个完全不相干的人，站出来大着嘴巴爆料——这事本身就多么的离谱啊！

然而，让俺老花绝然没有想到的是，就这种狗屎级别的谣言，居然也能吵得网络之上沸沸扬扬，众多网友反唇相讥是可以想到的，让人想不到的是，居然还有不少人帮着造谣者说话。而且大家一定要注意啊，那些帮着造谣者说话的人，可都是或多或少地在网络上有些名气的人啊。我记得其中一位"导师"级别的人，还说过一句很不要脸的名言："谣言，就是遥遥领先的语言！"

好吧，我还是头一次见到有人这么解说名词，不晓得这种说法会不会被收录进《康熙大辞典》，弄好了以后也可以名扬四海，说不定还可以千秋万代地丢人。

那么，为什么这些人要故意歪着嘴巴说话呢？连小学生都能想明白的问题，怎么还会闹出如此不堪的笑话来呢？以前看古书的时候，读过"指鹿为马"的典故，我想，除了别有用心，真的不知道该怎么去形容了。

与上面的例子差不多手法的，还有另外一种很奇怪的现象。比如说，这些年，有关朝鲜的话题，在网络上简直铺天盖地，你想躲都躲不掉。不是金正恩要射导弹了，就是朝鲜又要崩溃了，不是朝鲜能做玻璃瓶子了，就是我们的渔民又被他们扣住了……总之吧，与国家实力极端不匹配的国家影响力，不断地冲击着我们的视野。于是朝鲜的任何新闻，我们这些外国人甚至比朝鲜的本国民众还要了解。

虽然我们的国家领导人一再强调，国家不分大小，都拥有同样的尊严。可是说实话，国家实力的大小，还是跟出镜率很有关系的，小国寡民的，使劲儿折腾，又能搞出多少新花样呢？反过来看中、美这种超级大块头的国家，每年光卫星就要射出去几十上百次，其他四代机、航母、高铁、通信等等等等，能出新闻的地方太多太多了，这样的国家，被曝光的几率才大啊对不对？那么，为什么我们要天天关注这个国力、人口、科技、能源、文化都不是十分突出的朝鲜的新闻呢？

其实这个说起来，一点儿都不奇怪，朝鲜在中国媒体上出现的频率高，原因只有一个，那就是因为朝鲜是个和中国一样的社会主义国家。而那些与朝鲜有关的新闻，你仔细读一下，别管内容是什么，字里行间，其实只有一句话：社会主义是没有前途的！是注定要失败的！是陷老百姓于水深火热的地狱制度！

我不想给朝鲜洗白，不过如果众多媒体口径一致，清一色地报道一个国家的负面新闻的时候，确实应该引起我们足够的警惕。其实，朝鲜有什么可说的呢？朝鲜对世界政局的走向有决定意义吗？我们不能说一点儿也没有，可是与中美俄这种级别的选手比起来的话，朝鲜能做到自保，其实就已经很不容易了。

是了，就是这个问题。攻击朝鲜，其实并不是目的，一切的目的，都是指桑骂槐。反反复复、不厌其烦地描绘朝鲜的阴暗面，只是为了告诉大家社会主义很不好，如果中国再坚持社会主义，也肯定会沦落到朝鲜那样。

为了坚定大家的印象，还有一批"学者"要站出来，带头管朝鲜叫"邪恶流氓国家"……真的理直气壮地说啊，就在电视上面不改色心不跳地说。注意那可不是一家地方小电视台哦，那可是全国人民都可以看到的大电视台。

那么，有谁知道这个"邪恶流氓国家"的说法是怎么来的吗？其实这个说起来一点儿都不久远，毕竟仅仅30多年以前，朝鲜可是比韩国还要富强的国家，当然也比那个时候的中国过得好。现在我们经常看到韩国援助朝鲜粮食，就看不起朝鲜，那么有谁知道30年以前，清一色地是朝鲜援助韩国粮食呢？

是的，30年以前。30年以前的苏联在打败了阿富汗战争之后，狼狈回家。各种媒体被自由主义者占据，不厌其烦地诋毁、抹黑政府。苏联人民没有经得起谣言的考验，90年代初的某一天，轰然瓦解。

苏联瓦解了，抱苏联大腿的朝鲜，日子一下就苦逼了，各种工厂都有，各种车辆也都很新，可是苏联解体之后，紧接着就要面对美国人的封锁。各种资源都得不到，很多工厂都只能被迫停工，年复一年地熬下来，30年之后，工厂的机器都老旧了，崭新的车子也掉漆了，当然就穷得要当裤子了。

面对这样的情况，我们是该谴责美国人的封锁呢，还是该笑话朝鲜人的贫困呢？不要忘记了，人家可是导弹、核武器都能生产的国家，科学技术比不了中美俄，可是比起韩国来肯定要高一个档次的。问题是巧妇难为无米之炊，要汽油没汽油，要橡胶没橡胶，要……啥原材料都没有，我们还能指望朝鲜人生产出啥产品哦。什么产品都生产不了，被挤压在半岛之上，想不穷那可能吗？

于是，在美国的带领下，朝鲜是个"邪恶流氓国家"的帽子，算是怎么也摘不下去了，到如今，美国都不怎么提了，反倒是我们这边的所谓"学者"和"专家"们，开口闭口的"邪恶流氓国家"……哎，很不错的复读机啊。

与抹黑朝鲜相似的，还有抹黑红色高棉的帖子，网络上也很多，其实我也不确定那些事情是不是真实的，可问题是即便是真的，跟我们中国又有什么关系呢？朝鲜再穷再破，没有偷我们抢我们，好歹不济，那也是我们的邻邦。我们就算不认同远亲不如近邻的古训，起码也不必瞧不起人家吧？人人生而平等，好像是很多"民运斗士"的口头禅啊，怎么到了朝鲜这里就全然不用了呢？

至于红色高棉，是好是坏，是对是错，对我们又有什么影响呢？我们是当世大国，能够影响我们的国家屈指可数。红色高棉虽然失败了，可是中国特色的社会主义道路不但没有失败，显然还顺利得很。中国共产党带领全党、全军、全国各族人民，面向21世纪，全面奔小康，小日子逐渐好转，这是谁都能够看到的啊。

可是那些别有用心的人可不这样想，他们最喜欢的就是让大家做没有必要的联想。至于说你想到了什么，是你自己的事情，人家只是说朝鲜或者红色高棉的"黑幕"，并没有说中华人民共和国就怎么怎么的不好，对不对？

与"盲人摸象"一样，刨老根子的花招也不胜枚举。除了抹黑历史和意识形态之外，其他凡是与中国传统有关的东西，都会被他们拿出来说三道四。比如说中医中药，前不久就出了"拒绝活熊取胆"之类的新闻。乍一眼看上去，我们还以为遇到了现实版的"上帝圣母弥勒佛"。为了"人道主义保护黑熊"，那真是声泪俱下，一把鼻涕一把泪啊，绝对的义愤填膺，古代大侠都没他们那么悲壮激愤。

可是呢，很快我们就听到了他们隐藏在心里很久的"真心话"：不是有了人工合成熊胆粉了么，为什么还要虐待黑熊？拉帮结伙，四处举牌子，上书几个大字：救救黑熊瞎子吧！一看就是绝对好人啊。

可问题是，为什么要提"人工合成熊胆"呢？上网一查，哦，原来所谓的"人工合成熊胆"，是德国的一家医药公司研究出来的，效果什么的不知道，价格可是比天然熊胆贵了好多好多好多倍。

现在是市场经济年代，物美价廉才是王道。贵了谁买？没人买那厂家的麻烦可就大了对不对？研发要成本，生产要成本，物流要成本……所以，活熊取胆，尽管被证明是一些疾病的特效药，而且物美价廉老百姓还算消费得起……可是抱歉得很，那也必须要被讨伐，因为不人道，因为挡了人家的财路，嗯嗯。

有了这些例子，其他诸如中餐太油腻、松花蛋太恶心、川菜容易致癌等等等等的靠谱不靠谱的论调，随处可见就一点儿也不奇怪了对不对？京剧太花哨，评剧太老套，粤剧太胡闹，秦腔好像骡子叫……只要想找毛病，毛病绝对地一抓一大把，不信？那我问你，有十全十美的东西和人吗？

开篇的时候，我就说过了，刨老根子的事情，有一个很大的特点，就是隐蔽性非常好，它不是直接就对人们的生产生活产生影响，而是在不知不觉之中让你产生民族虚无感，经常接触这类的话题，要是不能明辨是非的话，很容易就会觉得做个中国人简直太丢人了，从老祖宗开始一直丢人到现在，很多"恶劣的习惯"至今还不肯改变。

一旦人们对历史和民族产生虚无的感觉，找不到自豪感，就会像一盘散沙一样被人家扫来扫去。扫来扫去的后果，苏联已经给我们做出了榜样，对不对？

还好，这一招，对付别的国家和人民，很管用，偏偏对付中华民族，就有着很多别扭的事情，这当然源自我们有悠久的文字记录历史。遇到了实在让人心里添堵的事情，去翻翻史书……哦，原来他们在扯淡！

不幸的是，愿意去翻史书的人很少，大多数人都会被莫名其妙地引导，这些年网络上民族虚无的风气愈加扩散，也实在让人忧心忡忡。这老根子，刨着刨着，眼看着就刨到国企的头上了。

因为篇幅所限，有关国企的事情，我只想说一点，那就是：国企有千般不好，但是国企却是一条维系国家安全的纽带。现代人虽然说眼界宽了，可是大多数人的活动范围，还是局限在个人的小环境里，大家打交道最多的，是乡派出所、县民政局、市教育局、省人民医院……请问，这些地方特色的东西，哪一点能让你有国家认同感呢？

而你拿起手机，随便看一个号码，就知道这是中国移动或者中国联通；你去加油站加油，就总能看到中国石化；你去……还用我举更多的例子吗？只有这些国企，才不时地提醒大家，我们是中国人，而不仅仅是广东人或者辽宁人又或者台湾人。

唔，好像有一个省没有中国移动或者中国石油，所以……老根子啊！

暴恐袭击，拆不散中华民族的骨肉亲情

云南昆明火车站发生了极其严重的暴力恐怖事件，举国震惊。俺老花与13亿兄弟姐妹一样的痛心疾首、一样的怒火中烧，恨不得掐死那些混蛋。可国难当头，我们更需要冷静再冷静，要明白恐怖分子代表不了维吾尔族人民，代表不了全体新疆人民，这些凶残的暴徒更代表不了广大穆斯林同胞。

做人心中要有大局观，要有历史观，凡事都要先看它的本质。这次昆明火车站事件的性质问题，已经定性为"疆独"组织搞的恐怖袭击。看着新闻图片里血腥的画面，很多人就怒了，不分青红皂白地就开骂，这样很不好。

我们首先要搞明白什么是恐怖袭击。

你要知道，恐怖袭击的关键因素，不是"袭击"而是"恐怖"。理论上来说，制造人群之中的恐慌氛围，才是那些人渣的终极目的。那么，想打败恐怖分子，最有效的方法其实就是不害怕。贪生怕死是人的天性，在恐怖袭击面前，害怕很正常，可问题就是，害怕根本解决不了任何问题。我们越害怕，暴徒们越高兴，当他们认为可以用"害怕"来要挟我们的时候，就会制造出连续不断的恐怖袭击事件，来达到那种可以向我们敲诈勒索的目的。

我们绝不能被他们敲诈成功，否则我们会永远地活在被敲诈的日子里。对待这种极端情况，总书记的指示非常重要：要依法严惩暴徒。是的，这句话虽然很短，但是已经明明白白地把我们的应对方法说出来了。谁犯法，就抓谁，谁杀人，谁就偿命，要让犯罪分子永远地惧怕中国法律！

可问题是，越是这样的时候，我们越要注意民族团结的重要性，越不能让"疆独"分子的目的得逞。56个民族56朵花，56个民族是一家，中华民族是我们共同的民族成分，任何妄图割裂我们的计谋都必须被粉碎。

东夷人、北胡人、西戎人、南蛮人、匈奴人、百越人、契丹人、鲜卑人、高句丽人、乌桓人、柔然人、党项人、突厥人、氐族人、羯族人……还有很多我们数不清的古老民族，都消亡在了历史的长河里，虽然不排除个别民族的个别部分冲出亚洲走向世界了，但是肯定还有很多人留下来了，被融合进了这个全世界最大的民族中来。民族融合政策，也正是中华民族强盛的法宝之一。是不是中国人，不看民族血脉，不看胡子长短，中国人讲究的是文化认同。

美国那么多年的重金反恐搞下来，依然没有解决这个问题，可见反恐这个事情肯定是长期性的。隐蔽的恐怖分子很难被发现，打击起来难度相应就很高。美国的衰败，这是个很重要的原因。

很多朋友会觉得昆明火车站事件让人很恼火，有怒气无处发泄，就有别有用心的人开始鼓吹排挤新疆同胞……拜托好不好，大家都是成年人啦，做事情之前先了解了解情况好吧？新疆的汉族人占了总人口的40%还多，高喊赶走新疆人，这让新疆的汉族同胞情何以堪啊？再说少数民族兄弟，多数是拥护党和国家的，他们日夜守护着边疆，为内地的繁荣发达提供了最起码的安全基础，而他们本身的自然条件并不好，我们不感恩也就罢了，怎么能一竿子打翻一船人呢，对不对？

扯得稍稍远一点儿，我本身也并不怎么喜欢朝鲜，可是我明白，正是因为有了朝鲜做缓冲，我们辽宁才有机会安心发展经济。要是没了朝鲜，美韩联军天天在鸭绿江对岸搞军演，你知道我们要在丹东驻扎多少军队才能保持战略平衡吗？所以尽管朝鲜的很多做法都让俺不满，可是从更高远的视角出发，俺还是尽可能地理解并支持他们。请注意朝鲜毕竟是外国啊亲，新疆可是我们自己的土地。

热爱祖国，并不是汉族独有的特征，少数民族热爱这个国家的程度并不比汉族低。俺老花以书写爱国主义正能量文章为己任，圈子里也小有名气，可我身份证上明明白白地写着我是满族。

满族人不能爱国吗？既然满族人可以，维吾尔族人当然也可以！56个民族是一家，不是空口白话，真到了国土家园被侵略的时候，我们所有人都应该动手保卫这个国家……敌人的屠刀不会管你是哪族人的！

民族团结是个大事，我们绝对不能像乌克兰那样，被人挑拨着窝里斗。窝里斗的结果，只能是用自己的鲜血换取敌人的微笑。在中国共产党的领导下，全国各族人民共同支撑起这个伟大的国家。现在开始全面建设小康社会了，更要注意团结再团结。我们曾经同甘苦，我们以后自然要共富贵，我们不但不能在意识领域歧视任何民族兄弟，我们还要让大家一起过上好日子。

而这个好日子，当然就包括汉、蒙古、维吾尔、藏等等所有人……很多时候我都觉得划分民族，这事本身就很扯淡，我们生活在同一片土地上，拥有同一个国籍，接受同一个政府的领导，大家都平等，才是最重要的。

恐怖主义代表不了新疆，也代表不了维吾尔族同胞，更加代表不了广大穆斯林兄弟。在恐怖主义的屠刀面前，我们英雄的中华儿女只会更加团结。文章的最后，转一段张忆安说史的名言做结尾："今日之事，死难者皆我之同胞，杀人者皆我之寇仇。凡为杀人者洗地，为恐怖分子开脱乃至叫好的，无论出于任何理由，全都禽兽不如。同意者请转。"

"杀光中国人"的大局思考

我经常提大局观、历史观，尽管这两个名词听上去很唬人，可实际上并没有我们想象的那么晦涩难懂。比如说大局观，简单点儿说，如果你能把一个国家看成是一个人的话，再闭上眼睛，想象一下地球上大大小小的两百来个人是怎么共同生活的，你就已经掌握了大局观的入门宝典。至于历史观，就更简单了，我们可以把一个国家的历史，想象成一个婴儿的逐渐成长过程，基本上就可以对历史观一目了然。

我不喜欢乾隆，不是因为他抛弃了传说之中大明湖畔的夏雨荷，而是因为在别的国家都在进行工业化改造的时候，他老兄却知足者常乐，千叟宴、下江南地胡搞，还弄出了和珅那么一个"世界之最"，为中国近代史的百年屈辱埋下了伏笔。

可即便是这样一个"妄自尊大、不思进取"的皇帝，在接见英国特使的时候，也要显示国威，坚持让英国人下跪。那个时候的英国人属于黄鼠狼给鸡拜年，下跪的事情坚决不干。于是，乾隆皇帝在英国人请求互利通商的公函上，就作了明确的批示：我天朝无所不产、无所不丰，互利通商？通你妹！

我们几百年后，回望这段往事，可能会觉得乾隆的确有点儿"妄自尊大"，或者"不思进取"。可问题是，我们完全可以体会到乾隆皇帝当年的自信：俺是天朝上国，俺的日子已经好得不得了啦，要是你们不来捣乱，俺们会一直过得很好！

我们先不管乾隆的这种态度对不对，首先我们应该看到，乾隆同志作为世界老大，对外国人的得与失，是不考虑的。

是的，这就是超级强国的想法。超级强国是不会管小鱼小虾的死活的，超级强国的所谓人民，就是自己本国的国民。至于其他国家，都是被忽略级别。所以美国本土发生枪击案，能引起全世界的"震惊"。至于阿富汗、伊拉克死几百万平民，不但美国政府不会管，连中国这边的"公共知识分子"都要轻蔑一句："关我屁事!"

其实，俺很想问问："您的国家，是世界第一吗?"你有什么资格用老大的口吻说话呢? 不管你现在的日子过得多好多满意，中国毕竟还只是世界老二。不管你多么崇拜美国、羡慕美国，恨不得自己的亲爹在美国，可是当你成为炮灰的时候，不管美国人嘴上怎么说，他心里的想法一定是："关我屁事!"

当然，大家可以移民，"青年导师"也早就告诉你一个天大的秘密，美国那边的小别墅才1美元! 心动不? 眼红不? 可问题是，那么便宜的房子，美国人干吗不买? 为什么一定要留给中国的这些黄脸汉子呢? 1美元不是什么巨款啊!

1美元肯定不是巨款，可问题是，美国的房子每年要交3%的房产税。你是1美元买的还是100美元买的，人家根本不管，收税的依据是银行为房屋做出的估价。即使是你1美元买来的房子，银行如果估价100万美元，那么你每年就要向美国政府缴纳3万美元的房产税。你敢不交? 银行就敢直接把你的房子收走拍卖; 你敢保护你神圣不可侵犯的私有财产? 美国警察肯定会果断地开枪将你击毙!

就算你老老实实地缴税，也别想安安稳稳地当个美国人。隔不几天，就有小毛头被带到电视屏幕前，声称要"杀光中国人"。面对这种豪言壮语，13亿中国人淡然而对，连看都懒得去看他一眼。杀光中国人？凭什么？美国有那能力早打了，南联盟、伊拉克、阿富汗……这些地方，美军可是真没客气吧？

可是，美国拿什么打中国？核武器你有俺也有，一起扔原子弹，大家一起完蛋。至于常规战争……话说中美两国又不是没打过常规战争，朝鲜战争就算是打平了，可是越南战争，却的的确确是美国打输了吧？

所以，面对美国小孩儿的"童言无忌"，我们这些土老帽中国人就根本不当回事。可问题是，美国那边的华人华侨却受不了了，天天抗议，搞得"公知"们都不好意思跟美国人交代了，只好集体闭嘴，默不作声。

为什么美国的华人华侨就受不了了呢？很简单啊，中国虽然还不够强大，可是自保已经富富有余了。所谓"杀光中国人"的直接后果，很可能就会演变成美国的华人华侨被虐杀。拿着绿卡，不能就说明你是美国人了。

所幸的是，中国足够强大，有了这么强大的背景，尽管美国华侨华人的势力很小，可是依旧让"肇事方"让步道歉，并表示该节目永远不会再被播出。这事要出在清末民初，保证一大堆人对"洋大人"的宽宏大度表示"感激涕零"；即便是出在中国已经是世界老二的今天，"公知"们依然要对美国的人权状况大加表扬，表示做人还是要做美国人，万一做不成美国人，那么做一只美国狗也不错嘛。

可问题是，"洋大人"道了歉，那也不算完，美国的华人华侨们，又开始宣称要抵制那家电视台的母公司迪士尼了……现在还不晓得迪士尼会不会出面道歉，不过这么闹下去，奥巴马说不定也会站出来道歉的。

100多年前，中国劳工被骗到美国修铁路的时候，几乎每一节枕木下都有一具华人的尸骸。那个时候的华人华侨是傻子吗？

他们不会打个横幅喊口号抗议吗？他们当然会抗议的，可是那个时候的抗议，换回来的不是一记皮鞭就是一颗子弹。

今天，大家的抗议怎么就管用了呢？

其实没有什么为什么，只不过因为我们的祖国强大了。

党指挥枪是中国富强的定海神针

有关军队国家化的争论，最近一段时间甚嚣尘上，好多媒体人、名牌律师、著名经济学家，甚至是一些影视明星，都兴高采烈地参与进来，为军队国家化呐喊助威，很有一番为民请命的架势，赚了好多眼球，也蒙蔽了很多人。这事从一开始，俺老花就没当回事儿，在中国扯这个话题简直是莫名其妙。现代化的社会是工业化社会，最显著的特点就是分工细化，从而使工作效率提高。可是随之而来的副作用，却大大地局限了很多人的视野……直白点儿说吧，经济学家你就好好研究经济去，律师你就好好打官司去，演员你就好好地演戏去，虽然参政议政是每个公民应有的权利，可实话实说，那起码要懂才能说吧？

啥叫军队国家化？就是军队必须以国家利益为重，当国家利益受到威胁的时候，军队必须站出来。做不到，那就说明军队没有达到最基本的要求。军队为国家利益服务，保障国家安全，再加上抢险救灾等等，共同构成了军队的作用，这样的军队，是共产党的私有财产吗？共产党有私有财产吗？看看，就是这么简单的逻辑，却搞出来这么莫名其妙的争论。那么，既然这个话题如此的无聊，可为什么那么多人不知羞耻地要嚷嚷呢？这里面所隐藏的猫腻儿可就大了去了。

说白了，争论所谓军队国家化的问题，无非就是想获取军队的指挥权而已。枪杆子里出政权，是最简单的道理，新中国65年走下来，一路繁荣发展，靠的就是最基本的党指挥枪。连海的那一边的美国人，也知道胡萝卜加大棒的道理的，对不对？国内的这些"公知"，炒作军队国家化的话题，本意是窃取中国军队的指挥权，一旦军事指挥权没有了，共产党的执政地位立刻就会被削弱，甚至如前苏联一样垮台，都不是仅仅开玩笑而已。

那么，我们中国为什么要坚持党指挥枪呢？这个问题其实非常简单，从本质上来说，军队，不管是哪一国的军队，都有一个向谁效忠的问题。有向国王效忠的，有向资本家效忠的，有向宗教效忠的……不一而足，啥样的都有，有些国家的军队只向自己的工资效忠，你都不用笑，那就是事实。那么，下一个问题就有意思了，我们中国的军队，向谁效忠呢？他们在维护谁的利益呢？

我们中国的军队，是接受党的绝对领导的，而中国共产党的宗旨是全心全意为人民服务。也就是说，我们中国的军队，是向全体中国人民效忠的。这个定义，在法理上、人情上、近百年来的军队建设史上，都有着明确的诠释。虽然这个世界上的绝大多数国家的军队，都嚷嚷着向人民效忠，可是真正能落实的又有几个呢？都嚷嚷美国军队会保护美国人民，可是美国记者在伊拉克被砍头之后，奥巴马也只不过就是站到电视机前面表示强烈谴责而已，也没听说美国军队就要请战去伊拉克给美国记者报仇。更加讽刺的是，强烈地表示了谴责之后，奥巴马同志就高高兴兴地打高尔夫去了。

那么，为什么奥巴马没有派大兵去伊拉克搞"三光政策"呢？其实道理很简单，美国军队真正听命的，不是美国总统，而是美元，是那种上面印了华盛顿头像的绿纸！美国的大资本家不发话，美国军队就根本不会去搭理美国人民的死活。别说美国人民了，美国驻利比亚大使都被人干掉了，像拖死狗似的拉着尸体满大街跑，美国军队又做什么了呢？答案是什么也没做！为什么什么也不做？因为去给大使报仇，无法给美国的大资本家带来利益，反正死的又不是自己，管他怎么被侮辱呢，都跟老子无关。

有人会说，印尼排华的时候，中国军队不是也啥都没干么？这个问题首先就问得没有道理，因为印尼华人没有中国国籍，他们是宣誓效忠外国政府的，情形一如大家去入美国国籍，要发誓在中美开战的时候站在美国人一边。可即便如此，中华民族血浓于水的亲情，也还是促使当时的中国政府和中国军队做了力所能及的各种努力。可是当地华人华侨却听信了台湾当局的谎言，根本就不配合大陆的撤侨行动，所以才导致了后来的悲剧。至于说出事之后，中国军队为什么没有出兵印度尼西亚……同志们啊，那是别国内政，我们凭什么去干预？再说当时中国的空军根本就没有远程军用运输机，根本做不到远程兵力投送；当时的中国海军更是渣得一塌糊涂，根本没有远洋作战能力，那个时候我们连南海都守不住，那个时候的钓鱼岛还完全控制在日本人的手里……有心无力啊，同志们！我们总不能给战士们一人发一个救生圈，让大家游泳去印度尼西亚吧？那段时期的中国军人，因为这件事，至今还愤愤不平，因不能保护华人血脉而懊丧不已。即使是退役多年的老兵，提起这事也还是会憋屈得掉眼泪。

往事已矣，我们今天不可能旧话重提，再派兵去印度尼西亚找茬儿，可是以史为鉴，可以知兴衰，如果我们不想看到同样的悲剧再次上演，那么就请全力支持中国的国防建设吧！不要出事了的时候就质问我们的航母在哪里，没出事的时候又嚷嚷"养航母不如养老母"，又想马儿跑，又想马儿不吃草，天底下哪有那么好的事儿哦！想维护巨大的海外利益以及海外中国人的生命财产安全，就需要更多的航空母舰；想快速机动地远程投送兵力，就要有足够多的远程军用运输机，还需要有若干个能够支撑这个海外安全体系的军事基地……如果你不想再憋屈地活着，那么当国家出台相关国防建设的政策之时，就请你全力支持，不要唧唧歪歪地这这那那。

当然，有了强大的国防军事能力，怎么使用的问题也很重要。那么，具体应该由谁来指挥军队呢？我们也学习美国，把军队的指挥权交给大资本家，怎么样？这个问题不用回答，只要是正常的中国人，都知道那绝对不可行。美国大飓风之后，受资本家控制的美国军队，救灾速度拖拉得让人难以想象，他们甚至不带枪就不敢进入灾区……话说灾区除了灾民还有什么？带枪去灾区，除了证明美国人民和美国军队之间的互相不信任之外，还能有什么？国家只不过是一个宽泛的概念，具体说起来还是要保证人民群众的生命财产安全，这都做不到，空喊一句国家利益至上，就是忽悠人的。

那么，我们学习英国，搞军队皇家化，怎么样？是的，你没看错，堂堂大不列颠及北爱尔兰联合王国的军队，是宣誓效忠英国女王的，跟英国的老百姓没啥关系。可问题是皇家在中国已经不吃香了，有人宣称他是皇族后裔，大家除了嘻嘻哈哈地打趣几句之外，根本不可能再把这人送到北京故宫去穿黄袍子坐龙椅。与英国相似的还有日本，虽然二战打败了之后，美国人已经严厉地禁止日本自卫队向天皇效忠，可是改革之后的日本自卫队就更加的不像话了，活脱脱一个大型的保安公司。既然是保安公司，那就要签合同用工，所以才会出现后来福岛地震的时候，日本首相下令救灾，而日本的自卫队员们却拒绝了首相命令的怪事儿。当然，这事儿也就我们中国人会觉得奇怪，日本的自卫队员们一点儿都不觉得羞耻，日本的老百姓更是连抗议都没有抗议。因为人家是合同工，而合同里根本就没写需要救灾的项目。既然没写，那日本老百姓再苦逼，又跟俺有啥关系呢对不对？如果非要让俺去救灾，那也是加班，需要额外支付加班费的。而且即便是国家愿意出钱请俺去救灾，那还有一个老子愿意去不愿意去的问题呢！给俺那么两个小钱儿，就想让俺豁出老命去钻核辐射污染区，话说你以为老子是傻瓜啊？你们自己怎么不去？

同样的问题，到了中国的时候，我们看到的是完全另外一幅景象。我们的空降部队，在汶川救援的时候，可以毫不犹豫地纵身一跃，跳进浓雾弥漫支离破碎的未知地点；我们的抗洪抢险部队，会在大堤决口的最危险时刻，整支部队整支部队地往浑浊的洪水里跳，用自己的血肉之躯筑起抵御洪水的钢铁长城；鲁甸地震的时候，我们"80后"的炊事班战士，宁愿自己守着饭锅饿晕，也要把食物让给正在参与救援的战友，"90后"战士谢樵会不顾个人安危地参与救援，最后壮烈牺牲……我们的人民军队，在人民群众遇到危险的时候，会不顾个人生死地去救助。你不要以为全世界的老百姓都能享受这个待遇，实际上全世界小200个国家和地区，所有的军队都摆出来，也只有中国人民解放军能够做到，只有中国的老百姓能享受这一待遇。

那么，为什么只有中国人民解放军能够做到呢？这就要追本溯源，说一说军队的指挥权问题。全世界小200个国家的军队，都会宣称国家利益至上，可实际上，遇到大事小情，就没有一个国家的军队能够像中国军队这样维护老百姓的利益。勉强可以跟中国类比的，反而是那些很多人都瞧不起的朝鲜、越南、老挝、古巴，全是社会主义国家，他们也同样都实行"党指挥枪"，所区别的，无非就是那些国家都比较贫困，抢险救灾的能力没有中国这样强大罢了。相应地，这些国家在改革开放方面步伐都比较慢，反过来也从侧面印证了中国范式的正确性。

任何一个国家的军队，都是国家的，这个没有问题，即使是我们中国的军队，也早就国家化近百年了。所不同的，只不过是指挥权交给谁的问题。在这个问题上，我明确表态支持党指挥枪，再具体点儿说就是支持中国共产党指挥中国人民解放军。上下五千年的求索，东西几万里的比较，只有以"全心全意为人民服务"为宗旨的中国共产党，才会把老百姓的利益放在第一位。适逢古田会议胜利召开85周年，遥想当日老一辈无产阶级革命家们确立的这宪法规定的国策，奠定了新中国建立、发展、腾飞、富强的坚实基础，不禁慨然而叹：绝对是当代中国的定海神针！

中国的军队，就是国家的军队，我们把军队交给党指挥，才能使中国老百姓的生命财产安全得到最大保障。与此同时，有了军队的指挥权，共产党一党执政、民主党派携手辅政的基础才牢固。军权政权都有了，就可以一鼓作气地推翻旧世界，就可以开天辟地建立新世界，就可以大刀阔斧地改革开放全面奔小康。向前向前再向前，前进前进再前进，美好的前程源自于脚下坚实的土地，一切一切的根本，就是党指挥枪！

斩断抹黑军人的黑手

兵者，国之大事，死生之地，存亡之道，不可不察也！

因为现在没什么仗可打，所以军人很少出现在人们的视线之中。不过人民军队的作用还是不可替代的，不管是抗洪抢险，还是抗震救灾，提起人民子弟兵，老百姓都会由衷地伸出大拇指：他们都是好样的。

是的，军人是维护一个国家最重要的基石，这是傻子都明白的道理。那么要想搞垮一个国家，搞垮他的军队，就是必然的选项。可能有朋友会觉得人民解放军一级棒，有口皆碑，想抹黑他们谈何容易是吧？要我说这事儿还真别大意了，"公知"满手都是黑油漆，被他们的脏手乱摸，不搞得你浑身漆黑也起码抹你一鼻子灰。

比如说，某些"公知"，打着抵制公车私用的幌子，在微博上发起了"军车随手拍"的活动，就是个很不错的案例。俺老花可没说公车私用或者军车私用就对啊，可问题的本质却是，干吗要说"军车随手拍"呢？理论上来说，应该叫"军车私用随手拍"的对不对？少了两个字，意义完全不一样，却还摆出一副大义凛然的样子，看见军车就先大吼一声"军车私用"，然后噼噼啪啪地开始拍照，不管三七二十一地就发到网络上，引导网民们围攻。

这招小手腕儿颇有几分作用，据说现在军车上街，都俨然成了"老鼠上街"，网络上一片喊打之声，搞得我们老百姓看见军车就以为又在私用了。个别傻瓜分不清军车是私用还是公用，看见军车就拍照上传网络……话说大家能不能别这么傻帽？军队是有很多保密活动的，这样一个人人都能拍照的时代，任由全民发酵"军车随手拍"，活动畸形发展，会让我们的很多军事机密无端外泄，这会对国家的全面繁荣造成重大的安全隐患。所以，俺老花真的恳求大家，在不确定是否真的军车私用的情况下，请大家不要随意对军车拍照，不要成为自带干粮的间谍。

还有更可笑的例子，近段时间以来，一篇名为《能够允许个别军人大发谬论吗？》的文章在网络上疯传，引起了不小的轰动。文章里毫不隐讳地指责军队会篡党夺权，原因就是个别军人开始在电视或者网络上发声了。

拜托好不好，那是人民的军队，很多很多人都对军人有一种特殊的好感。尤其是对于军迷群体来说，大家更是希望能够在不涉嫌泄密的情况下，了解一些子弟兵的情况……其实说得再明白一点儿，现代化社会的发展太快了，中国目前这种日新月异的变化，让很多人心里隐隐地产生了不安全、不踏实的感觉。小时候大家都穷，20年30年地走过来，生活水平变化得让人目瞪口呆。在这样的情况下，大家尽管不说，可是心里都是有一杆秤的。

问题是，大家兜里的小钱钱多了，安全问题就更加地看重了。所以在昆明火车站事件之后，举国百姓才会众口一词，要求严惩犯罪分子。这种对安全的渴望，再放大一点点，自然而然地就会对军人特别倚重。

在这样的情况下，我们就需要党和国家指派一些军人站出来，充当军队和人民之间沟通的桥梁，让我们了解军人，了解我们的安全形势，让我们不用担心侵略者会闯进国门到俺家里来砸玻璃……子弟兵是人民的子弟兵，不能让军人完全地走到人们的视线之外。

所以，那些别有用心、张嘴闭嘴就提"党国"的人，最好赶紧闭嘴，不要把那种恶习带到新中国。共产党一党执政是历史的选择，是人民的选择，而即便是这样，我们也依然有民主党派参政议政，工商联、无党派人士同样为这个国家的富强民主做出了卓越的贡献，请不要再破坏中国人民的团结。

还有更可气的，某些"公知"公开宣称左权将军不是战死的，还站在电视屏幕里，恬不知耻地管钓鱼岛叫"尖阁列岛"，把军方发言人的战略分析，当成"战争恐吓"来大肆渲染，导致"轰炸东京"一度成了一个很热门的话题。

俺老花真的愤怒了！这些人歪着嘴巴说话，已经全然到了不知道羞耻的地步。为了抹黑我们的军人，简直是无所不用其极。我知道他们为什么对抹黑军人这样感兴趣，不就是看到苏联红军垮了之后苏联就能垮吗？所以这些家伙要像弄垮苏联红军一样弄垮我们的中国人民解放军，通过各种大小黑招来割裂人民和军队，妄图复制苏联红军垮掉的翻版，对不对？

军队是国家的柱石，因为很多纪律方面的约束，他们不能随意地展现自己。"公知"们正是抓住了这一点，才敢肆无忌惮地攻击抹黑我们的军人。军人在边疆默默站岗，我们这些被守卫的人们，应该站出来为我们的子弟兵说几句公道话。我们不管什么纪律不纪律，我们就知道军人保卫我们，所以我们也要保护军人。我们维护的，只是军人的荣誉，军人保护的，却是我们的生命。

别有用心之辈，有多远给俺滚多远，在俺老花面前，秀下限没用。

请支持军队反腐工作

兵者，国之大事，死生之地，存亡之道，不可不察也！

一个国家如果缺乏军事自保能力，远的就如八国联军进北京，近的就如美军狂轰滥炸巴格达，保证能让你痛心疾首，记一辈子。所以，俺老花一向的主张，就是不管怎么样，哪怕是饿肚子，那也要强国强军，手里没有大棒子，发展得再好也是虚胖，俺也从来不相信屠刀是仁慈的。

为了保证不挨打，我们从抗日战争开始，就进行了艰苦卓绝的斗争。没有枪没有炮，就只能从敌人的手里缴获武器来武装自己。这种被动的局面，一直延续了几十年。朝鲜战争都打老久了，许多战士还在使用"万国牌"的轻武器，其中最好的还是小鬼子的"三八大盖"。

因为没有火力优势，所以我们看着攻山头的黄继光用自己的胸口去堵枪口；因为没有火力优势，所以我们看着搞埋伏的邱少云一动不动被烧死在烈火之中；因为没有火力优势，所以我们的战士要趴在雪地里等待敌人进入轻武器的射程，而敌人，却早就发现和向我们开火。

战争的双方，如果武器产生代差，那就根本不是战争，而是一边倒的屠杀。我们时时提起鸦片战争，可实际上那是严格意义上的战争吗？区区4000名英国士兵，打得拥有数亿人口的大清国头破血流。要是人家开着坦克来呢？开着F-22战机来呢？只会弯弓射鸟的大清国会不会亡国灭种?

所以, 我们要发展自己的国防事业。为了活命我们不怕花钱, 我们甚至花了30年的时间, 倾举国之力, 打造出系统完备的国防军工体系。别管是山寨的AK–47还是仿制的歼–5歼–6, 都能御敌于国门之外。我们使用苏联的外援武器, 也只不过在朝鲜战争之中逼平了美国。可是一旦我们能自己生产武器并武装部队了, 就立刻能让美国人在越南战争之中吃大亏。

西南边陲两山轮战之后, 30多年里, 中国再无战事。不是因为敌人都出家当和尚了, 而是因为我们手里的大棒子足够自保。可时代在发展, 科技在进步, 机关枪研制出来之后, 再多的弓箭手也都是靶子;"无畏"级战列舰出现之后, 再多的风帆木船也都是浮云; 在喷气式战机面前, 螺旋桨飞机脆弱得形同虚设。

越是在这样的前提之下, 我们就越不能放松国防和军队事业的建设。我们绝对不能一边高调叫嚣"养航母不如养老母", 一边马航飞机不见了又心急火燎地问我们的卫星在哪里。又想马儿跑, 又想马儿不吃草, 原本就是很可笑的悖论。

可问题是, 我们不怕在国防建设上花钱, 却怕有贪官在这方面捣鬼。最近一段时间, 新闻上揪出的军队大老虎让我们触目惊心。军队建设是关系到国家生死存亡的事情, 容不得半点儿马虎, 必须严惩窃贼以慰天下黎民。人民解放军是用来保家卫国的, 绝对不能让可耻的蛀虫腐蚀!

值得欣慰的是, 习大大惩贪治腐的决心很大, 军队的反贪部门也给力, 职务再高级别再大, 只要发现, 就一定要把蛀虫拿下。军队不能成为法外之地, 军队更应该严管严控, 毕竟军队是人民的军队, 是人民养育了军队。

不得不说, 30多年的和平岁月, 让我们几乎忘记了战争的残酷。很多人不关心军队的建设, 甚至忽略了他们的存在, 只有到了抗震抗洪的时候，才想起来我们还有人民军队可以依靠。有些人甚至离谱到被救助了之后都麻木不仁，左手烧鸡右手啤酒，蹲在抢修堤坝的抗洪官兵周围看热闹，几滴泥浆溅到裤脚上，都要对着我们的战士破口大骂……这不是故事，虽然俺更希望这是编造出来的谣言。

应该是谣言的不是谣言，不该被传播的网络涉军黑段子，反而铺天盖地。有人甚至为了黑我们的人民军队，为了指责救灾官兵"置人民生命财产安全于不顾"，不惜编造出七八十岁的老太太无人救援，不得不一楼四楼上下翻飞的精彩桥段，被网友质疑了之后，都不肯承认错误，一删了事。

几十年的逆向种族主义灌输之后，"公知"们成功地在人们心里埋下了这样一条潜意识：军队就意味着特权，特权就意味着贪腐，贪腐就意味着都是王八蛋，而王八蛋这种东西应该早点儿摔碎……结论：军队应该垮掉。

怎么样？上面的推理，是不是每一条都说到了你的心里？可为什么最后的结论又那样地让人哭笑不得呢？如果军队垮掉了，都不用八国联军再次进北京，苏联自己就把自己搞得四分五裂，到现在俄罗斯还跟乌克兰兵戎相见、自相残杀呢。

中国人民解放军，这支让全世界的敌人都胆寒的军队，是中华民族赖以生存的基石。对于涉军贪腐事件，我们坚决要求严查严惩严办。可是我们最终要明白，军队是人民的军队，有数百万解放军指战员以及无数军工企业、研究所的共同努力，我们才有了今天再也不用担心被侵略被奴役的局面，才可以成家立业、安身立命。仅仅就这一点上来说，是值得肯定并应该为我们的人民军队感到自豪和荣耀的。

请继续支持涉军反贪腐的工作，请继续支持国防事业的建设。因噎废食的事情我们不能干，瑕不掩瑜的道理我们应该懂。

人民军队为人民，人民养育人民军队，光荣的传统值得传承，鲜血染红的国旗值得高举，唯有如此，我们才能战无不胜！

向人民解放军的官兵指战员们敬礼！

向我们勤劳朴实的普通中国人敬礼！

向我们伟大的中华人民共和国敬礼！

跟香港的亲们聊聊"占中"与反"占中"

俺喜欢香港，实际上每一寸五星红旗覆盖的角落，俺都喜欢。基于这个朴素的情感，俺对香港方面的消息就比较关注，最近沸沸扬扬的"占中"与反"占中"闹剧，让俺觉得非常痛心，身为大国战略观察者，俺老花想用自己最朴素的观点，给大家分析下其中的利弊关系。五彩斑斓，说到底无非就是红黄蓝，既然组成这个世界的基础是单一恒定的，那么越是朴素的道理就越拥有普遍的说服力，是不是呢？

首先香港的亲们应该明白，别管宪法之中怎么写，作为执政者，任何一个政府都是不喜欢老百姓上街的。不喜欢不代表一定会被禁止，毕竟游行示威，表达不满，是最基本的人权，任何一个政府都不可能明令禁止。即便是大家认为的所谓最"独裁"的朝鲜，也一样动不动就搞百万人规模的大游行，不管那是不是有作秀的成分，小国弱国为了生存，就必须显示出一定的强硬，表现民意的最简单方式，当然就是上街游行了对不对？

可问题就是，没有严格的组织、引导，上街其实是一件非常危险的事情，尤其是两伙不同主张的人同时游行，更是等于盲人骑瞎马夜半临深池。后续的局面是不可控的，乌克兰刚刚在这方面吃了大亏，国家分裂，生灵涂炭，血流成河，亲们都看见了对不对？如果有人告诉你，那是民主的阵痛，是通往幸福的必经之路，那么建议亲回手就给他一个大嘴巴。内部的动荡肯定会招引外来势力的渔翁得利之心，两场伊拉克战争打下来，20多年了，伊拉克除了诞生上百万寡妇，我们没有看到任何生产生活方面的实际改善，相反最近连那种集体枪毙1700名战俘的事情都搞出来了。

如果有人觉得香港太挤了，人太多了，需要死掉几百万人的话，那俺的建议是你直接跳海多简单啊，何必气宇轩昂地撺掇别人当炮灰呢对不对？（语气不好。）

当然了，所有以上说的那些，都是借口，这个大家都明白。不管"占中"还是反"占中"，归根结底是一个利益的问题。之所以这种事出在香港而不是内地的某个城市，最根本的原因只有一个，那就是香港的经济不景气。香港的亲们生活水平在下降，即使是没有下降，横向地比起来，内地人在飞快地暴富，此消彼长的落差也让很多香港人心里不满。尤其是个别内地暴发户，颐指气使，对香港的服务行业人员呼来喝去，毫无素质地挥金如土，就更气人了对不对？

不管大家心里有多少不满，我一定要说，这种情况是不受大家主观意愿所左右的。你想有钱，就只能比别人聪明，最重要的是，你在使用你的聪明才智的时候，不能受到过多的无端干扰。简单点儿说，我们这个"相对公平"的世界，其实是精英的世界。你想发财精英也想发财，最后赢的肯定是精英不是我们这些平民。在这样的条件下，绝大多数异军突起的大公司，都需要一个相对强势的领导，这个是毋庸置疑的。不管那些公司的内部如何的民主，强人们总能一枝独秀。乔布斯如是，比尔·盖茨如是，李嘉诚如是……基本上都如是。保证精英领导人有足够的权力来实施自己的想法，才能推动公司的发展。我相信我们大多数人都做不了大老板，说得再难听点儿，实际上给公司的每一个人都发一张选票，让大家去选所谓的"精英领导"，大家也还是选不出来合格的人选。如果知道选谁的话，就起码明白大致应该怎么做，而如果知道了大致怎么做，那么自己去做就行了，干什么还要选别人呢对不对？

民主首先是尊重他人的权利，占领中环，会影响到其他人的工作权益，影响到旅游业者的工作权利。这就是侵犯他人的权利，就不是民主，是过激行为。表达不满的权利是正常的，但表达不满不代表可以侵犯他人的正当权益。撒切尔当年就动用警察保护想正常上班的煤矿工人，里根也是派军队接管航空管制保证民航飞机的运行，你有罢工的自由，但其他人正当的权益不能受到侵犯，这才是民主。我们反对占领中环，因为香港中环是香港金融商业中心，占领中环会导致正常的金融与商业无法进行。民主，就是彼此尊重，既然希望其他人尊重你的权利，前提就是尊重其他人的权利。

所以我说普选根本就是个伪命题，我们的党也在追求民主，却绝不是什么"一人一票"的伪民主。贫穷不是社会主义，贫穷也肯定不是民主的追求。既然全世界小200个贫穷国家和地区都是所谓的"普选民主"，为什么我们还要被一张没用的选票忽悠呢？中国内地这些年来的经济大发展，采用的是最为现实的民主集中制，其实也是一种民主的表现形式。具体来说，就是先由基层民众选出基层的精英，然后把基层的权限更多地交到地方政府的精英手中。从这些人之中，挑表现好的、能力突出的人，提拔到县级单位历练。此后县、市、省、中央，一路选拔上去，最后能坐到七常委宝座上的人，毫无疑问都是精英之中的精英，这些人未必就一定是伟人，但是大半生从政的经历，会让这些人对怎么管理国家得心应手，各种复杂的人际关系、国际关系，都知道怎么去处理。至于说如何发展经济，如何推广主流文化，如何巩固国家安全，在具体政策的制订与取舍之间，进可以做到目标明确、行动有力，退可以做到平衡关系、稳住阵脚，实在熬不下去了也能韬光养晦，保住根基。

所以，这么多年搞下来，中国就一路地经济高速发展，从一穷二白到全世界第一大工业国，只用了短短60多年的时间。如今我们再去采访那些六七十岁的老人，听他们娓娓道来那些年的陈芝麻烂谷子，你会有一种恍如隔世的感觉。好多人小时候连裤子都穿不上，如今早就汽车洋房满世界旅游了。这样的奇迹，全世界人民都有目共睹，为什么很多香港同胞都视而不见，还死命地哀号选票民主呢？你的祖国有现成的致富经验，现在远在非洲之角的土著哥们儿都知道向北京学习，怎么我们曾经引以为傲的东方明珠，就偏偏搞得"灯下黑"呢？

香港的繁荣，当然得益于香港老一辈创业者的不懈努力，可实事求是地说，那种畸形的繁荣，更加得益于当时整个世界的特殊环境。当960万平方公里的国土、十几亿人民只能依靠香港做中转，与外界开展贸易的时候，香港其实不用做什么，坐在家里数钱就可以。可是这种情况肯定不可能永远地延续，改革开放之后，香港立刻就压力山大，要不是高层领导人顾及香港市民的生活，特批了香港零关税的政策，鼓励内地人到香港旅游消费，恐怕香港的日子会更加艰难。毕竟香港只有那么大一点儿地方，七八百万人口，既没有大片农田，也没有像样的工业，大家靠什么吃饭呢对不对？内部循环的服务行业对本地人经济发展没有任何帮助，左手倒右手的模式是赚不来大米白面的。所以香港实际上还是必须"赚外汇"才能饿不死。问题是，拿什么"赚外汇"呢？香港金融业不错，可那是有钱人的游戏，跟土老帽是不沾边的，绝大多数人还是必须选择进入服务行业，不管是哪一种服务行业。

而服务行业这种东西，在不久之前，有另外一个说法，叫侍候人。这个世界从来就没有公平过，即使贵为英国女王，信誓旦旦地宣称她很尊敬马车夫，可是现实就是不管这个马车夫服务多么到位，女王陛下也绝对不会对他说一声谢谢，情况一如我们不会对出租车司机说谢谢一样。不是说我们就多么高贵，而是我坐了你的车，已经给了你钱，两相抵消，俺就根本不用谢谢你，即便随口说了句谢谢，那也是言不由衷的敷衍而已，请记住这个世界从来就不完美。

那么，我的香港年轻人，要怎么摆脱这种苦逼情况呢？我要跟大家说的第一件事，就是请你放下香港人就高人一等的心态。内地人从来没有看不起香港人，香港人也不应该看不起内地人，其实1997年之后，我们已经不用分什么香港内地了，我们都是中国人。这一点没问题了，下一步大家要做的，就是尽快融入到祖国轰轰烈烈的经济发展大潮中来。香港是没有多少机会了，可是整个内地的机会多到让你眼花缭乱。东部要发展，西部要开发，东北老工业基地要振兴，"神舟"要飞天，"蛟龙"要深潜，非洲、欧洲、美洲、西亚北非……我们有数不清的海外利益需要维护和发展。作为"80后"大哥，俺老花实实在在地告诉大家一句话，我们不怕香港人多，我们最怕的是你们沉浸在往日畸形的繁荣旧梦里无法自拔，你的祖国蓬勃发展，需要包括香港同胞在内的所有中国人为之共同努力。别忘了，我们有同样的黑眼睛与黄皮肤。

明白了这些，你就懂得了如何面对"占中"与反"占中"。首先，不要上街，不管什么原因，上街都是最后的选择，一旦上街，最后的局面不是你能控制得住的，后果往往是被裹挟成为炮灰。其次，在第一点的前提之下，要尽可能地维护香港的繁荣与稳定，坚决不要参与上街"占中"，同时我支持大家积极地为反"占中"网络投票，我们不需要行动，我们只需要态度，只要大家表明了态度，妄图搞乱香港的一小撮"占中"分子，就失去了胡闹的基础，在强有力的中央政府面前，他们的力量微不足道。最后要说明的是，不管是"占中"还是反"占中"，都不应该是大家为之奋斗的目标，它实际上连个插曲都不配，在我们的祖国重返世界之巅的最后时刻，我们这代中国人必须肩负起历史的使命。强汉盛唐不是梦想，现实就实实在在地摆在我们面前，现在就缺我们推最后一把。

大英帝国已经是彻底的二流国家，美国人亲手打碎了自己的神话。我们是见证奇迹的一代人，祖祖辈辈的先人们为这一刻付出了数不清的鲜血与汗水，到了摘果子的时候，还要迟疑么？

不能把香港变成战场

听说美国权威的《财富》杂志，早在1995年就给香港经济判了死刑。最近这些天，香港方面的部分报纸，开始对洋大人的高瞻远瞩佩服得五体投地……俺的天俺的地俺家的老母猪怎么这么不争气?! 某些西方媒体的脸皮真够厚的。

不得不说，人要是没了主心骨，当孙子都不理直气壮。香港经济增长缓慢的原因是内地支持不够吗? 几乎所有中国人，包括广大香港同胞在内，都知道1997年中央政府是如何帮助香港赶走了国际金融大鳄的。除非是天生地没有良心，否则就不可能有人说内地对香港不好。同一时期由美国搞起来的金融危机，韩国那边的老百姓要凑金子帮国家渡过难关，香港老百姓怎么就施施然地喝茶逛街不受影响呢? 香港有"三星"吗? 有"大宇"吗? 有"LG"吗? 有世界第二的造船工业吗? 有横扫世界的韩剧吗? 一个靠金融为主的城区，在国际金融风暴面前能够屹立不倒，谁敢说这与中央政府无关?

国际经济形势不好，不是中国政府的原因，也不是中国人民的原因。我们的大企业小企业、大公司小公司，大家都在勤勤恳恳地工作，在挥汗如雨。华尔街的那些富豪在干什么? 他们研究的是怎么用虚拟的金融衍生产品获利。我们的精英奋战在实验室里不分昼夜地攻关，人家的精英在通宵计算股票市值和期货利率……看明白了没有? 广义上来说，我们在一针一线地生产财富，他们只不过是在合法地吸血而已。当然，"吸血"这个词儿不恰当，金融从客观上来说，是经济的润滑剂。我知道很多香港同胞都是做金融服务行业的，我想大家都应该明白润滑剂的道理和功能。那么，当经济出现问题的时候，我们该去埋怨那些点灯熬油的科技工作者吗？挥汗如雨的工人师傅辛辛苦苦地工作，要为经济危机负责吗？

是的，我想说的就是这个道理……如今我们所面对的困难，大部分问题就出在金融上。我们的世界之所以出了问题，说得简单点儿，就一句话：钱不值钱了！那么，为什么钱不值钱了呢？美国十几年的反恐战争打下来，数以万亿计的美元打了水漂。这笔钱太多了，都按市价买成大米，够给整个地球包一层大米饭的。这么多钱打了水漂之后，没有回报（本来是想控制中东石油的，奈何路边炸弹就是清理不干净，导致没办法投资，当然就没有回报）的美国政府只剩下一屁股债。万般无奈的情况下，绝户计出炉：印钱！问题是印钱一时爽，全家火葬场啊！这个可不是白说的，国家信用什么的是不能透支的。

美元多了之后，就会贬值，由全世界为美国人的穷奢极欲买单。这也是没办法的办法，美国虽然知道是毒药，可是饮鸩止渴的事情也都是被各种逼迫搞出来的对不对？好啦，海量的白纸变成了小钱钱，在没人挺身而出的情况下，全世界的苦逼人民，不买单也要买单，所以，你就看到了近些年来出现了很多怪事。

比如阿拉伯之春，这个地方最先被搅动，那是因为这个地方的经济情况最糟糕。不要一提阿拉伯世界就以为人家洗澡盆里面都是石油，没有石油的国家也是一大把，比如埃及等国家。这些国家的生活水平本来就不高，美元贬值，导致购买力下降，原本刚能吃饱的肚子立刻变得七七八八了。好吧，你要是还以为大家能忍耐，那你还不如指望老母猪去爬树。

埃及为什么最先乱？因为这个国家的人虽然贫穷，学历偏偏平均很高。学问高了，对现实世界的敏感度也就高。用这个情况来套用现在的香港人，也适用。虽然很多香港同胞还不是很穷，可是工钱被美元稀释之后，购买力下降得太厉害，所以边缘地带的人们就最先受不了了。就像埃及人不会对美军宣战一样，很多香港人也晓得美国惹不起，而且美国在海的那一边，再怎么骂，美国人也不会搭理，所以开始闹给中央看。理由么，找找就有，多的是，民主啦，自由啦，为什么不给香港人每年发100万美元啦……人要是无耻起来，那是什么情况都有的，一点儿都不奇怪。

可问题是，这样能解决问题吗？民主不是不好，问题是在大家没有足够高的思想政治觉悟之前，勉力而为的民主只能害苦大家。你以为有了选票就能解决所有问题？如果这么简单的话，印度早就是世界头号强国了。不客气点儿说，如今全世界小200个国家和地区，出问题的几乎全是所谓民主国家。朝鲜和古巴的人们，虽然生活水平一般，可是他们也不用担心像伊拉克、乌克兰、利比亚等等国家一样天天生活在炸弹的阴影之下。当然我们可以不比烂，可是那些所谓还不错的民主国家又怎么样呢？日本经济开始负增长，美国经济在经历了好久的停滞不前之后，今年一季度也出现了负增长。西欧各个国家经济增长乏力是尽人皆知的事实，剩下除了卖资源发财的国家之外，有几个不在走下坡路的……当然，受中国帮助的除外。

我就不明白了，明明是美国人搞得大家生活不好，可为什么还有那么多人信奉美国的那套鬼把戏呢？就像我在文章开头所问的一样，美国的那套东西要是真的管用，怎么就不把自己国家的问题处理好呢？连自己国家都处理不好的垃圾制度，挂个美丽的名词就能推广到全世界吗？别开玩笑了好不好！

香港的未来，掌握在香港人自己手中；中国的未来，掌握在中国人自己的手中；这个世界的未来，掌握在全世界人民手中！如果"一人一票"的选举真的有用的话，为什么没有一个国家能在不出卖资源的情况下比中国做得更好呢？

现实就是，中国现在的道路，是最现实的道路，是值得包括香港同胞在内的全体中国人继续走下去的道路。这个制度肯定不是最好的，但却是我们目前能够找到的最合适的道路。我们当然要孜孜不倦地继续改进这个制度，完善这个制度，可是扔了西瓜捡芝麻的傻瓜行径，是我们不能去做的。

香港是优良的深海港，香港的人文教育发达，香港人有艰苦创业的光荣传统。在整个中国都在蒸蒸日上的大背景之中，走在经济水平最前面的香港人不该如此地不自信。小时候，整个中国都在唱港台大舌头歌手的歌儿，影院电视里面到处都是香港的电影和电视剧，整个国家曾经为香港骄傲，这一切难道永远成为历史了吗？

香港是中国的香港，我们绝对不允许一小撮坏人把香港变成第二个乌克兰。我们绝对不允许战火与硝烟吞噬香港，谁想把香港变成臭港，我们就要把谁抓起来，绝对不能手软，中国还没有废止死刑，我们对分裂祖国的行为零容忍。

媒体乱象何时休

　　某年某月某日，某巨型新闻门户网站头版头条是《中国最风骚城市榜新鲜出炉》！面对着这样一条让老百姓冒汗的新闻，俺老花真觉得哭也不是笑也不是，想点评几句都无从说起。现代化的网络媒体，真敢把下限拉低到你都无力吐槽的地步，岂止是莫名其妙，简直是岂有此理。

　　新闻版块的新闻已经如此不堪入目，娱乐版块的新闻更是惨不忍睹。浏览某些门户网站的娱乐新闻，你会有一种在观赏《花花公子》的错觉。满眼都是"某某某女明星今天穿了啥颜色的内裤"、"某某某女明星不慎走光"、"某某某女明星博出位露点"……镜头、文笔花样翻新，归根结底一句话：一切以女明星的性器官为中心。

　　据说人类60%以上的活动，都是围绕着女性生殖器而运作的。这种归纳方法是不是科学，俺老花不敢肯定，可是显然门户网站娱乐版块的编辑、记者们是把它当成金科玉律的，而且亲力亲为。大家一起努力，把娱乐版块打造成小三、劈腿、走光、露点、齐B小短裙组成的世界，花花绿绿，撩人心弦。

　　你以为这些就很不像话了吗？别天真了好不好，比这还过分的多的是。轰动一时的"缝肛门"事件，大家都有印象吧？那么一个假得不能再假、离谱得不能再离谱的事情，硬是被不良记者搬上了媒体平台，审核编辑像眼瞎一样，主编更是装傻扮小清新，然后"缝肛门"就闹闹哄哄地传开了。

那么，现在我们回过头来问："怎么就会搞出来这样的新闻闹剧呢？"除了某些汉奸走狗文人为搞乱中国而肆意抹黑歪曲之外，现代化媒体的浮躁化问题也很关键。网络时代比不得传统时代，新兴媒体之间的竞争是很激烈的。毕竟在网络上，只有第一没有第二，第二和第一百，加起来也不见得对第一产生多大威胁。在信息量特别庞大的情况下，媒体之间的竞争太激烈了。想要打败对手，就必须具有煽动性，目的就是吸引读者眼球，这是快餐文化的显著特点。而吸引眼球的最佳手段，莫过于危言耸听，所以喜欢危言耸听的人最被媒体看重，这也就是"公知"群体应运而生的主要原因。

越是危言耸听的极端言论，越具备吸引读者眼球的能力，从而为媒体赚取更多的广告费，也就导致极端言论的人越被媒体看重，从而出现了一个恶性循环的滚动模式。不要以为这些都是中国的专利，实际上上世纪80年代的时候，西方和美国也一样出现了这样的问题，也诞生了一批不要脸的"公知"。

"公知"这个词，本身就诞生于美国。上世纪80年代，很多美国人为了出名，就以学者的身份发表言论。可惜客观理性的言论没有观众愿意听，远不如危言耸听的话语吸引人，以后逐步地就发展成为某种模式。概括起来就是：越危言耸听越有煽动性，越吸引眼球，越能赚取高额广告费。这样一条"金光大道"被开辟出来之后，导致全球媒体都逐渐沦落。很多很多学者也为了钱相继地出卖了自己的灵魂，这反过来严重地抢占了理性言论的话语权。而网络出现之后，地球真的成了小村落，媒体之间的竞争更加白热化，所以情况也就越严重。最后我们愕然地发现，除了《新闻联播》之外，其他媒体都或多或少地走"公知"化路线，而《新闻联播》那种媒体反而被大家看成异类。《新闻联播》

当然也有《新闻联播》的问题，可起码《新闻联播》说的都是真话，而且没有刻意地煽动蛊惑，这就已经很难得了。

要知道，人类的普遍特点还是有很多规律可以总结的。比如说，越是经济好转的时候，人们的希望就越有可能成为现实，导致人们的想法就越有进取性，对各种极端思维和言论也就越有认同感。而相反的情况就是，经济越低迷，情况越恶劣，人们的思维也就越发的理性，越有反思精神。这一点，远一点的证据大概就是二战结束之后，世界各国包括德日意在内的很多学者，尤其是苏联、法国和以色列的学者，写出了很多影响深远的文章。比较近一点的例子，就是经济突飞猛进的中国这边，"公知"横行，什么离谱的话语都敢乱编瞎说，而经济低迷的美日西欧，包括俄罗斯在内，多数学者却因为经济低迷，而开始做大规模的反思，显得相对理性……看，事情就是这样简单。

看到这里的朋友，是不是很多人都开始理解"公知现象"了？拜托，这篇文章是用汉字写出来的，是给全体中国人看的，虽然我们一次又一次地说人人生而平等，可问题是这个世界从来就没有平等过。中国人平均智商全世界第一，在人类通病的问题上，中国人往往就能跳出一些怪圈，让西方甚至整个世界的学者感到不可思议。比如说，中国人最早就提出了"天人合一"的概念，提出了"吃亏就是占便宜"的哲学理念，我们甚至还有义气、孝悌之类独有的文化。那么面对着媒体行业的这种种乱象，我们中国人又有了哪些值得我们关注的地方呢？

其实还是有的，最简单的例子，就是很多人已经厌倦了"公知"们的危言耸听，网络上甚至诞生了一批号称"自干五"的爱国精英，连俺老花都是其中一员。"自干五"不是啥组织，"自干五"其实就是正常的中国人。我始终认为正常的中国人，都应该像"自干五"一样对谣言说不，对抹黑国家和体制的人说不。我们的国家正在高速发展，即便是为了我们自己，我们也应该支持国强民富。很多建设性的跳跃思维是可以论证并推广实施的，可是很多不靠谱的危言耸听和肆无忌惮的抹黑与造谣，对我们的国强民富大业没有一点儿好处，我们为什么还要被忽悠？

越来越多的人站到了"自干五"的队伍里，大家一起回归本位，做一个合格的中国人。在这样的情况下，"公知"群体的反扑是肯定会有的，断人财路被人恨是肯定的，可问题是你们的财路是建立在损毁国家利益的前提下的，这与我们普通中国人的利益完全相反。所以再有人编造"缝肛门"事件，忽悠我们憎恨政府的时候，我相信会有更多的人站出来主持正义，全世界平均智商最高的国度，就应该有这个能力，跳出那个怪圈。

当然，在这个基础上，国家新出台整治媒体的各种法规条例，是非常及时的。人民自发的爱国行为，只能治标。要想治本，还是要对各种媒体进行有效管理与监督，不想好好干就不要让他们干了，挺大的人靠编瞎话吃饭，不但丢了老祖宗的脸，实际上还是整个国家的负担和祸患，越早处理越好。

网络安全就是国家安全

斯诺登同学，被口口声声维护人权的美国政府，撵得满世界逃命。全世界的人们惊愕之余，才愕然发现自己在网络上，在美国人的监听屏幕里，一直处于裸奔的状态。美国政府因为尊重人权，所以要了解你的聊天记录、银行密码。各种账号各种密码各种你不想让别人知道的隐私，在FBI眼里通通都是浮云啊浮云。你所珍藏的自己都不舍得看一眼的照片，外国特工不知道替你看了多少次了！

这特么鬼日子还有法过吗？有人说过，世界都是数字的。如果一个人的各种信息都被外泄了，那么很容易就会被有心人推算出来你下一步要干什么。到时候不管是给你前进的路上修堵高墙还是挖个大坑，就只能随人家高兴了……想想，这样被人支配命运的生活，与实验室里的小白鼠有什么区别？真正的要你生你就生，要你死你就死，这种能力已经近乎于上帝了对不对？

一些人恨不得去当卖国狗，俺不知道为什么。

更加不幸的，是几乎我们的所有企业，都在逐步习惯信息化，电脑办公已经是必须的程序，财务会计更是早就告别了算盘账本的时代。那么，现在好了，你进货多少，在哪里进，多少钱进，货物多少钱出厂，出多少，往哪里卖……这些事关企业生死存亡、动辄成百上千万甚至过亿的经济机密，这些企业家们赖以生存的数据，其实早就被做成各种报表，罗列在FBI的办公桌上了。他们想毁掉你的事业，只需要在整个生产销售链条上，断掉一个小小的环节，那么再大再有前途的公司也会土崩瓦解，你有再多的工人也只能下岗失业！

好多有钱人都在为西方说好话，俺不知道为什么。

然而，比经济利益还要恐怖的是，我们的政府也在信息化办公！如今我们走进随便一个单位，都能看到公务员们在噼噼啪啪地打着电脑，虽然有些单位因为有保密需要，只有局域网，不能连接互联网。可是还是经常有人把单位里面没有完成的任务带到家里去做对不对？而凡是需要加班加点完成的工作，都是比较重要的对不对？

一些体制内的官员也事事不忘维护外国人的利益，俺不知道为什么。

我不想自己吓唬自己，但是实际上的情况，肯定比俺这土老帽农民所能想到的还要多。信息安全的重要性，看不见摸不着，可是如果有谁敢小瞧这个事情，肯定会在这个事情上吃大亏，甚至倾家荡产丢掉性命！

为了这个担心，我和我的小伙伴们一直在呼吁，网络安全就是国家安全，这个事情必须高度重视。"自干五"们几乎每一天都在与抹黑国家的"公知"战斗。我们都是普通人，没有话语权，甚至都没有隐私权，我们一个又一个地站在推墙派的面前，我们一个又一个地被黑势力推倒！我记不得到底有多少同志被凶狠地打压，我自己的爱国文章都不知道被人偷偷地从网站后台删掉了多少篇……我只知道草根大V们依然前仆后继，我们不怕被打压，我们不能倒，我们背后就是推墙派要推倒的墙，墙上两个字：中国。

在网络上，我们经常能看到只有几百几千粉丝的小"自干五"，面对着几千万粉丝的推墙派"公知"大佬，毫无畏惧，据理力争；我们经常能看到文笔稚嫩的"80后"、"90后"，在网络上奋笔疾书，尽力地维护国家和民族的利益；我们经常看到，很多妹纸被"公知"骂得直哭，却咬牙回击，揭露对方的无耻……

我自豪有这许多正直的同胞，我们势必还要一如既往地与"公知"战斗。可是我们太惨了，辛辛苦苦地培养一个账号，被人以各种理由打压；辛辛苦苦地写出一点儿文章，被人以各种莫名其妙的理由删除；辛辛苦苦地结识几个朋友，被人偷偷摸摸地就从网站后台给你拉黑掉！辛辛苦苦……我们不怕辛苦，但是我们真的需要国家的力量。个人的力量毕竟是有限的，仅仅是网络舆论这一块，"自干五"们都左支右绌，其他信息安全问题呢？网络舆论只是信息安全的一部分而已，黑客、病毒、木马、反窃听……这等等方面的事情，已经超出了"自干五"们的能力范围，事关顶层设计的问题，就必须由国家出面来解决。

公元2014年2月27日，历史将永远地记住这一天！这一天，中央网络安全和信息化领导小组正式成立，我们的国家一把手，我们的习大大亲自做组长！从此以后，信息安全被正式提高到了国家安全的级别，并且由党和国家最高领导人亲自带队！

没有信息安全，就没有国家安全。没有信息现代化，就没有国家现代化。我们是网络第一大国，我们要做网络第一强国！网络安全与信息化被全面提高到国家战略级别，如何不让我们这些自带干粮的"五毛"们热泪盈眶！

热爱祖国的中国人千千万万，习大大加油，我们挺你！真挺你！

国信办十条新规扫荡网络尘埃

　　互联网在中国蓬勃发展的时间并不长，真正意义上的全民参与，说起来也不过就十几年的时间。作为资深网民，俺老花亲眼见证了中国互联网时代的繁荣与发展，我的第一个QQ号码，是7位数的……当然大家都懂的，因为中国互联网起步之后，发展得又快又猛的关系，所以预料之中的事情就是，7位数的QQ号码，基本上都被木马网站给"钓鱼执法"了，我现在用的QQ号码，连8位数的都不是，华丽丽的9位数了。

　　是的，管理总是跟不上发展，却又总在锲而不舍地追逐着发展。当互联网从天而降的时候，作为网民的我们要研究怎么玩这个东西，当网民还在研究怎么玩的时候，作为国家相关行业的最高管理机关，我们国信办的同志只能默默地观察大家怎么玩，至于具体的管理办法……别开玩笑了好不好，网民们都不知道怎么玩的时候，国信办是根本拿不出来如何管理网民的办法的。

　　所以，那些年木马横飞，色情网站铺天盖地，伪民主、假自由、包藏祸心的"普世价值"迎面而来。我们享受现代化科学技术带来方便的同时，也要经受扭曲的文化洗礼。上网吧成了看色情片的代名词，没看过色情片你都不好意思说自己会上网。然后这个问题就严重起来，各种不满的声音开始向上反映。也不知道我们的国信办重视了没有，忽然之间，"绿坝"出现了，各种少儿不宜的东西总算被扫出了公众视野，只能隐藏在网络的暗角里散发流毒。

再之后，有人学会了上网骂政府，毫无下限地编造各种谣言，让我们相信在现行体制下，军人根本不是什么解放军叔叔，全都是兵痞，只会欺男霸女、军车私用。警察叔叔不再是可爱可敬的，不再是"我在马路边捡到一分钱"的儿时记忆。这些叔叔每天都去嫖娼，都去收黑钱，都去打那些手无寸铁的人。好多人花钱办网站对我们说，好多人花钱办报纸对我们说，他们天天对我们说，不断地念。于是我们相信中国的警察都是不抓小偷的，每个警察叔叔都会让我们"喝水死"，会让我们"躲猫猫死"。而城管都应该挖坑活埋了，因为隔一个枪毙一个会让很多坏蛋漏网。

刚开始的时候，我们跟着骂，跟着义愤填膺，以为这个日子真的没法过了。可是关掉电脑，来到大街上，我们看到的却是交警不停地向司机敬礼，一遍又一遍地举起他并不粗壮的胳膊，雪白的手套十分耀眼。我们看到城管执法小分队，开着电瓶车，用小喇叭一遍又一遍地规劝路人注意安全，苦口婆心地劝说临街的商铺不要占路，得知某些小贩确实家境贫寒，还会睁眼闭眼地装看不见……每当看到这些的时候，我们不禁疑惑了，怀疑像春天里经过雨水浇灌的种子，不知不觉地就生根发芽。再看到电视机里面，我们的解放军战士，冒着生命危险抗洪救灾，一个一个和我一样年轻的面孔，像下饺子一样往决堤的洪水之中跳……我满眼热泪，羞愧难当。

针对互联网舆情风气的整治问题，国信办很快出台了"七条底线"戒律，秦火火、薛蛮子、王开新等大大小小的造谣分子纷纷落网，微博、论坛风气逐渐晴朗起来。等到中央网信小组成立，习大大亲任组长的时候，我们知道，我们将告别信口胡说的那群王八蛋了。我们欢呼鼓舞，善良的人们喜上眉梢，六亿网民不约而同地站在了国家一边，为我们的习大大喝彩，为我们的国信办喝彩！

正义与邪恶的较量永远不会结束，国信办"七条底线"戒律的出台，在很大程度上抑制了谣言的公开传播。可是道高一尺，魔高一丈的持久战精神，也一直激励着那些看不惯中国人过好日子的魔鬼。他们纷纷转型，不再公开传播谣言，而是通过微信公用账号或者微信朋友圈继续妄图谣翻天下。微信是新兴领域，隐秘的传播形式带给了执法者相当大的管理难度，一度成为网络舆情战场的第二条战线。在这条战线上，别有用心的坏蛋们，利用朋友之间戒心低、容易互相信任的特点，精心编造好各种匪夷所思的推墙文章、帖子、段子、视频，继续为搅乱中国人全面奔小康的事业而努力。

全新的局面必须开始全新的对待，在广大网民群众的坚决支持下，在广大爱国人士的奔走呼吁下，在广大网信管理工作者的共同努力下，国信办十条微信新规隆重出台！新的规则里面郑重提出相关指导意见与管理办法。首先对即时通信工具服务提供商进行了规范管理，要求相关单位必须取得相关资质，落实安全管理责任，建立健全各项管理制度，配备相应从业人员，保护用户的名誉和隐私，接受全社会的监督，及时处理举报有害信息。对微信公众号等即时通信工具公众信息服务者所使用的公众账号，必须经过相关部门和单位的审核，同时由服务提供商向互联网信息内容主管部门分类备案。同时，对时政类文章的发布采取了更加严格的限制措施，要求公众号管理者必须具备相关资质。对微信用户等即时通信工具服务使用者，注册账号的时候必须签订协议，承诺遵守法律法规，同时必须提供真实姓名，即所谓的实名制。

看到了这些消息，俺老花的第一反应就是："公知"要绝种了?！对于像我一样常年关注中国互联网舆情的普通网民来说，幸福来得如此突然。尽管我们还要拿出主人翁的身份，继续督促国信办的同志继续努力，可这并不妨碍我们为暂时的胜利而大声欢呼：这次我们赢了！我们有伟大的祖国做后盾，数以亿计的网民声音就肯定会被国家所重视。困难肯定比办法出现得早，可是办法肯定比困难多。无论中国互联网的明天还将怎么样发展，起码今天我们充满信心。

同志们，跟俺老花一起，给"微信十条"点个赞吧！

舆论持久战

大年初七，人日，优哉游哉吃着面条，不禁心有所想。

面条这个东西，必须夹起一头，放进嘴里，连吸带咬，从面条尖吃到面条尾，只有完成了这一系列的大招，吃面条行动才算大功告成。这当然是个技术活，虽然张开大嘴，把一碗面条直接倒进嘴里，也能全歼面条，不过请重视俺老花的意见：第一，面条其实很烫；第二，一碗面条看着不多，但是你的嘴巴肯定装不下；第三，吃到嘴里其实不是目的，咽进肚子里才能解决温饱啊亲。

吃面条是个艺术，推而广之地说，万事万物又何尝不是如此呢？现在的网络舆论情况很不好，很多同学就急了起来，恨不得把造谣、诋毁、抹黑国家的各种人都抓起来，以为靠着自己的一腔热血，就可以一口吃个胖子……醒醒吧，筒子们妹纸们，实际上不但罗马不是一天建成的，臭豆腐也不是一天就能发酵好的。

自从美国人在广岛和长崎扔了蘑菇弹，让日本人无比销魂地爽了一次之后，幸或者不幸的是，这个世界从此就一脚迈进了蘑菇弹时代。当然，可以想见的是，没过多久，大家就发现，互相扔蘑菇弹的结果，肯定是大家身上都会长出蘑菇来。

当狂热的美国人和苏联人认识到这个东西太恐怖的时候，谁也不敢轻易就拿着大棒子去对方家里砸玻璃，由恐怖而催生的平衡就此产生。然后就天下太平、人间变天堂了吗？不要天真了好不好，热核大战打不起来，我们这些向往和平的高等动物，就把冷战搞得有模有样。苏联因此就摔了大跟头，分裂成十好几个国家，为联合国会员国数量的壮大做出了非凡的贡献，非常值得表扬。哦，对了，苏联解体之后，东欧各国还向全世界提供了100多万妓女，国际色情行业空前繁荣。

争斗不会停止，历史仍将延续，在没有新武器可以替代的情况下，我们就只能暂时生活在热核武器的恐怖平衡之下。在这个特定的历史时期之内，斗争形式将完全超乎我们的意料之外，金融战和舆论战就是整个战争形式的最具体表现。

不要以为中国就固若金汤，"7·5"事件还历历在目，我们很多淳朴的少数民族兄弟，被反动势力洗脑，公然与人民政府作对，给他们本人和我们的国家造成了难以估量的损失。血的教训并不遥远，岂能选择而忘之！难说未来的某一天，糟糕的镜头不会重演，我们不知道怎么做没关系，美国大使会亲自走上王府井大街做示范！

我们今天所遭遇的困难局面，不可能马上就改观。国与国的较量，最终体现在国力的比拼。在中国国力没有完全成为世界第一之前，我们就只能继续承受舆论战场一拨又一拨的惊涛骇浪。而我们能做的，就是如同山崖一般屹立在海岸，任凭风浪打磨掉我们的棱角，也始终不退后半步。

我们退无可退，我们的身后，就是祖国。

值得庆幸的是，我们有每年百分之七八的经济增长率，而我们的对手却在逐步衰退之中。此消彼长之下，胜利的天平最终会向我们这边倾斜。美国政府比较乐观，认为那个日期是2050年；中国政府更乐观，认为那个日期是2035年；当然还有很多最乐观的学者，认为那个日期是2020年；俺老花就更乐观了，俺认为那个日期应该是2015年到2017年。

不要被2013年的网络春风吹晕了头脑，即便是最最最乐观的俺老花，也要明明白白地告诉大家：我们最起码还要熬过2014年。黎明前的夜色总是最黑暗，1948年的共产党也损失很惨重，2014年的网络舆论仍旧会一片戟枪刀剑。可问题的关键就是，在舆论的战场里，没人能打垮你。如果你垮了，那么打败你的人不是别人，就是你自己。你是顽石，可以任凭风吹雨打；你是豆腐，不用别人咬，放阳台上三五天，自己就馊了。

我们现在的情况再艰苦，没有伊拉克的反对派艰苦；我们现在的遭遇再狼狈，没有阿富汗的游击队狼狈。我们不用讨论他们是否代表正义，起码人家那种誓死不服输不认输的作风就值得我们学习。请注意，他们生活在烽火硝烟的战场，而我们，仅仅是坐在电脑面前的椅子上。如果这样的你也会被反动势力所击垮，那么你就不是战士，而仅仅是一根墙头草。

这是我们的国，这是我们的家，无论形势多么险恶，我们要守护她！

打击谣言怎么成了不让说真话

最近一段时间，国家有关部门打击网络谣言的行动逐步展开，按理说这本来是大好事吧？可是你很容易就发现，很多人跳出来唧唧歪歪，说政府不让老百姓说真话，说"土共"打压人权，说我们需要民主选主席，自由自在的没人管……

要是个别糊涂蛋这么说也就算了，可是很多都是有话语权的名人啊，著名的新闻评论人、所谓的历史学家，还有一些著名学者，也跟着犯糊涂，或者说装糊涂，这笑话闹得也太不像话了吧？

俺老花一再地论述，任何事情都有它的本质，看透了本质问题，细枝末节的事情就不必纠缠了对不对？比如打击谣言的事情，怎么就能跟不让说真话挂钩呢？这是两个完全不同的事情好不好？它们之间是完全相反的关系对不对？打击谣言就是让大家说真话，大家全都说真话就没有谣言了对不对？

你看，这样简单的本质问题，为什么那么多人故意歪着嘴巴说话啊？谣言不需要打击么？有谁想活在一个谎言编织的世界里？既然大家都知道谣言不对，那么国家打击谣言的事情，到底是谁不爽呢？

谣言的危害非常大，日本福岛地震的时候，满大街抢盐的事情大家都看到了，可是你知道为什么会出现那种不可思议的情况吗？明明我们国家的食盐供应充足，青海那边甚至烧包地用盐铺垫了一条公路，结果弄到市面上买不到食盐的尴尬地步，这个事情本身就有多可笑，大家都能理解的，可还是弄出了盐荒的事情对不对？

问题的关键就在于，人们有从众的恐慌心理。单个人的话，绝大多数人的脑袋都是清醒的，可是人一多，就会盲目跟风，人越多这种风气越厉害，全国人民都在抢盐，我就不信还有几个人能坐得住的。我在外地，听说了抢盐的事情之后，特意打电话回家，告诉花嫂子不要跟风，不要去抢盐，结果怎么样？我不说还好点儿，说完了之后，贤惠温良又精明的花嫂子同志，到底还是去抢了10包盐回来，让我大跌眼镜，不得不佩服小女人的战斗力其实也蛮惊人的。

后来的事情就不说了，食盐这种东西，我们国家的储量在全世界都是排名前几名的，当然不可能真的缺货，源源不断地运来之后，大家就多半后悔了。买来的食盐太多，一时半会儿吃不完，只好多腌制咸菜，后来很长时间蔬菜价格上不去，估计也是大家努力吃咸菜的结果。

抢盐只不过是某些不良商家为了尽快出货，所想出来的馊点子，所造成的影响无非就是人们那几天无法安心工作了，估计没有几家人真的断了盐巴。后来不法商家都被处理了，这风波也就过去了。

我一直以为这个事情足够警醒大家的，吃了一次亏，总不会吃第二次吧？可是我大大地错了，我发现很多弥天大谎，还是能够轻易地左右很多人的情绪，甚至弥漫到学术界，开始影响我们的下一代。

比如说，有一种说法就比较骇人听闻，说三年自然灾害期间，中国饿死了3000万人。3000万人啊，日本鬼子侵略中国，全民族抗战，那么不堪的情况下，我们也死了3000万人，建国以后大家安心生产，不用再过战火纷飞的日子，结果三年就能饿死3000万人，这种话有多离谱，还用说吗？

我本来以为不用说的，可是很多人都在说，更多的人在传播，搞到现在，很多文献资料和专家的著作也开始引用这一说法，俨然成了真事。这可真是是可忍孰不可忍了，我觉得我有必要拆穿这个谎言的真面目了。

当时中国人口总数还不到七亿，建国还不到20年，人们的平均寿命由38岁提高到44岁，很多人由于以前生活条件不好，所以身体条件很差，那样的情况下每年的人口死亡率还是很高的，按照44：1的算法，六亿人每年都要死亡1300多万人的。而实际上因为生活水平不断提高，绝大多数人开始迈过44岁的门槛，继续健康地生活，所以那些年的年死亡率都是几百万不到千万的样子。

就是这样，三年时间，每年不到1000万，三年正好3000万，现在你明白饿死3000万的说法是怎么来的了吧？我们当然要承认，那几年因为收成不好，所以很多体弱多病本来可以活下去的人没有挺住，过早地离开了人世，这种事情是肯定有的，偌大一个国家从一穷二白起家，遇到这种天灾，即便多付出几千或者几万人的代价，也是可以理解的，但是绝对不可能出现饿死3000万人这种离谱的事情对不对？

其实辨别这种谎言，还有别的办法，既然饿死了3000万，占全国总人口的5%，那么你们村子里饿死了多少人呢？邻近的村子饿死了多少人呢？别的地方我不知道，起码我们东北三省，饿死人的事情是不会发生的，吃得不好，需要吃野菜树皮的事情是有的，但是没听说当地有饿死人的事情。其他地方呢？都说山东四川饿死的人多，我也相信那些地方情况会比我们东北糟糕得多，可是你看看现在那两个省都是人口大省，算一算每年的出生率和死亡率，你就知道那两个省当时是无论如何也不可能饿死

3000万人的对不对?

　　饿死3000万的说法你是怎么知道的?回答基本上千篇一律,听别人说的。如果这个事情是真的,那么为什么没有人站出来,去《南方都市报》做个专访呢?

　　错误人人都会犯,推广到一个国家,出点儿错误也是在所难免的,有了错误不要怕,知错能改还是好同志的对不对?共产党从来没有遮着盖着自己的错误,批判与自我批评是被写进党章的话,只要是合理的建议,共产党会虚心地听取,只要能做到,会改正得飞快,这是任何国家的政府都不能比拟的。

　　网友八大山人同学,每次跟人讨论,不管任何话题,都要甩一句"亩产10万斤"做开场白,到底是为什么?其实这样做的目的很简单,就是想让人民产生一种错觉,挑拨大家认为共产党有爱吹牛的传统,从老根子上污蔑、打压共产党的威信力。

　　他说错了么?他还真没有说错,可是抓着人家道了无数次歉的事情不放,除了别有用心还能说明什么啊?你被蛊惑了以后,会对现今社会中国已经取得的成绩产生怀疑,会不再信任政府的一些对应政策,从而拖慢中国发展的进程。

　　再有近几天比较火热的"狼牙山五壮士"话题,我都感到无语了,是什么样的"脑残"能怀疑那事情是作假的啊?还理直气壮,一点儿都不避讳地说狼牙山五壮士其实就是地痞流氓,只知道欺负老百姓,他们其实是被当地老百姓推下山崖的……

　　我想骂人都不知道怎么骂了,狼牙山五壮士就是真实的事迹,放在教科书里那么多年、包括我们的父辈在内的所有中国学生都知道的事情,可能是假的吗?我们有抗日战争、解放战争、抗美援朝……有数不清的励志革命小故事,何必弄个假的来糊弄人呢?如果真是假的,那么狼牙山当地的老百姓,包括当地的政府官员,怎么就没有一个人反映出来呢?非要时隔五六十年之后，由一个不相干的人说出来？

很多谣言就像一张纸，轻轻一点就破。

问题是，辟谣其实是一件很苦逼的事情，很多谣言都很难证明，好容易证明出来了，没有话语权，无法把真相告诉大家，其实等于没辟谣。

可是就是有人不怕风险地去胡说，更可怕的是还有那么多人分辨不清真假地被蒙蔽，有正义感的人就必须站出来拆穿那些谎言，而且必须让造谣者得到应有的惩罚。好在国家已经发觉了谣言的危害，开始大力整治，是还我们真实世界的好事情。

这样的好事情，为什么还要有人故意歪曲，说打击谣言就是不让说真话呢？这两者之间有关联吗？故意这样说，其实是想维护说谎者的利益对不对？那么，到底是谁在维护造谣者的利益呢？

非常好找的对不对？老花我一个人，两只眼睛不够用，大家帮忙把这些人记录下来，百度"网络违法犯罪举报网站"，那里有给你伸张正义的地方。请记住，党和政府跟我们不是矛盾对立的，党和政府一直是跟我们站在一起的，只要我们的行为对国家有利，党和政府都会永远地站在我们的身后，坚定地支持我们。

打击谣言，请从你我做起，中华民族的脊梁不能被谣言压垮。

前进！达瓦里希！

这是你的祖国

　　很多人都想表达自己的声音，这是人权，理应支持。可问题是，在消息闭塞的传统年代，只有报纸和电视几种有限的媒体，所以人们就没有能够表达自己声音的平台。网络的出现大大地扭转了这一被动局面，人们欣喜地发现，你可以表达你的想法，可以让很多人知道。

　　可是，能够发现这一点的人，不仅仅是我们普通人，很多别有用心的人也能发现这一点，所以在左右互联网民意方面，国内外不法之徒，可谓是用尽心机。《是谁扭曲了你的信仰》和《导致舆论崩盘的罪魁祸首》两篇文章，已经深刻地揭露了这些人的小花招，作为三部曲的最后一篇文章，俺老花要对以上的认知稍作补充。

　　我们要知道，即便是网络开放，大家可以表达自己的思想，那也只有三种途径能把自己的话说出来给大家看，一是论坛，二是微博，三是各种新闻网站下面的评论栏。有了说话的途径，是好事对吧？可问题是，你总在不知不觉中被左右。

　　论坛和微博的事情已经说过了，新闻网站的评论栏又怎么样呢？那地方就公平吗？其实那地方的情况更恶劣，作为新闻网站的媒体人，你要比微博管理员或者论坛的大小版主更有主动性和隐蔽性，绝对是"一切尽在掌握之中"。

　　作为新闻网站的主管，首先你要整理内部，在保护好自己的前提下，让新闻网站的编辑、记者们都"聪明点儿"。影响网络舆论风向不需要你当大师呼风唤雨，只要在几个关键节点培养起自己的走狗，就完全可以做到的。

当然这个事情做起来是有技巧的嘛，比如说你可以找各种借口开会，开会大家就要听你讲。你先讲："我们是给政府站台的！我们要挺政府！"记住这口号可不能不喊啊，虽然你心里一百个不愿意。

然后就是说，现在社会上"毒奶粉"的问题怎么样怎么样，我们要竖起白领领域的大旗怎么样怎么样，要做高端网站怎么样怎么样……核心思想就是，我们都是有文化的人，所以要为高端人群代言！

这么一番说辞之后，老油条的编辑、记者们都会懂的了。当然，也少不了刚毕业的小青年会很傻很天真地问："贝因美也有问题啊，我们怎么不报？"这种菜鸟属于需要当头棒喝的级别，你千万不要客气，直接就吼一句："你傻啊？那是我们A类客户！一年给千百万广告费的！"于是，再傻的小编辑，也会秒懂。

下面要做的，就是所谓"深挖新闻内涵"，任何抹黑国家的事情，都要开专题，组织枪手写各种引人联想的文章，然后版面上挂满各种吸人眼球的标题，都打成鲜艳的颜色，置顶到最显眼的位置，以方便更多人看到。

当然，总要"平衡报道"嘛，都是一家之言多不"客观"啊！其实这个很好办，各种评论文、枪手文之间，会有一两篇"反对意见"文夹杂在其中，注意这种文章只能表明态度，不能写得天花乱坠，免得扭曲了你的"大业"。当然这种文，飘红什么的，想都不要想，置顶更是绝对不可能。

结果就是，谁来查都没毛病，我们真的平衡报道了，不信你搜搜看！

按理说，专题这种东西，其实应该是深度报道，把各种意见综合起来，并且深挖内涵，形成网媒互动……但是呢，小编辑做专题的时候，会被主编批回来无数次。理由很冠冕堂皇的：要深挖内涵！要深刻！要多放点儿各界观点！

可怜的小编辑就会想，这玩意儿有毛线深刻啊？不就一个民生银行爆仓么！不过再傻的人，也有脑子"开窍"的一天，最后最后，总算明白了，所谓不深刻，就是没有批判体制、批判金融改革、批判银行管理政策啊……

人是万物之灵，谁都不笨的。这样子做的时间不用很久，整个办公室里都会弥漫着一种不健康的氛围。大家会为反华人士获得了诺贝尔奖欢呼雀跃，会为美国又轰炸了阿富汗而手舞足蹈，会为中国的天灾人祸喜上眉梢……破口大骂祖国的会被大家赞扬，相反，要是有人不小心说一句："这个国家其实还可以……"话都不等他说完，就会招来众人的鄙视和嘲笑。

这些都准备得差不多了，你可以让小编辑选择话题。是让网民评论"'神舟'飞天"，还是让网民评论"城管打小贩"，还是让网民评论"校长强奸幼女"，完全是自己说了算，下面的网民朋友只能被动地跟风，形成你想让大家说什么大家才能说什么的有利局面。

有了这个做前提，后面的事情就简单得多了……我们不要以为可以跳出人家的舆论导向作用，只要你细心，你就会发现新闻评论栏里，网民的舆论风向，往往就是跟着人家事先安排好的路子走。

难道大家都是傻瓜吗？那当然不是了，问题的关键就在于，网站有审核权利，至于审核多久，那是完全没有限制的。比如我们都知道，任何一起城管打小贩事件，都因小贩违规在先引起的，可是新闻本身根本不会论述这个本质问题的，你现在就去翻看所有类似的专题，你就会发现，新闻稿主要就是在描绘小贩被打得多么惨，以及城管们的行为多么恶劣。

在这样的引导前提之下，大多数网民会先骂几句城管，当然免不了也有人会揭露本质问题……你可以蹲在幕后，先把骂人的评论放出去，其他理性的声音，就先拖着。

新闻评论栏的特点，是有支持按钮的，支持量越多的意见，排名就越往前靠，等到那些谩骂政府的评论占据了前10名之后（前排固定的只有大约10个位置），那些理性的评论再慢慢放出来，反正一出来就翻第二页去了嘛，根本没威胁了。

怎么样？我说得没错吧？是不是很多很多新闻评论版的情况都是这样的？人们有从众心理，看到很多人在支持，就跟着去支持，很少有人去想想为什么会这样对不对？最关键的是，你很难指责那些新闻网站吧？人家没有打压你，让你说话了啊！

话是让说了，可是已经被打压得不成样子了。凡是敢于说一句中国好话的人，用不上多久，就有几十几百甚至几千几万个马甲账号跳出来，骂你是"五毛"！"五毛"是学术名词啊，这些年在网络上很有名的，别有用心的人，把替国家说好话的人说成是拿钱发帖的没人品败类，发一个帖子赚5毛钱都给设计出来了！

总之吧，各种花招数不胜数，各种阴谋顺利实施，一步一步地，一点儿一点儿地，我们就发现人们开始拿起筷子吃饺子，放下筷子就骂共产党，这种离奇现象的本身是多么的不可思议啊！

可是，聪明人总是有的，虽然大多数人容易被忽悠，可是总有眼睛雪亮的人。就是在这么不堪的情况下，"自干五"一族就脱颖而出了！有人勇敢地站出来，说没人给我那5毛钱，可是没人给钱我也要说真话，不能让你们这样抹黑国家！

中国人是全世界公认的最聪明的三种人之一，只要有人点破那层窗户纸，很快就有大批的追随者醒悟过来，在不良媒体炒作完了"城管"、"强拆"、"彭宇"之后，到了温州动车组出事，那些人开始诋毁中国高铁事业的时候，"自干五"们终于总爆发了！"请停下你带血的速度，等一等你的人民！"这样煽情的话再也蒙蔽不了大家了，理性的"自干五"会告诉你，没有高速发展的高铁事业，我们每年会在汽车交通事故中多死亡数万。那每年数万的生命，比动车事故中的死亡人数多多少倍呢？至于脾气火暴的"自干五"，早就发火了："还是让你美国爸爸等一等他的黑鬼吧！"

越来越多的论坛版主被"自干五"占据，尽可能地与负面能量对抗，维护正常理性的舆论氛围。我一度以为"自干五"已经成长起来了，可是后来我发现我错了，路还很漫长，微博依然是"公知"的领地，新闻评论栏更是"自干五"们无法撼动的堡垒。

无法撼动我们就气馁了吗？就在昨天，网友金融玫瑰在微博里看完了《是谁扭曲了你的信仰》之后，留言说道："我一直不知道我的政治倾向，也不愿打标签，但看完之后，我很乐意做个'自干五'，'自干六'也行，我不怕'新烂'打压，我就是只剩0个粉丝，也是一个堂堂正正爱祖国的'自干五'，独角戏也跳得很快乐！"

看到这份留言之后，俺老花忽然之间就泪流满面。就像鲁迅先生说的那样，我们自古以来，就有埋头苦干的人，有拼命硬干的人，有为民请命的人，有舍身求法的人，这就是中国的脊梁。

"自干五"，"自干六"，其实只是一个名词。当我静夜沉思的时候，我忽然反应过来，所谓的"自干五"，其实就是一个正常的大国国民而已。难道不是吗？没有任何补助，甚至还要自己搭钱，也自觉维护祖国和人民的利益……其实就是维护我们自己的利益啊！

最近几年中国舆论界的乱象是我们不敢想象的，"自干五"

被打压得体无完肤，成长之路全是血泪。《是谁扭曲了你的信仰》和《导致舆论崩盘的罪魁祸首》发表之后，很多"自干五"纷纷找到我，希望我能扛起"自干五"的大旗，带领大家一起夺回舆论阵地。我说没必要的，"自干五"之所以是"自干五"，那就是因为我们都是单个的人，我们只表达自己真实的想法、维护自己认为的公理正义而已。一旦俺老花登高一呼，天下响应，会后果难料，那岂不是给我们的国家添乱吗？

就是在这种情况下，我终于明白了，"自干五"可以独立作战，但是更应该依靠国家。"公知"和"导师"们，利用"主场作战"的优势，长期打压我们，可是放眼全中国，到底谁是主场？那是我们的主场好不好？

我们不能再受"爱国不爱党"的错误思维引导。维护祖国和人民的利益，不仅仅是"自干五"的责任，也是"五毛"们的责任！只有我们团结起来，每一个人都付出了自己的努力，这个国家才会更加的富强，我们的生活才会更加美好！

共产党是个巨人，我们应该坐在他的肩膀上，让他带着我们过好日子，你明白了吗？当然你要做个负责任的"自干五"，不能光唱赞歌，政府有错误了我们一样要勇敢地指出来，看着他改正，免得他把我们带到沟里去。

不知道怎么借助国家的力量是吗？呵呵，很简单，自己去百度"网络违法犯罪举报网站"，或者"中央纪委监察部网站"，你会发现"五毛"们其实也蛮给力的，只要你有证据，他们会毫不手软地替你伸张正义！

想当"自干五"吗？你本来就是好不好，这是你的祖国！

东莞被"公知"们挺哭了

央视对广东东莞的色情业娱乐场所进行深度报道后，出乎我们所有善良的老百姓的意料，好多好多名人大V，居然不约而同地喊出了"央视无情，人间有爱"、"东莞不哭，今夜我们都是嫖客……"之类的话，让俺老花目瞪口呆！

从什么时候开始，嫖客成为引以为傲的身份了？

"央视无情，人间有爱，众志成城，一方有难，八方支援！东莞挺住！东莞不哭！东莞加油！今天，我们都是东莞人！"话说有没有搞错啊？这种抗震救灾式的口号，怎么喊到东莞"扫黄打非"身上了？

如此地颠倒黑白，简直是没有下限了。禁止贩卖人口及取缔意图赢利使人卖淫的公约，早在1951年就通过了。该条约的第一条就是，本公约缔约国同意，对于意图满足他人情欲而有下列行为之一者，应处罚：

一、凡招雇、引诱或拐带他人使其卖淫，即使得本人之同意者；

二、使人卖淫，即使得本人之同意者。

第二条，本公约缔约国同意，对于有下列行为之一者，一应处罚：

一、开设或经营妓院，或知情出资或资助者；

二、知情而以或租赁房舍或其他场所或其一部供人经营淫业者。

"公知"们整天嚷嚷普世价值，却对这样一个国际公约视而不见，为卖淫嫖娼这种丑恶行为摇旗呐喊，堂而皇之地声称"今夜我们都是嫖客"！拜托，我们老百姓又不是傻子，你们不要这样明目张胆地教唆好不好。

当然，还有些人比较聪明，知道为卖淫嫖娼行为洗白会犯众怒，会被父老乡亲们骂八辈祖宗，就转移话题："央视记者挟央视之威、挟媒体所谓的监督权利，去暗访这类行业，本身就已经犯了'只见芝麻，不见西瓜'的错误。中国比这类事情多得多、重要得多的新闻，从来不见央视记者正经去报道。他们敢暗访楼堂馆所吗？不敢。他们敢暗访黑砖窑吗？不敢。他们敢暗访血汗工厂吗？不敢。有时候是真不敢，有时候是真下不了那份苦力。"

看见没有，这"神逻辑"能把我们这些辟谣的人们搞晕头，在后面跟风的网民被忽悠就在所难免了。可事情的本质又是什么呢？央视作为国内一流的媒体，尤其是《焦点访谈》节目，这些年不知道报道了多少社会的丑恶现象……到了"公知"嘴里，央视工作人员以前的种种努力就都不算数了……以前不知道什么是翻手为云覆手为雨，现在俺老花总算明白人嘴两层皮，真是怎么说都有理啊。

当然了，闭着眼睛瞎说一通，总是会被人揭穿，更加聪明的"公知"会再次把问题的焦点散掉："做小姐的是这个社会的弱势群体，我哪怕要曝光此事，也只会找背后的原因，不会用猎奇的手法拍下她们跳艳舞的镜头哗众取宠。一个掌控着巨大媒体资源的机构，它的使命绝对不该是如此做新闻。在你们拍下她们的艳舞之时，难道不明白这是让自己的职业蒙羞，跳了一场精神上的脱衣舞么？"

可问题是，央视要是听了这种鬼话，去找所谓的背后深层次原因，俺老花保证到了播报之时，"公知"们会跳出来大骂："你们搞这些臆想出来的阴谋诡计有什么用？你们有证据吗？夜总会的小姐都是走秀的模特你们不知道吗?!"

"东莞挺住，小姐不哭!"

俺老花试图跟思维奇葩的"公知"们沟通一下，苦口婆心地劝诚："卖淫嫖娼是违法的啊，你们为什么要挺呢？""公知"们理直气壮："她们是弱势群体。"我说是啊，她们被逼良为娼，央视报道一下，正好可以帮助她们脱离苦海。"公知"对俺老花的劝诚不屑一顾："卖淫是生活所迫，是社会逼她们出卖肉体。"

哦，原来她们做鸡也是体制的问题，可毛主席在的时候，中国没有妓女，你们又说那个时代不好。"公知"对俺怒目而视："五毛！滚!"

这个世界变得俺几乎不认识了！

禁止以营利为目的组织妇女卖淫，是联合国人权公约明文规定的。像西方那种类似个体户性质，以自愿为主，以自身赢利为目的的红灯区从业者，与有组织地以赢利为目的完全是两个概念。而即便是西方的所谓红灯区，那也不是每个国家都有，大部分国家还是明令禁止的，这是尽人皆知的事实啊！

可怜我们中国的"公知"们，天天喊人权，结果连基本的联合国人权公约都不懂，就满网络地胡乱扯。（还是缺点题……不过俺也不知道怎么点。）

老花两会报告

开场白

全国的亲们，大家好哈O(∩_∩)O~

又到两会时间，虽然乌克兰还在民主地冒烟儿，可外国人民滴事情外国老百姓会自己解决滴，咱们就先不要操心了哈，自己有钱才算真有钱嘛……嗯，上厕所的同志们都回来了吧？好，那俺就开始汇报了哈。

一、××××年工作回顾

众所周知，我们去年刚刚换届，要熟悉场地，要了解对手，要跟吹黑哨的王八蛋裁判周旋，甚至还要跟扫地的环卫大妈搞好关系，忙得我们脚打后脑勺儿。好在我们强国班班长领导有方，我们的队友紧密团结，困难是可以克服滴对不对？成绩是有目共睹滴对不对？大家不用谢我，俺们的名字是雷锋，O(∩_∩)O~谢谢！

二、经济政策

小钱钱，真心甜，经济问题，筒子们、妹纸们都比较关心。去年，大家一共新搞出来了××.×万亿元滴东东，比上年小小滴增长了那么个7.7%。听说美国日本的经济增长率都不到2%，欧盟居然还倒退了0.4%……好吧，好吧，种花家的人民要谦虚，咱们就不跟烂的比了，免得人家硌心，嗯。

其他方面的小钱钱数据，也比较喜闻乐见：俺们滴居民消费

279

价格涨幅控制在×.×%，城镇登记失业率×.×%。在全体同志滴共同努力下，我们破天荒滴给××××万人找到了新工作，成功地让全世界滴人们羡慕嫉妒恨。进出口总额更是突破×万亿美元，坑得奥黑哥喝凉水都总塞牙O(∩_∩)O。

三、货币政策

亲们首先要明白，小钱钱这个东西，只能体现东西滴价值，1块钱可以买1根雪糕，但是直接去咬1块钱的硬币，会坑了亲们滴小牙牙o(╯□╰)o。那个，所以，货币政策是大事。不能搞得太少了，小钱钱不够流通用，就会影响企事业单位开工。多了当然更糟，小钱钱乱印，物价会像火箭一样让人狂冒汗……所以，在俺们开了N天小黑屋闭门会之后，大义凛然滴决定将广义货币M2预期增长定为××%左右。请相信会计局同志滴工作能力，嗯，不会算错滴。

四、城镇化

现代化的生活需要现代化的供给方式，给各位亲们一家炕头分别修一所医院、一所学校、一所超市、一所邮局、一个火车站……虽然这样做最能带给大家方便，但是面对现实吧亲，那些都太不靠谱了，那个等咱们把五星红旗插到天马座星系的时候，再研究也不迟哈，目前就不要这么好高骛远了哈。

现在，比较实际滴做法，当然是大家共用一些公共设施，合理利用资源嘛，勤劳俭朴可是我们滴传统美德哦O(∩_∩)O~说了这么多，实际上就一句话：城镇化，是我们必须要走滴路。在这条路上，我们要着重解决好现有"三个×亿人"问题。简单点儿说，就是促进约×亿农业转移人口落户城镇，改造约×亿人居住的城镇棚户区和城中村，引导约×亿人在中西部地区就近城镇化。

嗯，基本就是这么个意思，没听懂的同学请电话私聊俺：

136××××××××。

五、扶贫

贫穷不是社会主义啊亲o(╯□╰)o，改善民生滴工作，依然是重中之重。举国奔小康的情况下，还有N多人在贫困线以下，那算啥子"中国梦"哦对不对？所以，就压根儿没有神马所以，必须搞定连片特殊困难地区区域发展与扶贫的事情，要加大对跨区域重大基础设施建设和经济协作的支持……记得不要乱开发哦，生态保护和基本公共服务那也必须同步到位，面子工程少特么给俺干。

虽然去年减贫工作成绩优异，但是俺们不能骄傲，保证×××万人的脱贫指标，都要落到实处，俺们要继续向贫困宣战，决不能容忍爹穷子穷辈辈穷的现象，要让每一个老百姓，都为生长在这个国家而骄傲。

六、深化改革

社会主义的根本目标，是大家都有钱花O(∩_∩)O~少数人出国转圈子、摆阔气，大多数老百姓只能干看着，是不对滴。共同富裕才是终极目标，你好我好大家好，你笑我笑大家笑，才是国家强盛滴标志。

当然喽，改革也不能乱改，更不能假借改革之名往自己兜里猛划拉小钱钱o(╯□╰)o。我们要从大家最希望改革的领域改起，要从制约经济社会发展最突出的问题改起，从社会各界能够达成共识的环节改起，使市场在资源配置中起决定性作用和更好发挥政府作用，积极推进有利于结构调整的改革，破除制约市场主体活力和要素优化配置的障碍，让全社会创造潜力充分释放，让公平正义得以彰显，老百姓得到实惠。

七、军事国防

咱们滴老祖宗喜欢记账，咱们老祖宗滴账本上，明明白白滴写着："要钱不要命的是傻瓜！"所以，在保护人民群众生命财产安全的问题上，不能马虎，不能不花钱，不能少花钱，不能傻呵呵地指望大灰狼是天使。要想不被大灰狼咬屁股，那就只能手里抓着大棒子。因为大棒子的问题关乎小命，所以，大棒子要够大、够结实，而且一根棒子显然也不够。

所以，今年国防支出将增××.×%，升至××××.×亿元，这个是谁都可以理解的嘛。军队必须现代化，必须正规化，必须信息化，当然也要革命化，军队是人民滴军队，任何时候都要维护本国人民滴利益。俺们不但要有打败敌人的实力，还要有摧毁敌人信心的实力。

当然，手里光有大棒子还是远远不够滴，思想政治建设也是不能忽略滴，大棒子的升级换代工作更要加快发展，争取早日把大棒子升级成狼牙棒0(∩_∩)0~

结束语

筒子们、妹纸们，还有俺的那些小伙伴们，第一次作报告，其实蛮雷人（累人是真滴，雷人估计也不假）哈，知道亲们都没有看够，不过不要紧嘛，明年的今天俺还会继续讲嘛0(∩_∩)0~

亲，大国梦哦~~~

辑　五

● 国计民生 ●

我和习大大零距离

　　小时候第一次从课本里见到人民大会堂图片的时候，觉得神圣得不得了，做梦也没想到真的有一天，俺老花也能走进人民大会堂里，受到党和国家最高领导人习大大的亲自接见。整个会议期间，习大大亲自主持，对于中国文艺工作的现状、问题、发展方向等等方面，做了将近两个小时的主题发言。习大大重点讲述了社会主义核心价值观的维护与发展等问题，来自全国各地的近70名文艺工作者代表们，一边记录一边听讲，时不时地就不约而同地鼓掌，会场气氛非常热烈。

　　会议结束之后，走出人民大会堂，网友老朱打来电话："老花，习总接见你了？是真的吗？你确定？你可别骗我……"我傻乎乎地站在大会堂门口，有那么一会儿，自己都觉得不太真实，我说要不你晚上看看《新闻联播》吧，这么重要的会议，《新闻联播》肯定大篇幅播报。安慰走疑神疑鬼的老朱，打开手机一看，微信群里网友们都高兴得炸锅了，我看到第一句留言的原话是："打屎老花，他去北京见习大大去了！"下一句是："还跟习大握手了！"然后是："你看照片，习大还跟老花说话了！"于是，成千上万的网友给俺留言，大家一致要求俺一个月之内不准洗手，给大家留着，都沾点儿喜气！

　　大家都很好奇，除了要求俺不准洗手之外，问得最多的，是老花你见了习大激动不？有啥感想？说实话我被这个问题给问住了，仔细地回头想想，没觉得当时很激动啊！如果说非要找一个词儿形容当时的心情，那就只能是"幸福"了，幸福得不得了！党和国家最高领导人肯定很忙，不可能每个中国人都能见到，所以大家想当然地就会觉得被接见的时候，一定要激动，不然对不起大家的期待。可实际上，见过习近平总书记的人，都会有一种直观的印象：太亲切了！以前一直以为习大大很白、略胖，见了本人之后才知道他一点儿都不胖，他那是壮实。他是大领导，最大的领导，可是他给人的感觉更像是一位家长，稳重、平和、靠得住、和蔼可亲，几乎跟邻居家的大叔一个样子。

至于说有啥会后的感想，这个可就说来话长了。不要说什么会后，实际上在会议期间，我就明显地感觉到，中华民族要迎来自己的文艺复兴时代了！习大大在将近两个小时的发言之中，系统地阐述了文艺工作的重要性、对受众群体的影响、对整个国家民族命运的导向等等，可以说，我们的国家领导人，非常重视这件事情，而且明确无误地把这件事情提高到了国家战略决策的层面。

俺老花是网络代表，最关心的肯定是网络问题，这方面也恰恰是习大大最重视的部分之一。他在会上说得很明白，社会主义核心价值观是我们维护的根本，而网络时代是文艺工作的变革机遇，能够适应网络时代，文艺作品才更容易产生深远的影响，才能够更好地弘扬社会主义核心价值观。说到这里的时候，习大大突然说道："今天我们这里还来了两位网络代表，周小平和花千芳，坐在哪里？"俺老花正在认真地听讲写笔记呢，忽然被总书记点名，那一刻简直不知所措，不由自主地就站了起来，举手说："习大大好！"总书记微笑点头……整个会议期间，除了中国作协、中国影协等7位发言代表之外，习大大在会议期间只点了3个人的名字，其中就包括仅有的两位网络代表。从这个小小的细节上，我们就不难发现，总书记同志对网络是多么地重视，对我们网民是多么地关心爱护了。

有两句话，大家都听说过，一句是："21世纪是信息化时代！"还有一句话叫："21世纪是亚洲的世纪，是中国的世纪！"如果我们把这两句话叠加在一起，我们就很容易得到一个明确的信号：21世纪属于信息化的中国！而在这个伟大的历史变革之中，我们的文艺工作者，包括作家、画家、音乐家、舞蹈家、影视从业者等等在内的所有人，都背负着一个伟大的使命。都说文艺工作者是人类灵魂的工程师，在现代化中国全面进入工业化的关键点上，我们的灵魂工程师如果失职，那么我们面临的后果肯定是灾难性的。如果我们拥有一个物质文明极其发达的世界，精神文明没有及时跟进的话，物质文明也不可能延续下去。古往今来的很多文明，包括古罗马在内，都是因为这个问题彻底衰落。在整个人类文明的历史上，也就只有中国人一以贯之地注重精神与物质的双向建设，所以那么多的古老文明，现在就只有中华文明是没有中断的。

这一点，毛爷爷看得很清楚，所以才有了当年名留青史的延安文艺座谈会。这是高瞻远瞩的一着棋，深远地影响了中国几十年的发展。那次座谈会之后，中国出现了一大批经典名作，为中华文明的绵延发展做出了不朽的贡献。而今天，我们的习大大，亲自主持召开了全国文艺工作座谈会，对中华文明的发展方向定了调子，否定了追逐铜臭的低级文艺，这必将是一次彪炳史册的经典会议。

我强烈地预感到，这次全国文艺工作会议，会在将来的某一天，被记载到历史教科书里，成为中华文明发展史中光辉的一页。作为会议的亲历者之一，而且还是最年轻的亲历者之一，我要对网民朋友说的是："能够参加这次盛会，俺老花非常高兴，但这不是我们个人的什么成绩，这是所有正义网民共同努力后受到高层重视的结果，折射到俺老花身上的只不过是一个表象而已，这是大家的胜利!"

感谢习大大的高瞻远瞩，感谢广大网民朋友的长期支持与厚爱，感谢13亿同胞的辛勤工作，感谢我伟大的祖国，感谢这个属于中国的时代! 需要感谢的太多太多，也正是有了这些让俺老花去感谢的人和事，我才有机会走进人民大会堂去跟习大大握手，踏实的大手。

春天已经悄然而来

昨天，浙江的叶警官在网上给俺留言，嚷嚷天气有些闷热。俺老花是东北辽宁人，转过头去看了看窗外，山坡上的积雪已经消融得差不多了，在下一场大雪到来之前，大地的稳健已经是历历在目。

回头再看今天的新闻，赫然发现习总书记戴着大棉帽子，穿着翻领的大棉袄，憨厚得好像一位邻居大叔……正在内蒙古边疆慰问边防战士呢。呵呵，好吧，虽然俺老花早就知道我们的祖国很辽阔，可也没想到这个时候了，内蒙古边疆的大雪还那么深。

雪大好啊，瑞雪兆丰年！可问题是守护在边疆的战士们，真辛苦啊！新闻里絮絮叨叨地说着什么战士们的眼睫毛上都是冰霜……那当然表示很冷，不过俺这东北人看了，也没啥感觉。可问题是，我在图片里看到了一匹马！

马，今年是马年，因此拜年的时候少不得大家会互相祝福一句："马到成功！"这当然很喜气，也很喜人。可是，当真实的一匹马出现在我们面前的时候，我们应该注意它最本来的作用……它是一种畜力！

且不说美国在阿富汗驻扎的军犬都穿上了防弹衣，更别提沙特的空军飞行员平均每人配备3架飞机，连老百姓穷得一塌糊涂的印度，都拥有两艘航空母舰。我一位芬兰的朋友介绍说，北欧放养驯鹿，都一水地开着直升飞机来回兜圈子了。而21世纪的今天，我们的战士还在使用战马！

这只能说明：第一，我们的直升飞机不够用；第二，我们的直升飞机不够用；第三还是我们的直升飞机不够用！而这三点加在一起的本质原因，就是我们的军费太少了。更可气的是，军费支出根本不多的情况下，还要有人豁出去老脸，嚷嚷要养老母不要养航母。你问他为什么，他会告诉你，我们根本没有敌人，没人会打我们，所以大笔地投入军费实际上是浪费国家的财力。

于是，很多糊涂的人就信了，也跟着认为世界很美好，美国是人类的希望，日本是自由的标杆，连印度都是民主的楷模。世界如此和谐，为啥还要花冤大头钱去养活军工呢对不对？

事实的真相又是怎么样呢？请你想一下，如果美国的军队没有十几个航母战斗群，没有那200架"猛禽"战斗机，没有那数不清的核动力潜艇和战略远程轰炸机……如果没有这些，全世界人民凭什么去使用美元？

大实话都说到这个地步了，肯定还会有人质问俺老花："那就用美元呗，人民币也不是白给的啊，啥钱不都一样花？"好吧，我问你，中国自己能印美元吗？不能吧！那么中国想得到美元就只能把东西卖给美国对不对？在这个过程之中，美国人实际上就是用白纸换了我们中国人辛辛苦苦制造出来的商品，对不对？

很多人羡慕美国的好日子，可实际上美国的好日子是全世界人民供养出来的。那些拼了命也要往美国爬的人，根本就不会想到你已经被美国人从头到脚地剥削了个遍，最为痛心的是你根本意识不到谁坑了你，反而言必称自由，话必谈民主，把所有的美好希望都寄托在扯淡一样的"选票"上，试问你可有多糊涂?！

强国，强军，强壮中华民族，这是我们唯一通往幸福的大路。这次习总书记去了边疆，俺老花认为很好，好就好在他不是高高在上地写写文件、发表演讲贺词，他会亲自到最基层的地方去察看，他想倾听最基层的声音。

很多人都不明白，为什么总书记一而再，再而三地讲，要"接地气"。其实这个问题非常简单，不接地气你当什么官？中国的官员准则，第一条就是"为人民服务"，你不接地气，不知道老百姓心里面想什么，请问你怎么"为人民服务"?!

最后，我要对我们的边防战士说几句心里话：哥们儿，好样的！总有一天，我们这些父老乡亲，会给你们配备上直升飞机，给你们配备上无人侦察机，祖国的富强会惠及每一个中国人，也当然包括你们！

擦掉你睫毛上的冰霜吧，兄弟！还有三天就是马年了，春天已经悄然而来，祖国正在稳步腾飞，你身边的严寒是最后的冰雪。

站直了，别趴下，谢谢！

危机面前我们风雨同舟

大马航空事件突发之后，举国震惊，200多人的生死，牵动了亿万同胞的心。我们期待着发生奇迹，期盼着那架飞机就像它突然消失一样，又突然穿破云层回到人间……好多善良的同学，甚至希望遇难者能够像美剧里的主人公一样，流落到无人荒岛，上演一幕现代版的鲁滨逊漂流记。生命，总是可贵的。

然而，让人略略不快的是，在国人翘首以盼的时刻，不和谐的音符也充斥着网络。有人大肆宣扬恐怖袭击，有人质疑政府协调不利，有人指责体制又特奶奶的出现了问题……我不知道这些人都是怎么想的，虽然我也能够理解大家复杂焦急的心情，不过实事求是地说，这种时刻，我们真的要更加冷静地面对问题。

尽管在第一时间，中央高层包括习大大在内，都做出了重要指示，可是在具体的协调环节上，让人堵心的事情可也没少出。传言说，遇难者家属入住的宾馆，甚至都没有人代表当地政府去安慰一下，就那么把人家晾在那边傻等，确实有些说不过去。另外，在消息传递、应急反应机制上，我们很明显地还有很多不足之处，这些问题统统都应该改进。

当然，有些事情，我也希望大家心里有数，不要一出现问题，就把责任都往国家或者政府的层面推。在突发紧急事件的处理上，更加地人性化一点儿，是应该的。可问题是，政府的某些部门，也确实人手有限。他们不是不想，是真的做不到。这样的局面当然是不对的，我们的应急反应部门，应该重新设计一下。

至于说，把这个事情上纲上线，提高到体制问题的级别，那是推墙派大小"公知"的惯用伎俩，大家千万不要被忽悠。不管是什么事情，都要看穿看透，然后再发表自己的意见。比如说，很多同学都对救援工作进展太慢表示不满，张嘴就是："美国要是出了这种事情如何如何……"同学们，真的不要这样。

就这次事件来说，起码就目前披露的消息来看，中国方面肯定是尽了全力。毕竟那是大马航空公司的航班，不是中国航空公司的事情，主宾关系上我们就很被动。其次，失联飞机消失的海域，据说是越南的胡志明市附近100公里……那是越南的地盘好不好？不是本国的航空公司，出事地点又不在本国领土领海，那么我们的政府所能做的工作就非常有限。

不管是我们的军舰，还是渔政，甚至是海警船，都不能轻易地进入其他国家的领海。你以为你去救人去了，就一定理直气壮地畅通无阻吗？不要天真了好不好？那是人家的领海，只要人家不同意，你就不能进，进去了就是侵犯人家的主权，人家可以理直气壮地用战机、导弹攻击你，而且不管后续事件怎么发展，都会在国际上引来一片谩骂之声。

日韩菲越，这4个国家在美国"重返亚太"的大棋盘上，是扮演了重要角色的。就算这些说法可以被某些糨糊脑袋所否认，那么仅仅就一个南海问题，我们跟越南之间，关系搞得多糟糕就不用说了对不对？这样的条件下，我们派军舰去救援？这种国际玩笑还是不开的好。

当然，上面的问题也不是不可解决的，俺老花也相信，通过沟通协调，相关国家会给我们提供说得过去的人道主义帮助。可问题就是，那是需要时间的。事情搞得快慢，我们实际上是做不了主的，只能等人家的答复。况且从飞机失踪，到确认出了危险，到与大马航空沟通信息、了解情况、判断级别……这些事情统统都需要时间的……现在，大家明白为什么我们的反应速度这样慢了吧？那些张嘴就骂娘的同学，现在可以收一收火气了对不对？

当然，这次事件之中，还有更离谱的事情。比如说传得沸沸扬扬的美国FBI已经派人去了大马云云，面对着这样的消息，回头看看我们蜗牛一样的救援速度，大家的不满是可想而知了。做个中国人，就处处不如人的思想又泛滥了对不对？可问题是，很快央视《新闻联播》就站出来辟谣了，说压根儿就没那码子事，FBI根本就没派什么人去……中国之于南海，有相当大的主导权的，就这样，我们也不可能想干啥就干啥，南海毕竟不是自己家的洗脸盆子。中国尚且如此，美国人怎么可能就那么牛逼呢对不对？这样的常识其实并不怎么高深啊，可是为什么那样的谣言还是传得惊动了CCTV呢？那当然就是传播得已经很厉害了，不得不由大媒体出来辟谣了对不对？

可问题的关键就是，这样的谣言怎么就传得那么广呢？不得不说，尽管1949年中国人民就站起来了，可是直到今天，还有一部分人跪在地上呢。某些人想当然地就以为美国是天堂，美国人放屁都是香的，给美国人当儿子都不敢奢求，能给美国人当孙子就已经心满意足，实在当不了孙子，当干孙子那也一样满世界炫耀，对不对？

作为理性的中国人，该怎么做其实根本不用俺老花下笔千言，事情到底是怎么回事，心里面门儿清的人有的是。很多朋友愿意看俺老花的文章，其实并不是俺写得就多么好，俺只不过是把大家心里面的话说出来了而已对不对？所以，我相信大多数人都与俺老花有着相同的认知：危机面前，我们要做的是与祖国风雨同舟。

那些唧唧歪歪显示自己多聪明的，别有用心到处散播谣言的，张嘴体制不行闭嘴体制不好的，最终都会受到众人的鄙视。相比较之下，小清新们点起一支蜡烛，为遇难者祈福，都比那些装圣母、扮先知的人要强百倍不止。

在事情没有定性之前，不要做无谓的猜测，不要在人群之中散播不必要的紧张氛围。是空难事故，我们总结经验教训；是管理漏洞，我们改进工作方法；真的是恐怖袭击，我们的政府自然会召集我们去干它狗娘养的……百多年前的中国一盘散沙，屁大的强盗国家都敢来中国组团搞侵略；今天，我们切不可再重蹈往日的覆辙，我们有统一的领导，我们有强大的祖国，听老婆话、跟党走，才是好同志嘛对不对？

越是关键时刻，越要与国同行。越是国难当头，我们越要风雨同舟。只有大家心往一处想，劲儿往一处使，我们才能冲破黑暗，才能看见国强民富的曙光。

伸出你温暖的手，你会握到同样的温暖。

团结啊同志们。

20年前的较量和20年后的较量

小时候爷爷经常跟我说，不要说脏话，不要跟人家打架，宁可自己吃点儿亏也不要惹祸。所以上中学以前，我一直都是全班有名的受气包，即使是最孬的孩子，也敢在我的书本上乱写乱画。那个时候为了避免被欺负，俺多数时候都找一些课外书来打发课外时间。自己看书，总不会被欺负了吧？于是在不经意之间，莫名其妙地就看到了一篇让俺十分震惊的文章：《夏令营中的较量》。

那个时候，我才知道日本的小孩子真的那么厉害！以前我一直以为阿童木是编出来的故事，看了《夏令营中的较量》我才知道日本的孩子从小就那么勇敢、坚强，让人敬畏。相比较之下，中国的孩子都是小皇帝、小太阳，是娇宠过度的温室花朵，一生病了爸爸妈妈就会把我们抱进汽车里嘘寒问暖。文章的作者毫不留情地指出，中国的孩子输在了起跑线上，也就是说，你、我，我们一出生就输给了日本孩子。

电视里面的美国人总是那么风趣幽默，浑身上下都是绅士风度。他们开小车去上班，偶尔从后备厢里面翻出来一辆可折叠的自行车，还是可变速的山地自行车，跟它比起来我骑的"永久"牌自行车就好像要饭花子手里的拐棍儿。他们住洋房、吃牛排，卫生间都比我家的卧室大，里面还有能自己流出清水的不锈钢管子。抱歉那个时候俺家的电视机还是黑白电视机，没办法领略美国美好生活的多姿多彩。

不过大人们还是学会了像美国人一样戴墨镜，也学着美国嬉皮士一样在大街上放一台双卡录音机，一群男女老少抽筋儿一样扭来扭去，看见我和我的小伙伴们一脸嬉笑，还会严肃地批评我们，说我们是土包子，没见过世面，说那根本不是啥抽筋儿，人家那叫霹雳舞，最时髦的高雅艺术。为了更加神似，他们还会去商店买黑颜色的毛线手套，自己用菜刀剁掉手指的部分，然后戴上给我们看，说那叫霹雳手套，只有美国人才有的好东西。

据说那时候的美国大街干干净净，一点儿灰尘都没有，行人不小心掉一张纸片，会返回半条大街去捡起来，扔垃圾筒里去。大街上的人们和蔼可亲，互相问好之后还要互相拥抱，关系好的还可以互相亲嘴儿，亲完了之后还会一起吃口香糖，然后小心翼翼地把吃过的口香糖吐到包装纸上，包好了放口袋里，下次接着吃。男孩子要刮胡须，女孩子要刮腋毛，叼着点燃的香烟进校门，是最拉风的行为，还有一个专门的形容词叫"酷毙了"！

那个时候，到了中国的外国人统统叫外宾，他们可以像县长一样享受警车开路的特权。不过这些都是听大人说的，自己没见过。去医院打针的时候，见到了一个从南非回来的叔叔，提到国外的时候，他眉飞色舞、红光满面，竭尽全力地赞美外国人素质高，买东西都会排队的！售货员万一多找了零钱，不但会被人家如数地退回来，还会因为售货员侮辱了自己的人格而要求道歉。回过头来，指着医院挂号处围着的一群人，撇嘴说中国人就一点儿都没素质，不但不排队还粗鄙不堪地大声嚷嚷，换了是南非早有警察过来用皮鞭使劲儿抽打了。我听得不寒而栗，护士姐姐光顾着跟南非海龟抛媚眼儿，给我打错了针都没发觉。

我渐渐地对自己的国家失去了信心，好多时候我都在想，当年要是国民党打败了共产党就好了，我们就可以过上像台湾那样的好日子了。同村的一个人，在台湾有亲戚，人家送了他一台照相机，拍出的照片上居然还是带日期的。我爷爷再跟我说台湾人民生活在水深火热之中，只能天天吃香蕉皮的时候，我就再也不信了。

慢慢地我长大了，我习惯了看日本漫画，习惯了看美国大片，习惯了上英语课，习惯了攒钱请朋友去吃麦当劳。我渐渐相信了只有美国人才能拯救全世界，电影电视里面从来没有演过中国人大战外星人的片子。我们扔了陀螺和风筝，玩变形金刚；我们丢了之乎者也，开始念ABCD；在学校里没人敢不戴红领巾，放了学之后就别想找到戴红领巾的孩子，因为美国的孩子根本就不会戴那破东西。

那个时候的升学率非常低，农村的孩子普遍只能初中毕业。同学们有去当司机的，有去当厨师的，有外出打工赚钱的。一个班的朋友各奔东西，没人欺负我了，可也没人跟我一起打发时间了。我学会了上网，尽管那个时候只能到网吧去一小时两块钱地上网，可是网络能让我更了解美国，那点儿钱又算什么呢？于是我认识了毫无美感形象的凤姐，还有清纯可人的某香港女艺人。凤姐出镜率之高，让俺目瞪口呆。出尽了洋相之后，人家居然还出国了，去的还是美国，各种网络媒体铺天盖地的宣传，让我们知道凤姐在美国怎么样四处丢脸，让我们坚信中国人也就是这样的德性，只能到全世界去炫耀无耻。

然后，在我们逐渐被恶心得感到厌烦的时候，清纯可人的香港女艺人又漏了底儿，满网络疯传的"艳照门"再次将我们的审美观蹂躏了一遍。我们经过了惊奇、鄙夷、彷徨之后，赫然发现裸奔之后的女艺人不但没损失啥，反而更红了，出场费更高了。连台湾那边拍三级片的女演员，也摇身一变跑到大陆来装圣女了，一边各种不堪入目的艳照横飞，一边一本正经地跟我们说：

我的心是纯洁的。粉丝们如痴如狂，都觉得说得对，有道理，应该装裱起来挂学校课堂上警示后人。至于说再后来，日本的AV女优，在我们嘴里，也变成了"德艺双馨的苍老师"，也就根本不算事儿了。

再后来，我们的道德底线进一步降低，降低，再降低，到了东莞扫黄的时候，好多人公开给小姐鸣冤；沈阳小贩杀了城管之后，好多人给杀人犯叫好；云南暴恐案的时候，有的人开始给恐怖分子叫好……都乱了，太乱了，很多人已经分不清是非好坏。如今，我们有了自己的楼房、自己的小汽车、自己的电脑，再也不会去羡慕美国人的双卡录音机了。可是，这就是我们想要的生活吗？我们需要每天都提醒自己十三四岁的女儿，出门一定要记得带避孕套吗？我们是否需要辛辛苦苦地培养自己的孩子，看着孩子长大了、成人了，出国留学再也不会回来了呢？我们看着山秃了，水浑了，鸟语花香再也没有了；我们看到天灰了，草黄了，漫天的星星都朦胧了；我们似乎什么都有了，又似乎什么都没有了。再过几年，当我们都老去的时候，我们枯坐在自己的水泥房子里，想念着远方根本不惦记爹娘的孩子，想象着儿时停落在花朵上的蜻蜓；还有那想挪动也挪动不了的胳膊腿儿、不想乱动却总是乱动的血压和心跳……统统这些加起来，就是我们毕生的追求了是不是？

对不起！我们才三十几岁，我们还不老，以前的事情我们不能左右，现在我们长大成人了，这个世界在我们手中的时候，你们再也别想左右我们的命运！寄语"70后"、"80后"、"90后"的同志们，还有"00后"的弟弟妹妹们，我们是人，是中国人，不是畜生！真正的中国人，应该像古圣先贤那样，胸怀天下，敬畏苍生，处庙堂之高而忧其民，居江湖之远而忧其君！真正的中国人，应该像强汉盛唐那样，文死谏，武死战，天子守国门，君王死社稷！真正的中国人，应该像老一辈无产阶级革命家一样，不怕流血，不怕牺牲，全心全意为人民服务！真正的中国人，应该认清自我，激扬人生，把青春献给祖国，把忠诚留给养育我们的土地！

不管是真实地发生，还是彻头彻尾地编故事，20年以前的夏令营里的较量并没有结束。小时候我们家还住乡下的草坯房子，传说之中的小汽车根本就是扯淡！我生病了，爸爸妈妈自然要心疼，可是屁股上扎针的苦，爸爸妈妈也必须让我承受。我们没那么矫情，我们一路风雨地走过来，挥洒着自己的汗水，建设自己美丽的家园。"神舟"飞天的事业里，有我们同龄人的身影；"蛟龙"深潜的壮举里，有我们同龄人的英姿；高铁腾飞的豪迈里，有我们同龄人努力的汗水……请问，那些当年的日本小勇士们又在做什么？宅在家里打电动游戏，还是唧唧歪歪地在网络论坛里装娘炮？

汶川地震、雅安地震、鲁甸地震……每一次天灾过后，都是我们中国的孩子冲在抗震救灾第一线；1998年洪水、2008年洪水，每一次大堤决口，都是我们中国的孩子跳进浑浊的江水，用自己的血肉之躯筑起新的长城！请问，日本的孩子在干吗？福岛地震之后，首相都下了救援令，日本的"80后"、"90后"自卫队员们，居然拒绝了首相的命令，理由是那样做太危险！他们宁可躲在日本老百姓的身后瑟瑟发抖，也不肯站出来肩负起自己的责任！这样的狗屁小勇士，我呸！我们救援鲁甸的炊事班"80后"战士安德华，守着饭锅，都不会自己吃一口，宁愿把这个权利让给参与实际救灾的战友，最后能把自己饿得晕过去！"90后"战士谢樵，忘我地奋战在抗震救灾第一线，壮烈牺牲！这样的人，这样的事，凭什么说我们输在了起跑线上？

我喜欢看《读者》，那里面有一种淡淡的西方人文情调。可是因为那份埋藏在心里的深深刺痛，我也一直在关注《夏令营中的较量》中提到的1976年后出生群体，毕竟我就是其中的一个。在中国，这部分人之中有人成为航天少帅、科学家、道德模范、政界商界精英，更有担当抗震救灾等重大任务的英雄，他们正是推动实现"中国梦"的主力军。"70后"的我们经受住了时间的考验，"80后"的同学们有作为、敢担当，眼看着"90后"的弟弟妹妹们茁壮成长，谁敢说我们是失败的一代?!

沧海一声笑，滔滔两岸潮，谁负谁胜出，只有天知晓! 五千年的文明，我们吹着口哨一路走过来，再苦再难，总有一些敢于担当的中国人挺身而出，肩负起祖国和人民的希望。几十年的中国建设史，在共产党人的带领下，成就我们不屈不挠的少年中国梦。那些当年把我们按倒在起跑线上的人，你按不死中华民族蓬勃向上的决心。时间会洗刷掉矫情的谎言，岁月留得住永恒的真理。20年并不漫长，这一代中国人交出了合格的答卷。不管你满意不满意，我们还将义无反顾地推着祖国继续前进。我们还年轻，我们可以再开启一场为期20年的比赛，20年以后，我和我的同龄人，会亲手把我们的祖国推到巅峰，走着瞧!

我的中国我的梦

俺老花很小的时候，最大的梦想，是当个农场主。那时候俺一遍又一遍地设想，需要栽种多少多少草莓，需要嫁接多少多少山楂，养多少多少小鸡……总之，人生一世，草木一秋，老子总不能天天活在糖葫芦和煮鸡蛋的阴影里。不就是吃嘛，老子自己动手，丰衣足食，总行了吧？

俺都计划好了，等到草莓成熟的时候，给全班同学挨个送一筐。代课的语文老师就免了，俺不就是写了一篇只有两句话的作文么，不至于就给俺个零蛋吧？好歹我把标题写对了，拍拍良心也该给我三五分吧？

尤其让俺那幼小的心灵感到伤害的是，一个代课老师，居然也有脸跑去我家告状，吃了我的那份煮鸡蛋不说，还撺掇花老爹揍了俺一顿屁股板子，逼着天真无邪的老花发誓，以后一定要认真写作文，再也不能考零蛋……这是存心欺负俺是小孩子不懂事啊，除了标题写对了之外，俺那正文的两句话，其实也蛮精练的啊，什么样的老师才能狠下心来，送俺大鸭蛋啊？这家伙肯定一辈子当代课老师，永远也转不了正的。

幸或者不幸的是，这个一根筋的代课老师，居然知道吃了人家的嘴软。此后数年的时光里，丫不厌其烦地督促俺写作文。这也就罢了，关键你要一视同仁吧！那个时候的作文满分30分，别的同学得20分，他就满意得直点乌龟头，我要是考不到25分以上，就肯定挨批评，每次批评的结束语都是："再写不好作文，我还去你家吃煮鸡蛋……不是，是去家访!"

我擦!那个时候老子一周只能吃到两个煮鸡蛋，你还想去家访……不是，还想去跟我抢煮鸡蛋吃?简直是可忍孰不可忍了，为了打消他这个龌龊的念头，俺这个整天撒尿和泥玩儿的野小子，开始了艰苦卓绝的作文攻坚战。

到了13岁那一年，俺终于逃离了代课老师的恶魔之爪……拜拜了您哪，俺要去上初中啦，您继续在小学代课吧，希望您教得开心玩得愉快永远幸福哈!为了庆贺小学战役的完美结束，花老妈给俺煮了6个鸡蛋，俺一口气都吃光了，吃得飞快，生怕代课老师再来赶最后一次场子。

初中录取考试的通知书发下来了，俺望着上面的成绩，目瞪口呆，成绩非常优秀!这怎么可能呢?因为俺淘气，所以花老爹提前一年就把俺送进学校了，我是班级里最小的一个，别的同学都比我大最少一两岁的，然后我居然是第一，还是全乡第一?

那个时候，俺才反应过来，应该去感谢一下那个家伙……不是，是代课老师。可惜的是，我只剩下了空空的一堆鸡蛋壳，1只，2只，3只，4只，5只，6只，我一只一只地数着鸡蛋壳子，心里五味杂陈。

上了中学之后，眼界大开，俺告别了小学时期唯一的课外阅读物：日历牌，打算如饥似渴地翻阅学校图书馆里的书籍。问题是，学校的图书馆就是个摆设，里面的图书是不外借的，图书馆的唯一作用，就是上级领导检查的时候充充场面而已。

望梅不止渴啊，还好上了初中之后，认识的同学多了起来，有些人家里就有书可借了。当然，大家都懂的，农村的一般家庭，指望他们收藏世界文学名著，那是根本不可能的。所以毫无例外地，俺开始结识了金庸大侠、古龙大侠。我甚至还用威逼利诱的手段，从女同学那里搞来了琼瑶奶奶的力作。

眼界开了，心胸跟着也就开了，懵懵懂懂只有13岁的我，第一次在脑海里涌现出来一个念头："别人能写书，俺为啥不能写？"话说当作家可是一件很拉风的事情，历史书上除了王侯将相的家谱之外，剩下的主角可清一色都是文学名家。我想了很久之后，发现如果想青史留名，那么加入起义军打仗夺天下，是不现实的。为了证明自己不白活一回，写点儿文章名垂青史，好像是唯一的选择。

于是，俺第一次拿起了笔，开始向12岁成丁之后的第一个梦想努力。当然了，俺老花这么天资聪颖，绝对不会多走弯路的，即便是想当作家，那也要有一定的宏观规划，写一些千篇一律的文章，凭什么名垂青史？搞不好会遗臭万年的。

我是男的，所以先把琼瑶奶奶丢进垃圾筒了。研究了金庸和古龙的大作之后，俺发现他们两个颇有点儿不同的。简单说，古龙的作品就像华山，奇峰险峻、鬼斧神工，而金庸的作品，给人的感觉就像喜马拉雅，巍峨壮丽、绵延千里。俺掰着13岁的细小手指，盘算了一番，觉得我要是能把他们二位的优点整合起来，俺一定会比他们两个还要出名！

可问题是，理想很丰满，现实很骨感。反复试验了很多次之后，俺发现那是根本做不到的。华山就是华山，把华山放大1万倍，它也还是华山，怎么看也都跟巍峨壮丽不搭边。同样的道理，把喜马拉雅搞得有棱有角之后，它也就不是喜马拉雅了，怎么看怎么像只刻意搞出来的石刻刺猬。

这件事的论证结果，会以失败而告终，是不可避免的了。然而更加悲催的是，这个工程太浩大了，牵扯了我太多的精力，学习成绩一落千丈，除了作文依旧全班第一之外，其他各科成绩都是全班垫底儿。

那个时候的中考录取率极低，农村中学只有3%，高考录取率更低，只有2%。俺盘算了一下自己的成绩，再看看学习成绩很不错的妹妹，觉得像俺这种天纵奇才，没必要跟大家去挤高考的独木桥吧？把别人都挤河里去，这心里多过意不去啊。再说当作家和高考，也没啥必然联系的，对不对？

所以，俺毅然决然地离开了学校。18岁那年，踏上了西去天津的火车。俺姨妈在天津开发区给俺找了份工作，每月赚得比我们初中校长都高。有了校长级别的工资做基础，俺就可以在作家的路上走得更远了对不对？

然而让俺始料未及的是，外面的世界太精彩了！除了认识了很多新同事、要学会很多职业技能之外，宿舍里还要挤七八个人。大家打牌、喝酒、看岛国动作片，忙得一塌糊涂。时不时地还有女同事来敲门，宿舍成了相亲场，有预演，有实战，闹闹哄哄的不要说写东西了，你想找一个空位子放支钢笔，都不可能。

不能写，那就只有多看。那段时间里，我最大的消费项目就是买书借书，初中毕业不算啥高水平，可是感谢老祖宗发明的汉字，就那么几千个汉字的变化组合，硬是让俺看懂了古往今来的无数篇文学巨作。

再后来，俺因为工作努力，从职工升领班，再升领队，总算得到了一张可以写东西的桌子。自我感觉神功小成的老花，开始奋笔疾书，继续向俺的作家梦努力。大约也就是这个时候，一件让俺始料未及的事情，彻底地让俺凌乱了……出版社居然退稿！

不是只退一两次，而是次次都退稿，他们甚至连字都懒得写一个，理由更是根本没有，我只能在我的稿子上看到蓝蓝的两个印章字：退稿。

26岁那年，我背着那些年写下的书稿，回到我的家乡，把它们一张张地扯碎，全扔到了悬崖之下。望着漫天飞舞、如同彩蝶一般的纸屑，我的心几乎沉入谷底，我的作家梦，还能实现吗？

就在这样一个紧要的关头，我发现了另外一件跟作家完全不相干的事情。我的一个同学，在自己家办了个养鸡场，我去他们家玩了两次之后，敏锐地发现，这个事情我似乎也能做，而且因为先天的地理优势，我完全可以获得更大的成功。

说白了，养鸡最怕的不是资金不足，也不怕卖不出去，最大的问题是不要让鸡得传染病。而做到这一点，对别人是天大难事，对我来说却根本没有这个威胁。我的家乡，我的村庄，只有二十几户人家，四周群山环抱，属于那种典型的半封闭式隔绝区域，这样的环境，本身就没有什么传染源。没有传染源，我再发不了养鸡财，那岂不是笑话了么？

于是，俺一心一意地开始谋划养鸡。我劝说新婚的妻子，说给人打工不如给自己打工，自己赚自己的钱最靠谱，等等等等。忽悠人的伎俩，老花是有窍门的，那就是说实话，在大实话面前，对方会心安理得地被忽悠，因为他们知道你说的是对的。

当然了，为什么铁了心养鸡，最为关键的一个理由，俺始终没有向任何人说过……他奶奶的，俺为什么努力了那么久，还不是作家？不就是因为出版社不肯出版俺写的东西么？俺用你们出版？俺自己赚钱自己出版，看你们还有啥办法阻止俺当作家！

下定决心之后，俺一口气就投资了6万元，俺自己的钱不够，其中两万还是刚刚参加工作的花小妹赞助的……好妹妹，不枉当初俺全力支持你读书。请注意，那个时候我们当地的农民工，一天工作11个小时，也只能赚30元钱。

这是一次只能赢不能输的拼搏，而实际上养鸡这一行本身就是一种另类的赌博，我能做到的，只不过是在牌局开始之前，抢先抓了一手好牌而已。可这毕竟不能保证稳赢，为了一步步走向胜利，俺必须拼了这条老花命。

具体说来，就是吃住都跟小鸡混在一起，当然它们吃鸡饲料、俺吃大米饭这个不用解释。然后，最关键的保温工作上，俺做出了至今都让俺自己不寒而栗的事情：15天的育雏期间，我每天只能睡两个小时。顺利地把室温降到28摄氏度之后，接下来的1个月时间里，我才敢每天睡4小时，4小时的中间我还要醒一次。1个半月熬下来，我身上掉了十几斤肉，1.73米的老花，只剩下56公斤的体重。至今俺都敢得意洋洋地宣称俺发现了一个减肥奇招：你想迅速苗条吗？学学老花吧！

功夫不负有心人，我身上的十几斤肉，换来了第一批鸡的收获：6万元！是的，大家没有看错，我第一批小鸡，我养了48天，我赚了6万多元，一次性捞回来了所有本钱之后，还小小地剩余了一笔工夫钱，呵呵。

我知道我做对了，我想，我好好干几年，赚他个二三十万，自己出钱出版一本自己写的书，应该不是很难的事情！于是，之后的几年之中，俺起早贪黑地干活，守护着每一只小鸡……问题是，养鸡真的是种赌博，即便是我这样的先天优势地理环境，也要吃亏，因为某些疾病是肉鸡先天就有的，遇到这种"胎里毒"的鸡苗，一批鸡不损失个万八千是不可能的。所以啊，赔赔赚赚，5年之后，俺才算赚够了传说之中的那二三十万。

可问题是，这个时候的小花，已经5岁了，他要上学了。俺好死不死的，是他爸爸，总不能光顾自己不顾儿子啊！这段时期，因为计划生育政策，农村孩子基数锐减，很多学校就合并了，小花再想上学，就只能进城去读书了。

进城，就要买房，买楼房。在花钱买房还是花钱自己出版一本书的问题上，俺老花再次选择大义灭自己。房子买了，还是学区房，花嫂子和花小花都很满意。当然了，因为全是我自己赚的钱，没有啃老，所以花老爹和花老妈最开心。

人到中年，上有老下有小，身边还有一个往哪里放都不放心的漂亮媳妇儿，有了这些现实做参考，我的作家梦就只能无条件地延后再延后。当然了，这个时候，还是有一件事情能够安慰我的，那就是我可以上网了。

我们家所居住的小村子，只有二十几户人家。这种大山之内的世外桃源，是没有必要进行商业上的战略布局的。一座宽带信号基站机房，投资要几十万元，而全村只有我家有1台电脑，我1年上交的包年宽带费用，只有600元。按照这个速度，我那联通公司上班的妹妹说："这辈子也别想收回投资了。"

就是在这种条件下，我们村的基站机房还就建设起来了！因为只有我1台电脑，所以工人师傅直接把机房建设到了我的养鸡场边上，距离我的电脑只有20米！我成了中国唯一一个有了私人电信基站机房的人！扯宽带入户的时候，老师傅的鼻子都歪了："你就感谢共产党去吧，要不是政府出面，打死俺们也不会修这个基站！"

俺听了之后，表示嗤之以鼻，擦！扯什么淡？老子是中国人，俺就应该享受这种外国人不可能享受到的社会主义公民待遇。还想要好名声，还不想给老百姓办事，天底下哪有那么便宜的事情？

俺心安理得地继续养鸡，可以在家上网之后，俺不但可以从网络上查找更多的养鸡知识，最让俺开心的，是网络上居然有专门的文学网站。更关键的是，这些网站的入门要求极低，只要你敢写，他们就敢给你登出来！

于是，尘封了不到两个礼拜的作家梦，再次被点燃了。这一次因为路上再也没有障碍，俺那光明的作家前景似乎已经是胜利在望了。不过，让俺没有想到的是，我的作家梦还没有实现呢，我的党员梦居然就先实现了。

我们乡，有一个组织委员，叫高峰，三番五次地来养鸡场找我，说你现在是乡里有名的致富能手了，又这么年轻，应该积极地向党组织靠拢，争取在人生的意义上有所进步啥啥啥的……话说俺的梦想是当作家，当作家是给别人洗脑的，遇到班门弄斧的二百五，俺一下子就气乐了。

我说你开什么玩笑？我是致富能手是我自己努力的结果，跟你共产党有毛关系？共产党要是真的对我好，怎么不让我读高中读大学？怎么不给我找个好工作？怎么害得我天天跟氨气混在一起，连嗅觉都要丧失了呢？

于是，这二百五组织委员，就跟我说了一句雷死人的话："你觉得这个组织不够好，为什么不加入进来，让她变得好一点儿呢？"我目瞪口呆地看着他，觉得这个家伙要是不被提干，简直就是没有天理了。

在高峰同志的引荐之下，俺顺利地加入了中国共产党。同样是在高峰同志的争取之下，俺顺利地进入了辽宁省委党校进修班，并且圆满地完成了"农村经济管理"专业的所有课程，顺利地拿到了大专毕业证。高峰同志自己，也毫无意外地因为工作能力突出，被上调到县里去工作了。

这一段经历对我的后期发展，起到了非常重要的作用。毕竟我的很多人生经验，都是在行万里路之中自己总结出来的，有些还很模糊，党校大专班的进修，在我的人生轨迹之中，起到了十分重要的画龙点睛作用。从那个时候起，我对这个世界，有了全新的理解，当我再次敲打键盘写文章的时候，我已经完全有把握胜出了。

我的第一本网络小说《我们的末日》就是在这种情况下完成的。这本现实主义魔幻小说，长达200万字。尤其让俺老花感到开心的，是这本书创造了一个网络小说界的奇迹：每7个人翻看它，就最少会有1个人肯花钱看下去。这对于盗版书满天飞的网络文学界来说，绝对是一个可以拿出来向任何人炫耀的成绩。

但是，我还不是作家。一个伟大的作家，他的作品会对当代、后世产生深远的影响，只有这种大师级别的作家，才可能名垂青史。靠写几本意淫小说就想功成名就，那是根本不可能的。在这一点上，我明白，我还有很长的路要走。

不过，在这个关键节点上，我莫名其妙地走上了一条实现梦想的快车道。事情是这样的，因为《我们的末日》构思比较奇特，讲的是大危机的情况下中国人如何拯救世界，就逼迫得我不得不查找很多资料。不幸的是，很多我想要的资料，网站里多数没有，我就只能到各大论坛去找。而在寻找资料的过程之中，我逐渐发现论坛上很多人的观点是错误的。俺这人好为人师，看不得别人摔跟头，就免不了在论坛上陆续回帖，在这个过程之中，我发现了一件非常重要的事情。

孔庆东老师曾经说过，《三国演义》并不是一个人创作的，罗贯中只是一个整合者。《三国演义》之所以会被大家喜欢，那是因为它不断地被说书艺人改良删减，在经历了数百年时间的沉淀之后，罗贯中同志稍加整理，一部旷世巨作就诞生了。

这个观点，让我迅速地想到了一个事实：集合众人之长，才能创作出经典名著。古代的人们，互相交流的机会少，只能靠漫长的时间去积淀。现代化社会有互联网，各大论坛里，数不清的睿智网友在网络上留下了很多闪光的经典名言。那么，只要我把这些名言挑出来，整合到一起，不就是一部经典著作吗?! 古龙和金庸不能整合，那是因为两个人的特点都太明显，几千几万个网友的观点整合起来，不但不会让人感到别扭，相反还会带给人人生的感悟。

有了这个认知之后，经过3个月的综合整理，我翻遍了各大论坛几乎所有的帖子，把我能找到的所有草根名言都收集起来，整理分类。这个工作做完之后，《我们的征途是星辰大海》已经是呼之欲出了。

《我们的征途是星辰大海》的实际创作时间非常短，15万字的作品，我10天就写完了，中间还休息了1天。这部作品没有草稿没有大纲，一气呵成，完美地解读了中国近现代的发展历程，以及错综复杂的国际斗争趋势。本书采用了萌化文的书写风格，包括很多妹子在内的网友都很喜欢。作品的立意固然新颖，作品之中的每一句话也都讨大家喜欢，很多人不明白为什么俺老花有本事化腐朽为神奇，其实道理非常简单：书中所有神奇的语句，都是大家不经意间遗留在网络上的台词。大家觉得亲切，是因为那本来就是大家的话。

《我们的征途是星辰大海》完本之后，天涯社区"国际观察"版，给予了整整1个月的头版带图推荐，这在整个天涯社区的运营历史上来说，可能也是绝无仅有的一次。我对涯叔至今还保留着一份香火人情，就是因为这个道理。

我不但拥有自己的粉丝群，还得到了抚顺市作家协会的入会邀请，成为了一名受官方承认的有证作家。面对着海内外上百万读者的热捧，我知道，俺老花坚持了21年的作家梦，已经实现了。就算我死了，《星辰大海》都不会死，它会一代又一代地被青少年朋友追捧下去，永远地成为中华民族的一份文化遗产。

此后，我陆续写了很多短篇作品，有的被《光明日报》刊载，有的被《学习活页文选》收录，有的被边防内刊发表，有的被各大网站推上头版头条。人民日报人民网、新华日报新华网、凤凰资讯凤凰网、新浪微博新浪网、腾讯、搜狐、网易、环球、大众网，以及各种大大小小的全国或者地方性的网站，都能看到介绍东北农民草根大V花千芳的新闻以及俺老花的各种文章……很多人以为俺老花可能飘飘然了，实际上俺心里冷静得很，作家梦我是实现了，但是推广《我们的征途是星辰大海》的工作远没有结束，我力争在有生之年，努力推荐所有青少年朋友看看本书，我用不着大家夸奖花千芳多么有才华，我只希望大家能在今后的日子里少摔跟头，多留幸福。

中国梦，我的梦！我曾经以为我跟这个国家没啥关系，我本以为我只需要感谢我的小学代课老师曲海澜先生，或者是我的入党介绍人高峰同志。但是今天的我不会再欺骗自己，没有国家的惠民政策，像我这样的偏远山区农民，不可能成就今天的事业。实际上除了中国以外，全世界所有国家的平民，都不可能公平地共同进入信息时代。这个国家给了我一根网线，我还给了这个国家一个《我们的征途是星辰大海》！

什么是中国梦？中国梦就是在你认为还算靠谱的范围内，尽可能地去做梦。怎么实现中国梦？我给大家的忠告就是：在你力所能及的范围内，实干、苦干加巧干，如果你的背后再有一个强大的祖国，你总会一步步实现自己的梦想。

中国梦，我的梦！这是一个伟大的时代，这是一个梦想成真的季节，这是一个机遇与挑战并存的世界。所幸，我们是中国人，我们的身后站着伟大的中国，我们可以尽情地去梦，去想，去追求人生的精彩。13亿中国人都实现了自己的梦，中华民族的伟大复兴就近在眼前！君信否？

一个涅槃的民族！

一个全新的盛唐！

一个崭新的世界！

我为梦想一路狂奔！你，还在等什么?！

浮生35年纪事

　　一大早起来，接到友人的祝贺，才想起来今天是俺老花35岁的生日，懵懵懂懂地来到这个世界，一转眼居然就35年了。35年之后蓦然回首，发现很多事情都不记得了，勉强记起来的事情，又总觉得那么的陌生。

　　俺老花出生在70年代末，可也正因为是"末"，所以几乎所有的"70后"都是我的哥哥姐姐，在他们面前，我都不好意思自称"70后"。因为局面这样的被动，所以俺老花就一直在"80后"的圈子里混，不管怎么说，俺是所有"80后"的大哥，哦也！

　　作为"80后"大哥，我小时候印象最深刻的事情，是第一次见到老解放卡车，那么个庞然大物，赫然就是一个大铁疙瘩，哼哼哼哼地叫个不停，居然就自己能跑，不要说我和我的小伙伴们都惊呆了，小山村里的家禽土狗，也都震惊了，几乎就在一瞬间，到处都是鸡飞狗跳，尘土飞扬。

　　还好大人们比较见世面，老村长去乡里开会的时候，见过汽车。在他的讲解之下……虽然也讲不出个所以然来，总算消除了小孩子们的恐惧心理。小伙伴们很快就喜欢上了那个钢铁制造的大家伙，那个时候我们做得最多的一件事，就是在路上追着汽车跑，闻那股子奇特的汽油味儿，真香啊！

　　可惜的是，几年之后，当地的云母矿停产，就很少能看到汽车了。转瞬即逝的工业化文明，对于我们这些深山里的小孩子来说，影响是不言而喻的。除了我之外，我所有同龄的发小，长大之后无一例外地都去当了各种车的司机。

是的，我不是司机，到现在为止，我也不会开车。原因说起来一点儿也不复杂，步入社会之后，我的小伙伴们只能在老家发展，他们理所当然地选择了当时最时髦的行业——开车！而我呢，因为某种机缘巧合，我有机会在北京、天津工作了10年。

初进大都市，对我这农村孩子来说，仿佛就是刘姥姥进了大观园。我不知道公共汽车还有自动投币孔，我不知道吃北京烤鸭要用薄面饼卷大葱还得抹甜面酱，我甚至被三星级酒店的自动门吓了一大跳。

可我还是很快就熟悉了这一切，同时也知道了小时候特别喜欢闻的那股汽油味儿，有另外一个专有名词：汽车尾气。90年代的时候，人们还在使用含铅汽油，汽车尾气的污染问题一度吵得沸沸扬扬。我那个时候，才知道这个东西是有害的，所以从那以后，再也没有动过当司机的念头。

逢年过节，回家探望父母，小山村里的人们照例要围过来打听外面的世界，我尽可能做了最准确的描述，结果招来了大家的哄笑，他们根本不信这个世界上还有自动开和关闭的玻璃门，这一度成了让我颇为懊恼的事情。

现在，几十年过去了，我依然不会开车，我的小伙伴们也都不再给别人做工，纷纷买了自己的汽车，自己做了车老板。他们不再嘲笑我昔年提过的自动门，他们也能熟练地使用银行自动提款机，甚至像模像样地上网，与远在千里或者万里之外的局长、律师、医生、会计一起，同台竞技，兴高采烈地斗地主。

人生35年之后，悄然回首，这个世界的变化可真大啊。我庆幸生在这个伟大的时代，与我的13亿同胞一起建设祖国，亲眼见证我们的国家一步步走向巅峰，永远告别被欺凌、被压榨、被奴役的苦难岁月。

希望35年之后，这个国家更美丽，我们的生活，更富足。

改革开放30年之我和山野菜

"五一"期间，正是东北山野菜采摘的季节。在花老爹的带领下，俺和花小妹一起，3个人进山扫荡了一番。小山沟、小山头、小地方，本来也就没有多少山野菜，等我们到地方的时候，山脚下已经停了四五辆摩托车……好吧，用花老爹的话来说，那就是大山很厚道，野菜每天都会发芽生长，只要人勤快，总不至于空手而归。于是，兴兴头头地进山。

结果当然是大大地出乎俺的预料，战果辉煌得很。3个人的战利品，叠加起来，居然满满的三四盆。注意重点哦，都是采摘之后修理过的哦，可以直接进锅子烹饪的哦。怎么样，很不少吧？喝着自酿的葡萄酒，夹着清香满屋的山野菜，面对着合家围坐的每一张笑脸，自己忽然就沉醉起来，谁说生活不美好呢？忽然反应过来，嘴巴里这种清香、脆嫩，心中这种满是大山的味道的悠然自得，似乎已经很久没有体会过了。

印象之中，小时候经常吃山野菜。东北，每年有大约5个月的封冻期。窗子之外，山野之中，除了白雪就是寒冰。为了解决寒冷的冬季里的蔬菜问题，当地人家家户户都要挖一个大大的菜窖，里面放满土豆、萝卜、大白菜。那个时候不用问，都知道大家在吃什么。当然，大白菜因为不容易储藏，所以大多数人家都选择把大白菜腌制成酸菜，因为只有这样，才能保证人们在漫长的冬季里，吃到带叶子的蔬菜。

每年4月份冰雪融化之后，人们才能栽种时新的蔬菜，一般要到五六月份以后，才能吃到小白菜、小菠菜之类的绿色食品。至于黄瓜、豆角、西红柿，就要等得更晚了。

在这样的大背景之下，山野菜填补了一定时期之内的空白。4月份之后，从最早发芽的蒲公英开始，大叶芹、小叶芹、刺嫩芽、刺五加、猴腿儿、青毛广、苦嫩芽、猫爪子、柳蒿儿、野薄荷、水芹菜、紫花菜、山白菜、四叶菜、山糜子、驴蹄子菜、山生菜、山玉米菜、牛蹄子菜、单腿广、马齿苋、老牛筋、蛰麻子、山蕨菜、黄花菜、野荠菜、小根菜、山辣椒秧子、山胡萝卜根儿、大榆树钱儿、老母猪耳朵儿……大山的厚道远不是人类斤斤计较的矫情可以理解的，能吃的山野菜几十数百种之多，我们甚至还能找到一种味道堪比臭豆腐的山臭菜。此外，小朋友们的零食，也指望大山的馈赠，酸酸甜甜的狼尾巴梢儿、狗尾巴梢儿，一点儿都不甜反倒酸得要命的酸浆、三叶草、大叶酸、小叶酸、三角叶酸……向阳的山坡发芽早，背阴的沟岔发芽晚，在小白菜可以进锅子之前的1个多月的时间里，山野菜是山民们唯一的蔬菜来源。菜园子里的小白菜长出来了，山野菜也都老了，不能吃了，下一年度的食物循环再次开启。

可是，没过多久之后，市场经济时代开启，大山里面来了收购山野菜的商人。为了换取柴米油盐等必需品的开销，小山村里的山民们，开始把采摘来的山野菜卖给收购商。自己呢，舍不得吃，只能吃一点儿修理山野菜时剩下的下脚料。嫩嫩爽口的感觉消失了，吃山野菜变成了无奈的选择，老叶子、老根子再难吃，总比隔年的发芽土豆强。

再后来，为了供养花小妹上学，以及给俺积攒娶媳妇的钱，花老爹就承包了很多农田。人误地一时，地误人一年。种得晚了，会影响农作物的年积温累积量，导致粮食的质量下降。于是，每年山野菜发芽的季节，我们全家都要全力以赴地种田。除非是在田间地头看到了山野菜，才能顺手采摘一把，回家炖口汤喝，否则就几乎忘记山野菜的滋味了。木匠家里无凳坐，卖油娘子水梳头，大山依然那么厚道，可是我们有更好的生活要追求。

时间流转到今天，大山还是那片大山，土地还是那些土地，当年的种田人现在依然在种田——年轻人很少种田了，40岁的农民已经是最年轻的农民了。可即便是如此，在农机农药等等环节的改善之下，农村劳动力的生产效率已经大大地提高了。最早我们家要种1个半月的地，后来变成只需要1个月，现在变成只需要十几天……今年的农忙时节，我们依然要看着远方的采山客大举进山，可是忙了十几天之后，我们也可以进山采摘时新的山野菜了。

久违的那种大山的味道，再次回到嘴巴里，说不出的满足与亲切。那山，那水，那脆嫩清香的山野菜，那三十五载挥汗如雨的似水流年，留给我对这片土地深深的眷恋。包括我在内的年轻人纷纷进城，当年与如今依然在辛苦耕耘的乡亲们都在慢慢衰老，小小的山村早晚会消失在大山的尽头。可是我不担心，因为我知道，每年的春天，漫山遍野的山野菜都会向我招手。

大山养育了我，我是大山的儿子。

老农民的手让谁羞愧

上次全国名博四川采风的时候，俺老花那双布满了血丝和老茧的手，让同伴们非常震惊。点子正同学接连发了好几条微博，说俺的手如何粗糙给力。后来大众网的朱德泉同学，还专门给俺的手做了专访……当时俺老花并不知道采访是咋回事，以为就是一次普通的聊天。不成想朱同学的文章上传网络之后，引发了各大网络媒体的转发，凤凰网甚至把这篇报道放到了头版头条的位置。

从四川回来之后，俺才发现，另一位同伴马甸头马，介绍俺这个农民大V的文章，也被新华社的新华网全文刊发了，同样引发了各大网站的首页转载。我真没想到，我居然就靠着一双手，出名了。

我是农民没有错，可俺同时还是个作家，种田与写书，就是俺生活的全部。3个月过后，当我再次举起自己的双手时，我知道它们已经代表不了农民了。我家在东北，每年要经历5个月之久的冰雪季节，这段时间里我就可以远离农活，专心写作。而我的乡亲们，是没有人会安安稳稳地猫冬的。

我经常可以透过窗子，看到他们在冰天雪地里忙碌的身影。有人在做伐木工，有人在做养路工，有人在到处吆喝贩卖糖葫芦……有一天，我突发奇想，就走到他们中间，挨个查看他们厚实的手掌……这次，轮到俺老花震惊了！

那是一双双肌肉特别发达的手，最显著的特点就是指关节特别粗大，握着这样的手，你会感觉特别踏实。诚然，因为辛苦的劳作，那一双双农民的手上总有洗不掉的污垢；因为数十年如一日的摩擦，那一双双农民的手上总会布满厚厚的老茧；因为总要握紧各种工具，所以他们的手指已经无法伸直……那不是手，那是一只又一只筋骨血肉铸就的耙子，这样的耙子，在当今的中国，依然是数以亿计！

农民从古至今，都是这个国家的主体。远的不说，要是没有农民的参与，靠着寥寥数人的工人纠察队，是不可能建立新中国的。总听有学者说新中国是靠3000万颗人头换来的，我觉得这句话还应该加一点补充：其中绝大多数是农民的人头！农民为了这个国家这个民族的解放事业做出了如此之大的牺牲，请问有谁听到农民抱怨过？

没有，农民为了新中国的成立欢欣鼓舞，赤贫的国家和赤贫的土地，难不住勤劳敦厚的中国农民。他们守护在田间地头，挥汗如雨，却把最好的收成，送到了北京，献给了毛主席。

新中国成立之后，急着想要现代化。可是想要现代化，就要首先工业化，想要工业化，首先要有资本的原始积累。如果不把工厂和设备弄齐全了，怎么可能有后续的生产、销售、赚取利润呢？再后面的产业升级、品牌创造更是无从谈起。

那么，新中国的工业原始资本积累哪儿来的？国民党败退台湾的时候，把国库里的黄金白银都带走了，一穷二白的新中国只能向农民伸手。我们以农养工，熬过了痛苦而漫长的29年建设期，甚至改革开放之后，农民们也还要年复一年地交皇粮国税，直到最近这些年，才停止了大规模地向国家输血。

工业繁荣了，国家逐步地富强，某些大款小款大老板小老板，开始在农民面前耍阔气；某些大领导小领导大官员小官员，开始在农民面前耍威风；自己的爷爷奶奶甚至爸爸妈妈都是农民的大学生，开始鄙视农民看不起种田人……我们的农民默默无语，他们不分辩，他们心里想的，永远是田里的庄稼、圈里的鸡鸭鹅。

再后来，中国为了更好地发展，不得不逐步开启了全球化时代。可是希望总会伴随着风险，这个世界在感冒，中国也肯定要跟着打喷嚏。拉美经济陷阱、东南亚经济危机、日本经济低迷、欧债危机、美债危机，每一次经济危机都让很多国家一蹶不振。然而，作为经济全球化的一分子，中国却能在每一次的经济危机之中安然脱险，每年百分之七八的经济增长率，让全世界都羡慕嫉妒恨。

是中国的企业主比世界500强的总裁们更聪明吗？是中国的科技水平足以甩开竞争者十八条大街了吗？是中国有抽不完的石油挖不完的铁矿石吗？不要装傻了好不好，中国能够平安摆脱一次又一次的经济危机，是因为向农民转嫁了那些经济矛盾，说得再明白一点儿，是中国的农民在为经济危机买单，懂不懂？

默默地承受了本不属于自己的伤痛之后，我们的农民上访上告了吗？上街游行了吗？上山造反了吗？都没有，他们甚至都没有人上网抱怨一声！他们依旧低着头、弯着腰，挥汗如雨地劳作，他们知道，有一分耕耘，才有一分收获！

中国已经不穷了，小康生活不是多么的遥不可及，实际上很多人已经开始跨越小康，进入了小资的行列。有房有车的中国人，总数不见得就比美国人少。美国只有三亿人口，他们在如何评价中国的问题上，有一个特别公允的说法：什么是中国？中国就是美国加上十亿农民工！

农民不会抱怨，农民不会觉得自己多了不起，农民更不会认为全世界都欠自己的。当我偶然与他们提起国家政策的时候，他们总是憨厚地说："养老这块差一点儿，每个月55块钱，买不了啥东西……不过农村合作医疗，可是解决了大问题，感谢国家给我们解决了看病难的问题。"

得到了这些几乎千篇一律的回答，俺老花忍不住泪如雨下。中国农民并没有觉得自己多了不起，没有伸手管国家要东要西，没有觉得这个国家有多么地对不起自己。不用交任务粮反而能拿到国家补贴，百十块钱的惠民政策，都能让老农民感恩戴德，会由衷地握紧他们粗糙的双手，伸出微弯的大拇哥儿！

我是农民作家，我是农民的儿子，我生在农村长在农村也经常干农活，但是我代表不了中国农民。中国农民的勤劳、俭朴、厚道，是我这一生都要学习的榜样。我从不羞愧我农民的身份，也从不歪着嘴巴帮资本说话！天道酬勤，站在农民身边，我不会再抱怨，我也看不起任何抱怨！

中国，你何德何能，竟拥有如此厚道的百姓！

老农民的手让谁羞愧？似乎，我们应该为他们做点儿什么！

答中国青年网记者问

中国青年网佟亮：截至2013年6月底，我国微博网民规模为3.31亿，在网络高度普及的今天，大量的水军充斥网络，其中更有幕后黑手进行操控，比如秦火火、立二拆四等事件，他们为了个人的利益，在网络上面散布谣言，混淆视听，对此，您有什么看法？他们这样做的危害在哪里？

花千芳：水军和幕后黑手，暴露得很明显，危害有目共睹。实际上很多人造谣或者涉嫌造谣，并没有得到什么实际利益，只是发泄对社会的不满，进而希望因此成名，并不是为了这个社会好。我们认为他们造谣，他们自己认为自己是在救赎这个世界，不但不羞愧，还觉得自己高尚得很。

比如说，就有人公开声称："谣言就是遥遥领先的语言。"我们正常人，很难理解他们为什么这么理直气壮地说这种话。问题是他不但理直气壮，还为了支撑这种理直气壮而罗列出来各种理由，先用这些理由说服他自己，再去说服别人，误导性就非常严重。

境外某些国家、组织，有目的地颠覆、渗透，扶植国内舆论界的代理人，故意散发一些有害的谣言或者信息，这个已经是公开的秘密了。我们国家经过几代人几十年的发展建设，已经没有任何国家能够直接把我们扳倒，妄图从内部瓦解我们是他们唯一的选择，肯定会不遗余力地攻击我们，所以这方面也绝对不能掉以轻心。

中国青年网佟亮：名人、大V的一言一行无不影响着网民的想法，2013年7月，加V的音乐人吴虹飞因发布"炸建委"的微博就引起了巨大的负面效果，对此，您认为网络名人、大V是否应该约束自己的言行？怎样约束？

花千芳：名人大V的"榜样"作用还是很大的，很多人会误认为名人什么都对。可问题是，进入到工业化社会以来，社会分工越来越细化，而所谓的名人，也仅仅是某一个领域的名人。

比如说，演艺明星出名是因为演技高超，所以才成为了名人。但是，这并不能就说明这些明星在方方面面都优秀。文化水平高不高、三观建立正不正，这些都跟演技是没有关系的。

同样道理，爱因斯坦不见得就知道秦始皇是哪一年出生，贝多芬不见得知道如何冶炼青铜器，拿破仑也肯定不会知道怎么制作豆腐更别说麻婆豆腐……即便是同一个领域的人，搞研究的和搞实践的人，也会对相同的事情产生不同的看法，纸上谈兵，和实际领兵打仗，心理压力和要面对的情况是完全不同的。

所以，我们就要理性地看待所谓名人，而名人大V们，也要自己认清自己，不要以为自己就真的代表真理。名声这东西建立不易，而要失去它只是一转眼的事情，比如薛蛮子。

人一生下来就要面对这个不完美的世界，所以人群有一种自我保护的心态，很多时候宁可相信谣言。解决这个问题的办法，除了谁制造谣言就抓谁之外，客观及时地公布真相，是唯一可以约束他们的办法。

中国青年网佟亮：当前社会普遍都感到压力很大需要排解，而且在社会转型过程中，国际国内形势都很复杂，社会上的确存在这样那样的问题，很多人把互联网尤其是微博当做减压阀、发泄桶，在这种情况下，我们该如何倡导理性？

花千芳：压力很大需要排解是对的，转型过程之中问题比较多也正常，这样的情况下网络作为一种发泄方式，政府也应该给予一定的体谅。很多人一时愤慨，上网骂几句，然后想开了就继续好好过日子，这样的人肯定也还是好同志。

如果一个人长期在网络上做这种不理性的宣泄，那就有必要引起监管部门的关注。有些人以为网络是虚拟的，谁也不知道你是谁，所以说话就完全不负责，这个就必须在互联网准入方面多做工作，比如实名制等等。

网络上我们可以看到很多这样的情况，比如像我们正常人，早年也是觉得美国好，但随着阅历、知识的增加，最终明白美国也不过如此。

中国青年网佟亮："七条底线"的推出不仅是对网民上网观念的一个引导，更是名人、大V应尽的责任和义务，您认为名人、大V应该怎么样去正确引导网上舆论，弘扬网上正能量？

花千芳：要充分发挥大V的作用，不能说散布谣言之后，光抓了就完了，他还要负责把谣言扳回来。造谣传谣之后，绝对不能光删帖就完了，要强制执行大V的责任感，谣言的影响力必须跟进消除。这方面的标准，是可以制订并强制执行的。

包括很多大V，他们也在无意中传播了谣言，作为社会公众人物，一旦知道谣言是经他们扩大，如果负责的话，应该及时公布事情真相，并告知大众，将谣言的负面效应抵消掉。而我们所看到的恰恰是很多大V传播谣言后的做法完全不是这样，并不及时辟谣，甚至对产生的负面效果不闻不问，这样的做法，对他们的身份来说，是完全不负责任的。

中国青年网佟亮：据统计，网民中80%都是青少年，对于青少年网民您有哪些忠告？如何能够形成一个良好的上网习惯？

花千芳：青少年是未来的希望，保证青少年健康地成长、减少谣言对他们的危害是非常重要的。唯一的办法就是增加科普类文章、节目的数量和质量，引导青少年朋友建立正确的人生观、世界观、价值观，打破人类自我保护的那种宁可信其有，不可信其无的先天潜意识。

这是一个系统工程，只能加强学习各种知识，包括提高科普作家、学者、行业工作人员的收入水平、社会地位。要让青少年朋友明白，现在是一个活到老学到老的年代，停滞不前只能成为被淘汰的牺牲品。

可惜，很多人宁可去唱歌跳舞、卿卿我我、玩游戏、胡扯闲聊，也不肯多了解那些仿佛与自己无关的知识，那么被忽悠被欺骗被人利用就在所难免了。可怜之人必有可恨之处，我们也就只能哀其不幸、怒其不争了。

最后，俺老花建议青少年朋友们，看看俺的成名作《我们的征途是星辰大海》，百度就能查到。科普大国关系，拓展国际视野，了解共和国的发展历程。整个作品轻松、幽默、萌化，女性朋友也一样会喜欢。15万字，一个下午就能看完，然后你就会发现，多学多看，是一件非常有益的事情。有了这些基础知识之后，再遇到什么事情，大家自己就有辨别力了。

张艺谋的《归来》是温柔一刀

　　我一直以为张艺谋导演就是全世界最好的导演了，后来才知道，电影《归来》刚刚制作完毕，老谋子就第一时间带着电影去请斯皮尔伯格审核去了。结果听说十分的理想，斯皮尔伯格大大地赞扬了《归来》，甚至还为之流了眼泪。

　　这一下，俺老花不禁深深地失望了。我记得，2008年奥运会前夕，就在全世界人民都翘首以待由中国举办的世界体育盛会的时候，这位斯皮尔伯格老兄，就突然蹦出来，声称抵制北京奥运会……他是第一个站出来公开抵制北京奥运会的世界名人，我对这事就很反感，奥运会是人类的盛会，奥运会所追求的更高、更快、更强，体现出人类追求超越自我的勇气与精神，是多么崇高的一件事啊。这位斯皮尔伯格，不好好地拍电影，带头抵制北京奥运会，简直是不可思议。说实在话，一个奥运会，有什么好抵制的？中国花了那么多的钱，准备了那么多年，无数志愿者为之努力，就是想让全世界人民高兴高兴而已，我们没有任何政治目的，没有任何不可告人的心机，不想坑害任何人，这样的盛会，有什么好抵制的？

　　当然了，北京奥运会不会因为一个小小的斯皮尔伯格抵制了就停办。不过俺从此就对这位洋导演的所作所为留了心眼——要知道，当年抵制北京奥运会的，我能记起来的只有两拨人，一拨是藏独那帮抢奥运圣火的混蛋，另外一拨就是这个心怀鬼胎的洋导演了。"藏独"有多讨厌就不说了，斯皮尔伯格居然也是一路货色，让俺非常失望，我知道，所谓的国际反华势力里，肯定是有这老兄的位置的。这位老兄能站出来抵制北京奥运会，向新中国发难，就会得到国际反华势力的赞扬，以后各种好处随便拿，那都是可以预料的对不对？所谓国际大导演，说穿了也不过就是个名利之徒。

没想到的是，我们的张艺谋大导演，居然这么尊敬抵制北京奥运会的斯皮尔伯格。当然，我能理解张导就是纯粹地尊敬洋导演的艺术成就，不过因为前面的原因，俺老花就对电影《归来》大大地疑心起来。国际反华大导演所推崇的电影，要是没有问题，那就是老天爷瞎了眼了。

于是，翻看剧本，百度资料，从头到尾梳理一遍之后，不禁哑然失笑：呵呵，果然如此啊！电影《归来》，改编于美籍华人严歌苓的作品《陆犯焉识》，讲的是那个特殊年代，知识分子被迫害的故事。俺自己虽然农民出身，可也算是知识分子，当然不喜欢知识分子被迫害的事情。但是，研究宏观战略的人们都明白，在任何一个国家、任何一种政治制度之下，都肯定有小部分人的利益要受到侵害。特殊年代的特殊事件，不足以为宏观世界做解读。以点代面的针刺策略，可以引发同情，进而推动社会朝相对公平的方向进步。可问题是点就是点，点代表不了面，把一个点的问题无限夸大，进而否定全局的做法，是不对的，是值得我们警惕的。

有人说《归来》很温柔，我也觉得这个片子很文艺、很小清新。但是我知道，温柔的一刀，同样是致命的。前苏联的一部电影《悔悟》，也曾经号称直指人心，结果导致苏联个人主义的盛行，进而导致国家主义的人心涣散，短短两三年的时间，就真的亡党亡国。这不是故事，这事就发生在我们邻国，就发生在20

多年前。

　　我始终觉得，文艺作品当符合时代的潮流。如今的中国蒸蒸日上，无论是经济、政治还是军事、民生领域，都取得了长足进步。毛泽东同志带领老一辈的无产阶级革命家，为我们占下了这960万平方公里的国土，在一穷二白什么都不会的情况下，用了30年的时间，为这个国家打下了坚实的工业基础。邓小平时代，我们及时地搭上了经济全球化的末班车，开始逐渐崛起。江泽民时期，面对国际风云变幻，我们韬光养晦，没有像苏联一样垮掉，默默地修炼内功。到了胡锦涛做一把手的时候，我们得到了难得的黄金发展10年，我们毫不犹疑地把国家实力提升到全世界第二的位置上来……这个国家正在阔步前行，尽管我们经历了这样或者那样的苦痛，可是我们并没有被任何一个苦痛所击倒。我们能解决的问题我们已经解决了，我们解决不了的问题就暂时放下，一心一意地向前发展，这才是一个国家应该走的道路。

　　如今，习大大领导中国人民全面进小康。在这样一个历史时期，我们需要的，是积极向上的进取精神，是努力为全国人民谋福祉的开拓意识。我们不是不需要反思，但是一把鼻涕一把泪地活在懊悔之中是没有意义的。就比如张艺谋导演，与其拍这样一个扰乱国家主义凝聚力的东西，还不如关心一下我们的企业家怎么赚钱、大学生怎么考研、科学家是怎么做实验、社会主义新农民是怎么样种田……这些推动时代进步的国之根本，需要艺术家积极宣传，让那种积极向上的精神，影响、鼓舞每一个中国人，大家齐心合力，把这个国家搞得更好，这才是我们应该做的对不对？

　　我承认我们目前有很多问题都解决不了，不过很显然，一切的问题，都只能依仗发展来解决。国家主义、集体主义的种种优势，如今的中国已经给全世界做出了最好的榜样，我们日新月异。反观个人主义、资本主义的那些国家，整个欧盟的经济都停滞不前好多年，日本的经济甚至出现了负增长，美国今年一季度的经济也出现了负增长，其他国家要么动乱，要么苦苦挣扎……在这样的大格局之下，作为国内顶级的大导演，不应该再走《归来》这种矫情路线，积极进取的中华民族奋斗精神，才是需要弘扬的主旋律。习大大一直在鼓励大家传递正能量，为什么很多人就听不见呢？你是不是国际大导演不重要，你首先要明白你是中国最好的导演，你的根子在中国，你该首先为中国人民服务，然后才是为全世界人民服务，这么简单的道理其实并不用说出来的对不对？

科学没有国籍，科学家有国籍。

同理，艺术没有国籍，但是艺术家有国籍。

感动于《绝对忠诚》里的人民科学家

俺老花一向不喜欢湖南卫视，主要原因就是俺是辽宁人。辽宁人嘛，当然要看辽宁卫视了……所以，那么多人一人一票地选出来春哥的时候，俺居然不知道还有这等盛事，算是孤陋寡闻的一种损失吧。不过，花嫂子很喜欢看湖南卫视，她还喜欢那个小白脸何炅，于是俺就觉得这简直是叔可忍婶不可忍了，暗暗盘算哪天俺出名了，也有机会见到那家伙的时候，一定抓住他的脖领子，凶狠地问一句："你有俺帅吗?!"

何炅肯定没有俺老花帅，这个问题属于无可置辩的，今天就不讨论了。之所以在这么忙的情况下，还写文章提湖南电视台，主要是因为今年国庆期间，湖南卫视推出来的一档系列节目《绝对忠诚》……我一直以为湖南卫视只会力挺韩国爆炸头明星的，没想到这正能量的片子也能拍摄出来，而且水平还这么高，实在是让人大跌眼镜! 有时候想想，传闻不可信，确实有点儿道理。

因为国庆期间有很多事情要做，所以这部片子没有全部看完，只看到了有关军旅科学家为祖国铸剑的部分……俺老花是有名的伪军迷嘛。伪军迷就只会看热闹，不过这为祖国铸剑的铸剑师们，却着实感动了我。片子里的细节很生动，给了杨雷很多特写镜头……不得不说这家伙好帅啊，然后看到他摘下帽子，露出半个秃瓢儿的脑袋……呃，这么年轻怎么就秃顶了呢? 然后，我看到了"辽宁舰"的整个重建过程，感到非常震撼。这位项目负责人，居然在短短几年的时间里，爬管路（航母机舱管路内空间狭小，想要仔细检查改装是否合格，就必须爬进去查看）的距离，相当于从北京爬到广州！

接下来介绍的"辽宁舰"舰载歼-15战机负责人，陈青同志，头发也没比杨雷好到哪里去，他的头发倒是没秃，却花白得让人不忍直视。从大国战略的视角，我们都知道美国如今就靠印美元过日子，无耻地搜刮全世界老百姓的财富，他们能这么做，无非就是仰仗着自己强大的海军，掌控了世界海运贸易的安全问题，网民们形象地管这一现象叫做美元海军本位制。说白了，就是人家有足够多的航母，可以控制海上贸易，所以全世界就必须给人家交印花税。人家拿着收上来的税，供养自己强大的海军，剩下的就胡吃海喝，或者扔到伊拉克的沙漠里。

中国是全世界最大的工业国，生产了全世界几乎一半的商品……说得直白点儿，美国人收的税金里面，很大一部分是从中国人手里"合法"掠夺的。这当然是不平等的，不管"公知"们怎么唱赞歌，吃亏的总是我们的中国老百姓。那么，如果我们想改变这个被动的局面的话，我们就必须有自己强大的海军。问题是，海军是中国的弱项，比空军还弱，更苦逼的是，海军的建设周期还很长。没有钱就别想建设海军，有了钱没有技术，也只能望洋兴叹。有了钱又有了技术，还是需要漫长的时间才能搞定，所谓百年海军，那不是凭空说出来的。

好在，我们现在有钱了，也有时间建设，问题是技术怎么办？我一直搞不明白，"辽宁舰"的改建周期为什么那么短……形势迫切需要只是主观意愿，客观存在的现实困难必须面对，大话说得再漂亮，不管用还是白扯对不对？

现在，我看了湖南卫视的系列片，终于找到了答案。他们默默无名，却做出了让人瞠目结舌的成绩，"辽宁舰"与歼-15的完美组合，彻底终结了中国无航母的时代。走你，不是让你走，那代表了一架维护祖国海疆的战机腾空而起。我时常想，如果当年的南海撞机事件里，英雄王伟开的是从"辽宁舰"甲板上起飞的歼-15战机，那么结果又会不同了吧？说不定王伟就可以凯旋，轮到他们掉海里失踪了。

唏嘘、感叹、动容、深思……找不到准确的形容词来表达我此刻的心情。我想到在杨雷同志检查过的那些管路里工作的技术工人，我想到了刘华清同志站在美国航母上踮起脚尖满脸羡慕，我想起了邓世昌宁可舰沉人亡也不屈服的豪迈，我想起了航母Style风靡大江南北之时，全国各族人民自发地过了自己的节日……时间是等人的，等秃了杨雷的脑袋，等白了陈青的头发，等到了全体中国人的美梦成真！

时间，还能让我们等来什么呢？

中华之鹰

　　没见到戴旭之前，心情一直很复杂。说实话起先我并不怎么喜欢老戴，原因说起来也简单，总觉得老戴的某些观点有些过头了。推墙派"公知"的胡说八道固然需要逐条批驳，可是"自己人"的激进想法，还是不能盲从的对吧——本着这个原则，我对老戴，一直以来，差不多就是敬而远之的样子。

　　老戴肯定不知道俺有这个想法，玩儿微博半年以来，老戴转了俺的微博很多次。实际上现在回想起来，似乎俺的第一篇微博，老戴就帮忙转发了。而我呢，不记得自己怎么帮过老戴，每次见到他被推墙派"公知"围攻，心里总有一种莫名其妙的想法：或者他被打击得多了，就会圆滑一些吧。

　　然而让我大跌眼镜的是，老戴明显是个茅坑里的石头，这么多年被人围攻，一路走下来，丫居然越战越勇，每一次事关家国命脉的大事，他总能旗帜鲜明地站起来，慷慨激昂地演说、发微博、写博客……现在回头想想，如果这些年，没有他这样一个敢说话的军人，那么我们这些普通国人，要怎样面对扑面而来的各种推墙声音呢？当我们每一次讥笑老戴又说过头话的时候，却从来没有意识到：是他，给了我们勇气。

　　第一次与老戴面对面交流，他一直在说，我一直在听，下意识地去看表，发现居然过去了三小时。他是军人，研究国际军事，我是作家，我关注国际政治。政治、军事、经济，是三位一体的因果关系。他对很多事情的看法，正好为我的看法提供了不同角度的证据支持……他还在说，我还在听，可是我已经无法集中注意力听他说什么了。我注意到他微驼的背、微弯的腿、频繁眨动的眼睛，那一刻，我才突然想到，一个人，要面对怎样的压力，才会被挤成这个样子？

是不是中国人都要温文尔雅，面对美欧日印的挤压与各个周边小国的挑衅，我们都要忍气吞声，都要学一些软骨头们死要面子活受罪？我们是不是一定要像日本韩国一样，把美国大兵请到中国来驻扎，才能体现中国人的包容？是不是一定要像冲绳女人被美国军人无数次地强奸之后，还要学习韩国老表们去苦苦挽留人家继续驻军？

一个国家，可以没有学者、作家，但是不能没有军人。吃得不好穿得不好也总比丢了性命好。联想到前几天余杭打砸警车攻击警务人员的行为，我深深地为我们的安全感到担忧。警察是公权力的象征，无端攻击警察的人就是暴民，当53人被刑拘之后，当日在网上口口声声民主自由的大V们，为啥闭上了自己的臭嘴？死磕律师怎么都不死磕了？且不说谁对谁错，起码就勇气而言，你们比起戴旭，比起老辣沉香，差得远了。历史是英雄书写的，浅薄的软骨头早晚都是历史的笑料。拿着美国人的钱妄图搞乱中国，都是痴心妄想，我们不但要打破你们的幻想，俺老花还会著书立说，把你们钉在历史的耻辱柱上，让你这辈子、下辈子、下下辈子都抬不起头来！

中国会腾飞，美国挡不住。包括俺老花在内，也都希望这个进程相对柔和一点儿，这个没问题。可问题是，如果美国真的找不要脸，那么共和国的军人就只能挺身而出，那么我们国内的老百姓就必须支持我们的军人。威慑也是一种力量，那些批评军人太激进的声音，压根儿就不明白这个世界有多么的现实。小清新扯犊子都不要紧，可是不能自己把自己糊弄成傻瓜。美国人只会为美国谋利益，根本就特么不是你的上帝，别自作多情了好不好！

大国崛起，不能只有一个戴旭。支持，从你我做起。

远离垃圾洋快餐是中国人的必然选择

上海"福喜门"事件之中，洋快餐肯德基、麦当劳等等大品牌，被爆料说大批量地使用过期变质的臭肉，还"优先供应中国市场"，简直是是可忍孰不可忍了。当时俺老花就发微博说，大规模的工业化快餐，必然导致出现这种危害大家的事情，行话叫这是制度问题，根本无法避免。结果听说洋快餐们，花了两三千万的公关费，雇了一帮网络水军好一顿洗地：什么越是风口浪尖吃洋快餐越放心啦；什么江南为橘、江北为枳，好东西到了中国都会变坏啦；什么因为中国执法部门不作为才出现这种事情啦……总之一句话，都是中国的错，人家用臭肉一点儿都不会影响中国人的健康，属于被逼无奈的受害者。

俺老花人单力薄，也吵不过那么一大群拿钱发帖的家伙，所以也只能就此作罢。网络水军们洋洋得意地回家数钱去了，本来应该皆大欢喜的，不料南京方面又很快就曝出了全球最大的比萨店大规模使用过期面粉的事情来。"公知"和水军们肯定十分郁闷就不用说了，俺老花照例要站出来说几句公道话的，我说工业化快餐出现这种事根本不是几率问题，而是必然问题……结果惹恼了"公知"和水军们，这次他们也知道洋快餐理亏，知道讲道理讲不过俺老花，所以干脆就一拥而上地开始骂街了。听说那几天某老花都不用洗澡了，整天口水满身都是。

本以为洋快餐们接连两次被打脸了之后，会检点一点儿的，俺老花也知道相关的中国从业人员也很多，所以也就没大闹。哪知道《环球时报》很快就又曝出了沃尔玛的熟食用油1个月都不换的恶劣行为，这下俺老花可真的忍不住了，再一再二不能再三再四的对不对？在洋快餐为什么会出现这种必然结果的事情上，俺必须清清楚楚、明明白白地把道理讲清楚了，事关13亿人的健康问题，咱也给了洋快餐足够的改正机会，还不要脸，就只能实话实说了。

俺老花是工业党，工业化的食品生产，本身是无可置疑的，因为只有通过工业化的运作与管理，才能在使用更少人工的情况下，实现食品供应的品种丰富与数量的满足。这些都没有问题，问题是这些跟洋快餐的经营模式是不搭边的。再有人理直气壮地说打击洋快餐就是打击工业化，那我们就完全可以批他胡说八道。工业化种植、工业化养殖，跟满大街都是的洋快餐根本就不是一回事。

洋快餐总出问题的主要原因，不在于食品的工业化生产上，而在于工业化生产之后的食品消费模式上。简单点儿说，在中国，洋快餐是暴利型的行业，这个大家都知道，在国外便宜得一塌糊涂的洋快餐（美国人宣传说他们每天都吃），在国内我们的老百姓要是想吃，起码几年前真的要想想才行，太贵了。一般都是恋爱的时候请请女朋友，或者有了孩子之后带孩子开洋荤，差不多都是这样的情况。洋快餐利用中国人崇洋媚外的心态，刻意抬高了国内快餐的价格，这是不争的事实。或者小清新们会说吃顿肯德基算什么高消费，不过俺要说的是，中国大部分的老百姓真的没那个消费能力。

好了，暴利行业出现了，下一步，顾客源也同样没问题。中国的老百姓是不可能天天吃洋快餐，可是一人吃一顿，这么多人呢，也能把洋快餐养得肥肥的。同样的东西，放中国可以多赚钱，所以为了维持住这个赚大钱的行业，就必须满足进店顾客的需求，所以就必须大量地囤积食品原料。可问题是，顾客这种东西，是没有谱的，今天可能多来，明天就可能少来，这个根本就不受人主观意志左右。而为了保证食品原料的供应，洋快餐都是提前预约工厂化养殖场和种植基地的，到日子了，该出栏的肉鸡要出栏，该出栏的育肥牛要出栏，该出栏的育肥猪要出栏，这些都是不能停顿的，一旦停顿，上游的产业链根本受不了。我曾经就是肉鸡养殖场的经营者，最知道其中的道理，一个批次的肉鸡到期出不了栏的话，就会导致整个养殖场破产。所以鸡苗进场之日，就必须同日签订肉鸡回收合同。肉鸡比不得传统土鸡，除了洋快餐，本土的传统餐饮业因为嫌弃它质量不好，很少选用的，基本上都是供应各种洋快餐，糊弄小女生和小孩子当宝贝去吃。

在这样的前提之下，一旦市场需求减少，具体说就是某一段时间之内吃洋快餐的人少了，那么相应地洋快餐企业就必然要囤积一些过剩的食品原料，而相对应的上游食品原料养殖场又根本不可能停止生产（一旦停止就再也别想拿到原料了），所以只要顾客减少，洋快餐囤积原料的规模就会恶性膨胀，产生大面积的堆积。在这样的情况下，洋快餐的食品安全问题就根本不是几率问题，而是必然问题，是必然会出现的结果。毕竟市场是不可控的，特殊因素导致顾客源增长或者减少，都是长期的渐变过程，根本不是什么短期的市场调节就能解决的，所谓计划经济不如市场经济，在这里已经得到了完美的诠释。

那么，下一个问题就是，囤积下来的那部分海量的食品原料，怎么处理呢？你要是指望国外的资本家有良心，那还不如指望大黄狗说人话。就像前面说到的一批肉鸡就可以压垮一个规模化养殖场一样，洋快餐们也无法承受大批原料被浪费的现实。工业化食品加工，走的是规模效益，成本极高而利润极小，全靠以量取胜，这个是必然的趋势与结果。事情发展到这一步，我们就会发现，洋快餐一而再，再而三地出事，是早就注定了的结果。而且因为一两个品牌就垄断整个行业的问题，导致一旦出事就是惊天动地的大事件，会涉及成百上千万人的健康问题。

我再说一次，我不反对工业化发展食品行业，但那仅限于原料供应，具体怎么使用那些原料，我根本就信不过洋快餐们的所谓良心。市场的不可控性与难以预期性，导致在这个问题上实行计划经济的路子是根本行不通的。不管洋快餐们算计得多精细，出事是必然的结果，而且每次出事都不会是小事。在这个问题上，唯一可行的途径，是全面开放市场，鼓励更多的食品企业进入这个领域，引入竞争机制，用市场的调控机制来制约垄断性的霸王餐。

远离垃圾洋快餐是中国人的必然选择，中国传统饮食行业也必将一个个地崭露头角，这是时代的必然结果。与之对应，我们这些消费者，不管是从民族产业复兴的角度，还是从我们本身的健康角度来说，都该支持传统的中国食品。至于怎么制约中国传统食品的相关问题，是另一个话题，有时间我们可以仔细讨论。不过就目前来讲，对食物原料的完美利用，还没有谁能比得过中国烹饪，这是老祖宗给我们留下来的宝贵遗产。

三中全会之后，请抱怨男女不要再踢猫

说好的秋收农忙，如愿以偿地结束啦，俺老花凯旋之后，终于又可以写点儿啥子东西给大家看了。嗯嗯，嗯嗯，听说三中全会召开了，也没跟俺打个招呼，这就又闭幕了……呃，呃，呃，听说"公知"们很恼火、很失落、很羞愧、很无语，所以，本着国际主义的看笑话原则，俺觉得，这次似乎又是俺们老百姓胜利了哈，这真是有点儿不好意思了，最近俺们总是胜利，哈哈，哦也！

记得大鱼兄曾经告诫过俺，说："你们'自干五'为国家说真话，是好事，但是要记得照顾老百姓的利益，毕竟民为邦本，本固邦宁。"熟悉俺老花的人都知道，俺老花最大的特点就是愿意认错，只要人家说得对，不管男女老幼，俺一向是洗耳恭听，兼痛改前非，重新做人。

因为有这么个习惯，所以长了这么大，三十几岁了，倒是遇到了很多很多的高人指点。有一天，我看到微博上孔和尚跟大家聊小米粥之类的话题，大抵就是养生类的，就跟过去凑了一句，不料他跟别人说话都是家长里短，到了回复俺的时候，他突然就180度大转弯，来了一句："不能齐家，何以治国安天下！"

好吧o(╯□╰)o，俺这辈子，看样子，就只能跟大道理混了~~~可是，在众多的大道理之中，大鱼兄的告诫，却总时不时地浮上心头。我想，依着俺东北人的老脾气，当时就解说几句好

340

了，也不必这么朝思暮想的了。

我是大国战略爱好者，就喜欢看国家与国家之间的勾心斗角，所以难免会变成国家主义者。在这个层面，你会了解很多大战略对小老百姓的影响，比如说，美国政府一直借账过日子，借不到了就用白纸印美元，美其名曰QE啥啥的，这个大家都知道的，可是大家知道这样做的蝴蝶效应到底有多大吗？

因为篇幅所限，所以我就讲一个最小的影响，我们都知道埃及是美国的准盟友，每年接受美国固定的美援，有了这些天上掉下来的馅饼，埃及人就可以买大饼养活老百姓，几年几十年下来，法老的子孙，那小日子正经过得相当不赖呢。

可是，美国多印了不少美元，导致美元贬值，等于说分给埃及的那些钱，买不到以前的那些大饼了o(╯□╰)o。结果是啥还用说吗？埃及从此一乱再乱，穆巴拉克倒台子了穆尔西上，穆尔西倒台子了那谁谁谁上，那谁谁谁据说是美国的木偶，可还是稳不住局势，埃及还在乱、乱、乱……我估计，把奥巴马换过去当埃及总统，也还是一样没用，大势所趋，一切已经不可挽回了。

看到了没有？大国战略，能深远地影响哪怕是地球另外一面的人。

有了这个认知，所以我坚定地认为，只有国家好了，老百姓才会好，国家不强大，老百姓再富裕都没用，韩国在上世纪90年代就够富裕的了吧？可是一场经济危机，国民财富被老美用小剪刀刷刷刷剪掉一大半拿走了，韩国人敢说半个不字吗？

韩国人不敢，但是香港同胞就敢，因为香港的身后是中央政府，是13亿国人在力挺，所以让韩国摔了大跟头的事情，对香港同胞就根本没啥影响。是香港同胞更优秀吗？当然不是，仅仅因为香港回归了，他们有了一个强大的祖国。他们不用像韩国老百姓一样捐献黄金替国家背负经济重荷，他们可以把手里的黄金打造成金戒指，戴在手指上闪闪发光，有啥用不知道，起码自己看了就高兴！

我不反对抱怨，前几天作业本同学又写了篇抱怨文，很多人转载……我能理解，也对大家的不满感同身受。可问题是，抱怨有用吗？有一个小故事，特别能说明问题：总经理接到个电话，被客户一顿臭骂，因为顾客就是上帝，所以只能忍气吞声，挂了电话之后，越想越憋气，就把部门经理叫过来臭骂了一顿。部门经理莫名其妙地挨骂，也很生气，回到办公室之后，把女秘书臭骂了一顿。女秘书不敢顶撞上司，忍到下班，把来接她的男朋友臭骂了一顿，然后扬长而去。这位倒霉的男朋友，都不知道自己为什么挨骂，碰巧一只猫凑过来，他飞起一脚，把猫踢到了一边。

这是心理学上有名的"踢猫"，我不想做过多的解读，我想告诫大家的是，不要过多地接触负面新闻，情绪是会被传染的，你自己窝了一肚子火，你的朋友家人就最有可能成为下一个受害者，"踢猫"之所以成立，是因为越弱势的人越会被牵连。你以为你仅仅是在抱怨吗？错了，你是在伤害你的帮手或者是亲人。

但是，我依然不反对抱怨，你有什么不满，可以说出来，但是我希望你能在抱怨的同时，提出你想出来的解决这个问题的办法。这样一来，你这种抱怨就不仅仅是抱怨，而是建议了。抱怨与建议的区别，那可就大了去了对不对？

任何为了反对而反对、为了抱怨而抱怨的人，都是极端可耻的垃圾，他们表面看起来像是说出了大家的心里话，可实际上，是在伤害你和你的亲人朋友。网络上，论坛无数，微博好多，正所谓庙小妖风大、池浅王八多，这个大、那个大，连俺老花这种土得掉渣的农民，都有一帮人跟着喊花大o(╯□╰)o，所以，尽可能地别被各种大大们忽悠，因为大大其实就是一种泡泡糖。

好了，许久不写东西，写起来简直是信笔开河了，就此打住。三中全会也开完了，大家该干吗干吗去吧，贫穷不是社会主义，空谈也强不了国家富不了人民，还是要实干加巧干。你当国家是敌人，国家就是你的敌人，你当国家是自己的骄傲，国家就是你的骄傲。安全与发展，才是我们所有人面对的共同主题，其他都是胡扯淡。

国贸地铁闹剧与北京"反恐大妈"

　　昨天晚上被一则消息吓了一大跳……实际上是好几条内容差不多的消息，说是北京国贸地铁站，正在准备进站的乘客们，突然看到大批人冲出安检口，一大群人呼呼啦啦地往外跑。有目击者说，其中两个女的逆着电梯往上爬，中途还磕倒了，然后手脚并用往上爬，后面的人也跟着惊慌逃窜。

　　俺老花虽然不在现场，不过那一幕的混乱状况，是完全可以想象出来的。忐忑不安地睡了一夜，今天早上翻开微博，见到了很多官方微博在辟谣，说昨天晚上国贸地铁站根本没遭遇恐怖袭击，只不过是两个人在打架，结果不知道谁喊了一嗓子，导致乘客同志们集体恐慌，才发生了如此荒唐的一幕。

　　据说，骚乱之后，国贸地铁站的站台上满目狼藉，从当事人上传的部分照片来看，当时大家也的确狼狈不堪。高跟鞋、公交卡、手机充电器、唇膏、眉笔、睫毛夹子，乱七八糟的东西散了一地，如今地铁站的工作人员，正用大麻袋回收呢。

　　看看这现场，多令人揪心！

　　这次事件够荒唐，荒唐之后，我们必须做反思。理论上来说，在相对密闭空间之内，相对密集的人群之中，如果出现类似的情况，发生骚乱的几率就非常大。一竿子打翻一船人的批评是不对的，实际上绝大多数乘客根本不知道发生了什么，就被人群裹挟着逃窜。前一段时间，成都闹市区发生的那次踩踏事件，与这次国贸地铁的踩踏事件的情形几乎一模一样。

每个人都有先天的自我保护意识，即便不知道危险是什么，只要有了被威胁的可能，也都会选择迅速逃离危险地带……可问题是，这种情况真的很危险，试想一下，如果有人故意破坏，派几十个人，到北京各个地铁站去乱喊乱叫，会不会引发整个北京地铁系统的瘫痪？到时候先不要说会伤到多少人，估计事后仅仅捡鞋子这一项工作，就要出动好几辆大卡车了……好笑吗？

事后我们感到很好笑的事情，如果真的身临其境，恐怕很多人就笑不出来了。那是一种多米诺骨牌式的连锁倒塌反应，越靠后的人们越没有选择余地。在一条密闭的通道之中，当人群向你涌来的时候，如果你不跟着跑，被推倒踩伤的几率就非常大。要想阻止这种灾难，唯一的办法就是在第一张多米诺骨牌倒下的时候，及时地把它扶正了，只有这样才能避免整个队伍的垮塌。

那么，为什么灾难之初，没有人选择挺身而出呢？因为这事跟我无关，因为"管闲事"的南京彭宇惹了一屁股麻烦，因为万一这事跟云南暴恐袭击有关的话，谁第一个站出来就意味着谁第一个倒霉……现在好了，谁也不肯站出来，所以一场闹剧就轰轰烈烈地开始上演……那么，下一次呢？再出现这种事情怎么办？你还会跟着跑的是不是？如果真像俺前面说的那样，北京各个地铁站同时有人乱喊，大家今天就不用坐地铁上班了是不是？如果天天有人在地铁站乱喊，大家就可以永远也不上班了是不是？到时候大家天天不上班，大家的老板还会照常给大家开工资发奖金补交养老保险的是不是？

因为这一段时间国内反恐问题的严峻，导致人群之中弥漫着一种说不出的恐惧心理。很多朋友都跟我说过，到了车站、码头、会议大厅，都会第一时间先确认好逃生通道在哪里……13亿人的一个国家，每年光交通事故就伤亡几十万人，没见大家一起抗议拆了汽车挖断公路，几十人伤亡的恐怖袭击，就把大家吓破胆子了。更可气的是，当恐怖袭击真的发生之时，还有一大群人跟在推墙派"公知"的屁股后面，说风凉话，骂警察，显摆自己多么高尚。

你尊敬军人吗？你尊敬警察吗？当你遭遇危险的时候，你平时羡慕得口水直流的美国人来救助过你吗？你的美国式民主、美国式自由、美国式普世价值纵容了当今中国的恐怖袭击，你难道一点儿都不知道吗？

恐怖袭击最可怕的地方不在于袭击，而在于恐怖。我们越害怕，越中了恐怖分子的奸计，他们就会愈加肆无忌惮地袭击我们。当恐怖分子打算劫持新疆飞机的时候，那些不害怕的乘客，英勇地与歹徒搏斗，不但制伏了劫机歹徒，挽救了自己和同伴的生命，还受到了国家和民航总局的表扬和奖励。

恐怖袭击让美国损失惨重，但是恐怖袭击吓不倒英雄的中国人民。恐怖分子之所以难对付，不是因为他们有多大的攻击力，而是这些混蛋能够隐匿在人群之中。那么，只要我们把这些人从人群里挑出来，不就可以最大限度地打赢反恐战争么？

不要问我怎么挑啊，北京方面已经做出了积极反应。北京85万名"反恐大妈"志愿者上街巡逻，这些戴着红袖章的退休党员、积极分子，跟公安等专业人员联系街头的修鞋匠、菜摊主一起织成防控网络，保卫着北京的平安。

发挥群众力量，群防群治，是中国革命优良传统。就算恐怖分子有千变万化，也难逃13亿中国人的火眼金睛。起用"大妈侦缉队"，是党的群众路线的最好体现。不如此不足以防控恐怖袭击，这招虽老，却非常有效！

是谁这么聪明，想起了人民群众？狂点赞！

为什么熊猫是国宝？

　　经常在各种宣传画面里，看到熊猫戴着大墨镜，露着一片柔软的大白肚皮，优哉游哉地啃着竹子，要多呆萌就有多呆萌，要多可爱就有多可爱，小孩子们固然喜欢得不得了，大人们也一样喜欢。不但中国政府将熊猫定为国宝，代表国家形象，就连联合国的动物保护组织，也都公选熊猫作为形象大使。

　　那么，熊猫就真的只是呆萌可爱吗？不要忘记，它首先是熊，然后才是猫。熊科动物，一向都是食物链最高端的存在。熊猫虽然看起来很可爱，可实际上它跟大名鼎鼎的北极熊是堂兄弟，真的发起威来，一巴掌打死一头水牛根本不算问题！

　　就算不用熊巴掌，大家对着啃，能够啃赢大熊猫的物种，全世界也只有4个，分别是老虎、狮子、棕熊和北极熊。也就是说，在牙齿咬合力方面，熊猫是全世界排名第五的凶猛物种，甩大灰狼、鳄鱼好几条街远。

　　当然了，那只是单纯比的咬合力。可在动物界里，想混日子讨生活，光指望咬合力是根本不行的。狮子和老虎的咬合力不相上下，可是同等体重的狮子，就说什么也打不过老虎，那是因为老虎除了大牙很厉害之外，还有一条同样威猛的虎尾。

　　在这样的推理前提之下，你很容易就会明白，狮子也好老虎也罢，是绝对不愿意招惹熊类的。不管怎么说，熊瞎子的大巴掌可比虎尾强悍多了，更何况那种大巴掌人家还一次性地长了两只！这要是左右开弓地抢起来，谁能吃得消？

熊猫的毛色好看只不过是伪装，前几年有个人去北京动物园看熊猫，觉得可爱就把手伸进铁笼子里去摸，结果是让熊猫搂了还是啃了我记不清了，反正伤得不轻。熊猫一巴掌扇碎人脑袋就像我们捏死蚂蚁一样容易，熊猫要是真像我们想的那样温顺，为什么还要关在铁笼子里？真相只有一个，那就是：熊猫会武术，谁也挡不住！

千万不要看到熊猫在动物园里卖萌，就觉得熊猫是废柴，野生熊猫可是很危险的。它不但可以轻易地咬碎你的骨头，而且这家伙还跑得飞快，你很难摆脱它的追杀。就算你爬到树上也没用，熊猫爬树的本事也就稍稍地比猴子差点儿，山狸猫都会被它追得跳树逃命……总之，熊猫就是陆上一霸。

我们认为大熊猫很呆萌，老祖宗却早就知道大熊猫很威猛。《史记·五帝本纪》有记载："黄帝教熊罴貔貅驱虎，以与炎帝战于阪泉之野。"这里的貔貅指的就是熊猫。看到了没有？在上古时代，熊猫是拿来打仗的！

古时候大熊猫也被称为"食铁兽"，东方朔的《神异经》就有记载："南方有兽，名曰啮铁。"中国古代就有以熊猫为图腾的部落，大熊猫也在很多地方被称为守护神，受到当地人的爱戴。从汉唐到明清，皇胄贵戚的墓葬，就多立熊猫石像守护，属于职业保镖，是辟邪的大杀器，跟麒麟一个级别。

当然，熊猫虽然很强悍，却不是天下无敌，起码大熊猫就打不过北极熊。可问题是北极熊离了北极就活不成，对大熊猫根本构不成威胁。相似的例子还有东北虎，也跟熊猫的栖息地不沾边。至于说华南虎，狭路相逢的话，大熊猫一般都是以不变应万变，如果华南虎胆敢进攻的话，熊猫一个如来神掌就可能把它灭了……所以最终的结果，基本上都是华南虎自行走开。至于金钱豹之类，只要进入熊猫的攻击圈，十之八九都会变成熊猫的夜宵。

是的，你没看错，熊猫不是素食者，它是杂食者。实际上在遥远的古代，熊猫可是跟大名鼎鼎的剑齿虎一样勇猛凶残的，它们都是光吃肉不吃素的。那个时候的剑齿虎能够猎杀猛犸象还有雷兽、巨犀一类的巨兽。尽管那些巨兽皮糙肉厚，可是速度也慢，而剑齿虎的大牙又是猎杀大型动物利器，一口咬下去，可以放不少血，所以剑齿虎比熊猫的食物多，混得也比熊猫好。

有人说剑齿虎体型不大，那都是胡扯。剑齿虎两颗龅牙大得都能当号角吹了，说它体型小那是相对的，因为那年头乌龟都长得装甲车那么大。剑齿虎虽然也很大，但在很多体型巨大的物种面前，也只能是吃老弱病残的份儿；那时的熊猫虽然是只吃肉，但在剑齿虎面前也只有龇牙找树逃命的份儿……爷会爬树，爷会爬树！剑齿虎也就只能羞愧地跑了。

可是冰川时期之后，大型动物相继灭绝，或者进化为小体积动物。新的环境之下，剑齿虎的大牙反倒成了累赘，影响捕猎速度。再说剑齿虎的体型也不小，差不多有河马那么大。这么大的体型，需要每天消耗大量的肉，所以生存条件恶劣，于是被大狸猫、现代狮虎豹等占了上风，就慢慢灭绝了。

另外，凡是身手敏捷的动物，新陈代谢就快，对食物的需求就高，竞争压力巨大。而动作缓慢的家伙，比如树懒或者乌龟，平时几乎不动，热量消耗极少，很少的食物就能维持生存，都长寿且好活……所以熊猫的优势就出来了。

当吃肉变得困难时，饿晕了的熊猫才会去把平时磨牙用的竹子当饭吃。剑齿虎不能做到与时俱进，抱着老观念不放，最终被淘汰。而思想观念灵活的大熊猫高高趴在竹梢上，一边兴高采烈啃竹子，一边鄙视地看着地上饿死的剑齿虎尸骸，吐了一口混杂着竹子渣的唾沫，道：SB！

你不要看着大熊猫保护基地的叔叔阿姨们抱着熊猫宝宝，就以为熊猫的个头很小，实际上成年大熊猫的个头一点儿都不比老虎小。100公斤重的大熊猫只能算标准体型，而且你要注意哦，它那100公斤体重，除了骨头可都是肌肉，根本没有多少肥肉膘。

　　没有肥肉膘，不是因为熊猫不想长，主要是因为竹子的营养价值太低了，根本不可能积累出皮下脂肪。因为营养不够，所以熊猫就不能冬眠，只能不停地吃。所以在冬天的时候，熊猫过得是很艰难的。

　　不要以为杂食动物就必须吃草，即便是现在，北极熊也是光吃肉不吃草的，虽然那是因为北极没有植物可吃。黑熊和棕熊的食物中素食占90%以上，有机会逮到肉才吃肉，所以熊的生存能力非常强，不用像猫科犬科那些猛兽整天奔波猎食。

　　熊猫虽然吃素，不过并不脆弱，那一口利齿足以把竹子的茎干咬断，那是什么力道？还有那利爪，明显是肉食动物的特征遗存。大熊猫皮糙肉厚，足以抵挡一般的肉食动物。自然界中，能把熊猫打败的肉食动物并不多。而且大型肉食动物为了节省体力，一般不会捕杀势均力敌的猎物。

　　再说熊猫的食物。竹子成活率高，生长迅速，供应充足，没有别的动物以此为食。熊猫只吃竹子的茎，所以在食物方面没有竞争者，漫山遍野的竹子都归它独享了，食物非常充足。虽然竹子的热量低，不易吸收，但熊猫通过长时间、大批量的进食，弥补了这个不足。

　　另外熊猫牙好胃口好，古时候叫食铁兽，铁质玩意儿都啃得下去——虽然说得夸张，可信度不高，但主要说明杂食肠胃好。人家以前也是吃肉的干活，后来混不到肉吃了，只能马马虎虎啃啃竹子，比剑齿虎拎得清，所以活下来了。

　　事实证明，无论啥事，拎不清就完蛋了，只有拎得清的才是最靠谱的。人类早晚会在未来一个阶段遇到相同的问题，是否拎得清，就看我们自己了。

总之，识时务者为俊杰。

当然，现在大熊猫种群状况不妙，它们繁殖的后代很少，不能以量取胜，已经在事实上属于濒危物种了。问题是大熊猫之所以濒危，并不是它本身的适应能力不行，熊猫的濒危完全归罪于人类的强大。火枪被发明出来之后，老虎豹子还有可能飞快地逃跑，大熊猫却没那个能力，被挤压得生存空间日渐减少。

不过，大熊猫呆萌的外表，再次让这个古老的物种摆脱了绝种的危机。小墨镜的造型太拉风了对不对？很多人都被它呆萌的外表忽悠了。现代人的体型装扮成大熊猫骗点儿基金或者门票容易，装扮成剑齿虎可就太难啦。

如果不是政府花这么多钱来保护，大熊猫也早就灭亡了。雌性熊猫一年就发一次情，好容易怀孕生产，幼崽成活率又是个大问题。还有就是熊猫幼崽太弱了……当然这不算问题，曾听过一个说法，生下时越弱的物种长大了越厉害，那种生下来就会跑会跳的基本上是人家的食物。

熊猫幼崽虽然弱，但是人类婴儿更弱。

总之，熊猫同志集儒释道三家修为于一体，深明韬光养晦和功成身退的哲理，经常仰观天象、俯察地理，已经达到天人合一的境界了。这萌货聪明，能吃肉却不以肉为主食，就不用费力锻炼捕猎技能，更不必和人类起冲突，所以活得长久。

熊猫是有福报的生灵，有上天各路神仙眷顾！总的说来，熊猫给世界人民的感觉和中国人给世界人民的感觉是一样的，看着好欺负，不过你要真敢欺负，立刻就会发现马王爷有三只眼。

现在，你明白熊猫是国宝的深意了吗？想想2008年地震的时候熊猫的表现就知道了，混了上千万年的物种就是不一样。别看熊猫呆呆萌萌，实际上是深藏功与名，只有这样的物种才能仙福永享，寿与天齐，千秋万载，一统江湖！

别拿豆包不当干粮！

别拿村长不当干部！

别拿熊猫不当猛兽！

Hi，有人在吗?

一直以来，网络上的朋友们，都习惯了当红女明星一句"早上好!"的微博，就有上万转发量的盛况。相比较之下，《人民日报》的官方微博，转发量也就一两千的样子，同样粉丝上千万的"央视新闻"官方微博，情况与《人民日报》差不多。

很多朋友就忧心起来，说国人都堕落啦什么什么的……俺老花倒有不同的看法：凡是有闲心去追女明星八卦信息的散仙儿们，肯定是本身的小日子不错的。吃上顿没下顿、天天发愁月供房贷的乡亲们，恐怕没时间关心女明星的裤衩是啥颜色。从这个角度来说，中国人的日子，肯定是逐步地在改善，已经是不争的事实了。

可还是有同学在担心，前几天一个在校的大学生同学，就对俺说："老花，我身边的人，关心国家大事的几乎没有，全班好像就我自己，大家都得了政治冷漠症。"俺一听就乐了："别胡说，什么政治冷漠症，13亿人，也不用都当国家主席，各行各业都需要人手嘛!"

不得不说，俺老花天生就是当辅导员的料，一句话就把该哥们儿说乐了。打发走了该同学之后，俺自己反而陷入了沉思。国家还没完全富强，甚至连统一大业都没有完成，我们的乡亲们，就把注意力都转移到女明星的裤衩是啥颜色那类事情上去了。更多的朋友在没日没夜地鏖战网络游戏，把大好的青春都扔在了强化装备、抓宠物、下副本，和所谓的"国战"上去了。

大唐从战场的废墟之中建立，到开元盛世之后的安史之乱，其实也没几十年的光景。仅仅几代人之后，李世民的子孙就开始了文恬武嬉。所谓刀枪入库、马放南山、斗鸡走狗、醉卧青楼……人生得意须尽欢，莫使金樽空对月啊！

爽吧？这样的小日子肯定很爽了！问题是爽完了之后呢？再之后我们见到的，却是长达8年的安史之乱，大唐从他的巅峰状态直接跌到谷底。那些喧嚣得意的大唐子民，再也没有找回昔日的"性福生活"。

为什么总有很多人，小富则安？为什么总有很多人，目光短浅？外国人很少记录历史不知道老祖宗吃过多少亏就罢了，我们这些龙的传人为什么守护着厚重的历史，还要一而再再而三地给历史当炮灰呢？

毛泽东思想的伟大，在于他将马列主义做了中国本土化的改变。因为这一点，毛泽东思想才会在极其短暂的时间里，迅速指导中国人民完成了建国大业。邓小平理论的强大，在于他将马恩列斯毛主义进一步地做了现代化的改进，使之适应了国际化市场化的全新世界，所以新中国这30多年来，才会经济、技术突飞猛进。习近平总书记提出的"中国梦"理念，之所以深入人心，是因为经过建党、建国、改革开放，近百年的历史推移之下，我们这一代中国人到了收获的季节。

在这样一个充满希望的时代，你却在关心女明星的裤衩是啥颜色！你却沉迷于由一个又一个代码写成的网络游戏里！你却在网络上声嘶力竭地呐喊东莞小姐挺住！你却在一边吃饺子一边大骂共产党为什么没给你端来一碟子醋！

共产党不是魔法师，变不出来醋，共产党只能告诉你制造醋的方法，想得到醋依然要我们自己亲手去工作。不要老想着天上能掉下来大馅饼，更不要以为美国、日本的魔法师就更厉害，人家现在过得相对较好是因为人家已经努力付出过了，不要老盯着人家手里的馅饼却忘记了人家额头上滑落的汗珠！

一个国家一个民族想要富强，就需要他的决策者和他的人民孜孜不倦地去努力，这种动力什么时候消失了，这个国家这个民族的好日子也就过到头了。不管是国运还是人生，都是逆水行舟，不进则退啊。

好在，今天俺看到了一个让人欣慰的消息：月球"玉兔"车醒来之后，短短几个字的微博"Hi，有人在吗？"，10个小时之后，就被网民们疯狂转发了超过10万次！我知道，这才是真正的民意！只要这种关心国家大事的民意基础还在，那么这个国家这个民族就有希望！

我们暂时落后一点点，不算什么，追赶西方也并非遥不可及。索契冬奥会上，李坚柔一开始也被落在最后面，可是最终站在领奖台上的却是她。别跟俺说什么捡来的，有本事你们别摔啊……这种事情放大到国家层面，何其相似啊！

你的人生目标都完成了吗？

你的国家是天下第一吗？

既然没有，还等什么?!

梦回大唐千百遍

总听人说，没来过西安，就不能说了解中国，因此某花就向往了很久。近日随国信办到西部采风，第一站就是古城西安，真的是非常高兴。想着秦砖汉瓦、长风当歌，念着运河古道、大唐豪侠。西安，我来了！

印象中的西安，因为缺水，所以总是光秃秃的，没想到刚下飞机的那一刻，看到的却是满目苍翠。高的是树，矮的是草，沿街绿柳，到处白杨，我甚至还看到了两棵很稀有的侧柏树。几十年来，勤劳智慧的陕西人，在环境保护方面所做的努力，真的是可赞可叹。这里黄土地，可在城区附近，你甚至都看不见一点儿黄色的泥土。

未央宫中一道道圣旨飞驰草原西域，犯我强汉者，虽远必诛！大明宫里运筹帷幄，天下英雄尽入吾彀中，四海归降，我是天可汗！不到西安，你想象不到一座房子，会用到巍峨雄壮来形容；不到西安，你想象不到一个自由市场，会云集上百个国家和地区的大商人。西安，会颠覆你很多已有的认知。这就不难理解，为什么众国外领导人，到了北京之后，都要到西安来访问。不如此，你就不了解什么是中国魂；不如此，你就不明白什么是中国心；不如此，你就不知道中国人会做什么，中国人能做成什么，中国人会让你吃惊什么。

想起在网上看到的一个问题：你为什么自豪自己是中国人？网友搪瓷玻璃杯做如下回答：

356

"因为这就是中国啊，因为我有五千年春秋历历在目，有孔孟之道黄老之说相辅相成。

"祖宗曾在我背上行囊远赴他乡时，让我记得涅而不缁，老师在我写下第一笔点横竖撇时告诉我须知存神索至，圣人在我出使海外时，和我看着这波涛大浪，叮咛我，四海之内，皆兄弟也，因为这是我们该有的气魄啊，看见那蹚过黄沙漫漫来到都城的外国商使，我为他们击缶而歌，有朋自远方来，不亦乐乎。

"我，还记得当年的你，路不拾遗，我，见过这八街九陌，夜不闭户，这是你我当年的皇皇盛世，万国来朝，威而不犯。

"我没有忘掉这些高尚的气节，我没有丢弃这些赤诚的品德。

"好多年了啊，该重回这盛世了啊！"

是的，该回这盛世了啊！五千年的繁衍生息，三千年的文明积淀，在经历百年屈辱之后，新中国经过65年的建设与发展，如今我们又将复兴祖先的荣耀。这份荣耀我们生来拥有，正如这花花世界、大好河山，是我们永远的家园。千百年前如是，千百年后，也必将如是，在选择普天之下莫非王土，还是选择给美国当干孙子的问题上，其实我们根本不必选择的，答案正如西安的古城墙一样，就蹲坐在那里，千百年不变。

轻轻地，我来了，我来是因为这里是中华民族的根。轻轻地，我走了，我走是因为有根的树木需要发芽。我来时，满怀希望，我走时，也没有半点儿悲伤。来时曾经想过带走一把古长安的黄土，看过了未央宫、大明宫以后，我决定下次再来的时候，给西安带来一捧我东北老家的黑色泥土。我们的根在这里，我们不能总是索取。

这里的城、这里的土、这里的人，都将铭记在我的心里。西安你好，西安再见！

（本篇为花千芳与搪瓷玻璃杯合写）

357

图书在版编目（CIP）数据

做一个幸福的中国人 / 花千芳 著. -- 北京：作家出版社，2015.1

ISBN 978-7-5063-7723-2

Ⅰ.①做… Ⅱ.①花… Ⅲ.①时事评论 – 中国 – 文集 Ⅳ.① D609.9–53

中国版本图书馆CIP数据核字（2014）第293870号

做一个幸福的中国人

作　　者：花千芳
出　　品：语可书坊
策划编辑：张亚丽
责任编辑：姬小琴
装帧设计：于文妍
责任印制：李卫东　李大庆
出版发行：作家出版社
社　　址：北京农展馆南里10号　　邮　　编：100125
电话传真：86-10-65930756（出版发行部）
　　　　　86-10-65004079（总编室）
　　　　　86-10-65015116（邮购部）
E-mail:zuojia@zuojia.net.cn
http://www.haozuojia.com（作家在线）
印　　刷：三河市北燕印装有限公司
成品尺寸：142×210
字　　数：274千
印　　张：11.5
版　　次：2015年1月第1版
印　　次：2015年1月第1次印刷
ISBN　978-7-5063-7723-2
定　　价：30.00元